LE BARON DE WARENGHIEN

(1851-1920)

SOUVENIRS ET FRAGMENTS

Ce volume a été déposé au ministère de l'intérieur en 1925.

Bᵒⁿ Amaury de Warenghien

LE BARON DE WARENGHIEN

(1851-1920)

SOUVENIRS ET FRAGMENTS

PRÉFACE DE

M. PIERRE DE LA GORCE

DE L'ACADÉMIE FRANÇAISE

Avec quatre gravures hors texte

PARIS

LIBRAIRIE PLON

PLON-NOURRIT ET Cie, IMPRIMEURS-ÉDITEURS

8, RUE GARANCIÈRE - 6^e

Tous droits réservés

PRÉFACE

La tendresse d'une épouse et la piété filiale se sont rencontrées en une commune pensée, celle de disputer à l'oubli une mémoire très chère et justement respectée. On a jugé que le meilleur moyen de réaliser ce dessein, ce serait d'extraire de papiers ou d'écrits posthumes, tout ce qui serait exhortation à l'étude et au travail, rappel des croyances chrétiennes, invitation à la vertu, au patriotisme, au sacrifice. C'est dans cet esprit qu'ont été rassemblées quelques-unes des notes de M. le baron de Warenghien, de ses brochures, de ses conférences, de ses discours; on y retrouvera, avec un goût très affiné pour les choses de l'intelligence, le souci constant du bien.

***

Le mérite de ce volume se rehausse par les qualités de l'éminent homme de bien que sa famille ne cessera de pleurer et qui a laissé dans sa ville *natale d'unanimes regrets. Qu'il me soit permis de raconter brièvement ce que je sais ou ce que j'ai appris sur une vie qui fut irréprochable dans les temps paisibles et qui s'éleva jusqu'au plus viril courage quand vint l'heure des catastrophes publiques.*

*
* *

Il me faut remonter à plus de soixante ans pour retrouver le jour où je vis pour la première fois Amaury de Warenghien. C'était à l'Institution Saint-Jean. Un jour, à l'heure de la récréation, nous vîmes pénétrer dans la cour un enfant de sept à huit ans dont le costume soigné contrastait avec le débraillé de la plupart d'entre nous. Il avait des cheveux bouclés, les mains très propres, portait un costume bleu sans une seule tache d'encre et sur lequel débordait un large col très blanc orné même de quelques festons. Le contraste avec les camarades était frappant, et c'est pourquoi, malgré les années, j'ai conservé toute fraîche cette jolie vision. De vrai, l'enfant était charmant. Il arrivait chaque matin vers huit heures, un peu avant l'ouverture de la classe, toujours aussi correct et aussi gentil d'allures. Et nous, les aînés, presque les grands, nous admirions fort. Je revois encore plusieurs des externes, qui, avec lui, franchissaient le seuil du collège. L'un d'eux surtout hante mon souvenir, avec une fidélité d'affection qui ne cessera qu'avec moi. Il avait cinq ou six ans de plus qu'Amaury. Il était grand, fort, bien découplé, très sympathique d'aspect. Tout le monde l'aimait tant il était bon! On l'appelait Charles Grimbert. Ce fut le meilleur ami de mon adolescence; plus tard, en une carrière que la mort devait trop tôt briser, ce fut un des hommes les plus admirables que j'aie connus.

Je perdis assez vite de vue Amaury de Warenghien, car il acheva ses études au lycée; il y remporta des succès scolaires qui le placèrent à l'un des premiers rangs parmi ses condisciples. Il s'annonçait déjà comme l'un de ceux qui sont faits pour réussir et qui réussissent partout.

Ses études classiques achevées, il ne quitta point Douai et y suivit les cours de l'École de droit. Aussi bien, Douai semblait doublement sa ville natale, tant il s'y rattachait par toutes ses origines.

Ses ancêtres (1) y avaient rempli de nombreuses et importantes charges publiques, soit comme échevins ou comme magistrats, soit comme professeurs à l'Université. D'autres avaient servi avec honneur dans les armées. Son bisaïeul, M. Louis de Warenghien de Flory, avait été conseiller au Parlement de Flandre, puis procureur général syndic du département du Nord, enfin premier président de la Cour d'appel. A titre de procureur général impérial, il avait été créé baron en 1813. Son grand-père (2) avait été maire de Douai; l'un de ses grands-

---

(1) Les archives de la cité signalent en 1277 la présence à Douai d'un *Wautier de Warenghien.* Dès lors, ce nom, un des plus vieux de la Flandre, n'a cessé d'être porté dans la même ville.

(2) Le baron de Warenghien (Louis-Philippe), commissaire

oncles maréchal de camp (1). *Son père avait rempli pendant plus de trente ans les fonctions de conseiller à la Cour d'appel et avait été retraité comme président honoraire* (2).

Rien n'est plus triste qu'un beau nom mal porté. Dès sa jeunesse, Amaury de Warenghien s'appliqua à se montrer digne de ceux qui l'avaient précédé ici-bas.

A dix-huit ans, il était un étudiant modèle, studieux, d'habitudes réglées, sérieux bien au delà de son âge. L'existence familiale et même le cadre extérieur des choses conviaient d'ailleurs à l'étude, au recueillement, à une vie sévère jusqu'à l'austérité. Qu'on se figure Douai il y a cinquante ans : une cité trop grande pour le nombre de ses habitants; des rues très calmes où le passant entendait résonner le bruit de ses pas, un silence interrompu seulement de quart d'heure en quart d'heure par le carillon qui éclatait en notes variées dans le magnifique beffroi; tout au centre un peu plus d'animation, mais une animation discrète et comme assourdie; à l'extrémité, au delà de la prison, du côté de l'Abbaye-des-Prés, de vastes terrains vagues, séparés par des murs de clôture et livrés aux maraîchers;

ordonnateur des guerres, chevalier de la Légion d'honneur et de Saint-Louis (1771-1854).

(1) Adrien-Lamoral de Warenghien, chevalier d'empire, officier de la Légion d'honneur, chevalier de Saint-Louis (1778-1842).

(2) Charles-Florimond, baron de Warenghien, chevalier de la Légion d'honneur, avait épousé Mlle Bonné, fille de M. Pierre-Louis Bonné, sénateur de Belgique. Orateur de talent, M. Bonné siégea avec distinction à la Haute Assemblée jusqu'en 1846, époque de son décès.

puis tout autour la ceinture des glacis plantés de
très beaux arbres et qui fournissait une promenade,
la seule qui fût agréable en cette région plate et sans
relief.

De temps en temps, dans les allées, se montraient
deux ou trois hommes âgés, sévèrement vêtus de noir,
quelquefois même en habit, et reconnaissables à une
haute cravate blanche qui s'enroulait en amples
et nombreux replis autour de leur cou : c'étaient
des conseillers, « messieurs de la Cour », disait-on.
Plus loin, d'autres hommes circulaient du même pas
et dans le même costume; c'étaient d'autres conseillers. Plus loin encore, d'autres promeneurs :
c'étaient des magistrats de grades divers. On eût
dit que le monde n'était peuplé que de juges. Cependant, par intervalles, passaient des pièces de canon,
revenant du polygone; par intervalles aussi, en un
coin du rempart, retentissaient les sonneries de
l'école des clairons. A ce signe, on reconnaissait
que la Providence avait daigné, outre les magistrats,
créer pareillement les artilleurs et par surcroît,
les chasseurs à pied.

C'est en cette paisible atmosphère, qu'Amaury
de Warenghien passa sa première jeunesse. Tous
les succès que peut obtenir un étudiant, il les obtint.
Il devint licencié en droit, puis docteur. Quelle
serait sa carrière? je ne crois pas qu'au foyer
familial la question ait été longuement discutée.
Son père avait été conseiller, son oncle était président du tribunal de Valenciennes, son bisaïeul
avait été premier président. A leur exemple, il
serait magistrat. Et en décembre 1875, il fut nommé

substitut à Avesnes. Il avait alors vingt-quatre ans, étant né, comme j'aurais dû le dire en commençant, le 23 mai 1851. D'Avesnes, il passa à Hazebrouck, puis à Saint-Omer, chef-lieu des Assises du Pas-de-Calais. C'est là que j'ai été son collègue et, j'ose dire, son ami.

*
* *

Je n'imagine pas qu'il soit possible de pousser plus loin qu'il ne fît l'application aux devoirs professionnels. Il expédiait sa besogne au jour le jour, méthodiquement, assez lentement, non par aucune lenteur de conception, mais par scrupuleux désir de ne négliger aucun détail; tout était soigné : le fond, la forme, les formules et jusqu'à l'écriture elle-même, toujours nette, lisible, sans rature. Il était de nature tempérée, toujours maître de lui-même, bien qu'animé de loin en loin d'un certain zèle répressif qu'il m'était impossible de partager.

Chaque trimestre ramenait la session des Assises, presque toujours très chargée. M. de Warenghien étudiait avec une extrême conscience chacun de ses dossiers et n'en négligeait aucune pièce, même celles que le greffier avait classées à part, comme inutiles à lire. A l'audience, sa parole était nette, ses arguments bien enchaînés et sa dialectique assez souple pour qu'aucune réplique ne le déconcertât. Tant de maturité en tant de jeunesse, des dons si heureux rehaussés par un si vif souci du devoir, une intégrité si irréprochable, tout cela promettait à Amaury de Warenghien le plus brillant avenir comme magistrat, et nul n'eût hésité à le lui prédire, si dès cette époque, la Providence n'avait décidé d'orienter autrement sa vie.

L'année 1879 s'achevait. Un mot dominait tout, celui de cléricalisme. L'anti-clérical portait avec lui une double dispense, celle du talent, celle de la moralité. Le clérical eût en vain — fût-ce avec surabondance — possédé l'un et l'autre.

En chaque ville, quelques politiciens à l'esprit obtus, à l'âme subalterne, au cœur tout hypertrophié d'envie, surveillaient les relations, épiaient les entretiens, interprétaient les paroles, s'armaient des silences mêmes, et travaillaient, avec toute la bêtise de leur obstination malfaisante, à diviser la France en deux. Sur nuls plus que sur les magistrats ne s'exerçait cette bassesse d'inquisition.

Sur ces entrefaites, le décret du 29 mars 1880 sur les congrégations religieuses dissipa toutes les équivoques et obligea à opter entre l'arbitraire et la justice. Il ne m'appartient pas de reconstituer ici ce triste épisode de nos dissensions intérieures.

Pour Amaury de Warenghien, l'hésitation ne fut pas longue et à une demande de concours qui lui paraissait presque injurieuse, il répondit par sa démission. Fut-il en cela mal inspiré, ainsi que quelques-uns l'ont plus tard — et bien à la légère — prétendu? Jamais résolution ne fut plus virilement prise ni plus justifiée. D'abord, où la conscience parle, tout le reste doit se taire. Puis c'était sous des décrets équivoques ou désuets que l'iniquité essayait misérablement de s'abriter, en sorte que l'interprétation du légiste pas plus que l'indépendance du magistrat n'autorisait la docilité. Le sacrifice fut-il d'ailleurs inutile? Je remarque qu'à la poussée de brutalité qui inspira la mesure contre les congrégations religieuses, une certaine accalmie relative succéda. N'est-ce pas la protestation judiciaire, même en apparence brisée, qui, en montrant le péril d'une politique trop ouvertement sectaire, suggéra aux pouvoirs publics un retour de modération?

La vérité, c'est que rien ne se perd de ce qui s'accomplit pour le droit. Celui dont j'essaie de regraver la mémoire fut magistrat excellent; mais ce fut surtout en descendant de son siège qu'il montra qu'il était digne d'y monter.

**

M. de Warenghien revint à Douai. N'était-ce pas là qu'il retrouvait ses souvenirs d'enfance et sa demeure héréditaire?

Dans la vie nouvelle qui s'ouvrait pour lui, je distingue trois parts : les labeurs de l'avocat, les services de l'homme d'œuvres, les recherches de l'érudit et du lettré.

Le magistrat s'était révélé irréprochable. L'avocat fut à la même image : ce furent les mêmes qualités encore développées par l'âge : entière droiture de conscience, sens très remarquable des affaires, scrupuleuse étude de chaque procès, netteté dans les idées et dans le langage aussi. Par ses convic-

tions, par son désintéressement, M. de Warenghien attirait toute une clientèle, celle des opprimés. Rares sont les plaidoiries qu'il ait écrites. De l'une d'elles qu'on a retrouvée, figurent des passages dans le présent volume. C'est la Défense des Frères des Écoles chrétiennes de Bapaume. Aujourd'hui encore on lira avec intérêt ces pages, car elles mettent à nu les misérables artifices de procédure auxquels, à une certaine époque, les pouvoirs publics n'hésitaient pas à recourir pour entraver ou détruire l'enseignement confessionnel. M. de Warenghien ne bornait pas son activité aux affaires politiques ou religieuses. Il arriva que de très importants procès civils lui furent confiés. Il convient d'ajouter que de longs séjours dans le Midi, nécessités par la santé de sa femme, l'obligèrent souvent à négliger le barreau. Quelles que fussent ses absences, ses confrères n'avaient pas tardé à apprécier l'étendue de son savoir, la sûreté de son jugement, l'aménité de son commerce, l'élégance de sa parole; et de leur estime, ils lui conférèrent le plus haut témoignage en le nommant bâtonnier de l'ordre en 1912.

En dehors de ses occupations professionnelles, M. de Warenghien se jugeait tenu à servir les intérêts religieux. Il se fit entendre en 1890 à l'un des Congrès catholiques organisés chaque année à Lille. Surtout, il fut l'un des orateurs habituels dans les assemblées régionales de la Société de Saint-Vincent de Paul. Ces assemblées, dues à l'initiative du très saint M. Vrau, réunissaient au chef-lieu de canton ou d'arrondissement un ou plusieurs groupes de conférences. A chacune de ces réunions,

*un membre du Conseil central était délégué avec
mission de commenter ou de rappeler le règlement,
et aussi de provoquer de nouvelles affiliations.
M. de Warenghien fut l'un des plus zélés à répandre
la bonne parole. On le vit à Boulogne, à Béthune, à
Arras, à Cambrai, à Tourcoing, à Calais, à Saint-
Omer, à Fourmies, toujours zélé, toujours dispos
et ne comptant ni ses déplacements ni sa fatigue,
tant il lui plaisait de faire œuvre de dévouement !*

*Cette vie si active se complétait par le plus noble
souci des choses intellectuelles.*

*Dès sa jeunesse, notre ami s'était montré curieux
de l'histoire locale, avide des recherches d'érudition.
De son savoir, il fit bénéficier tantôt la* Société
d'Agriculture, des Sciences et Arts *dont il fut
président, tantôt le public douaisien ou celui des
villes voisines qu'il captiva par des conférences
très appréciées. On trouvera dans ce volume quelques-
unes de ces études. Elles se réfèrent à des sujets
très divers. Ainsi lui arriva-t-il de parler de la*
Musique et de la poésie à Douai au seizième siècle ;
*un autre jour, il commenta avec beaucoup de bonne
grâce et de charme le* Journal d'un étudiant hollandais à l'ancienne Université de Douai. *Une
rare souplesse d'aptitudes lui permettait de passer
des sujets anciens aux sujets modernes. Je note
par années quelques-uns des sujets d'articles ou de
conférences : en* 1883 : la Terreur dans le Pas-de-
Calais ; *en* 1884 : Une saison à Vichy au dix-septième siècle ; *en* 1885 : Anvers et son exposition ;
en 1886 : Un Voyage de la famille Gayant à
Dunkerque; *en* 1889 : Madame Desbordes-Val-

more ; *en* 1890 : le Voyage d'un pèlerin en Terre-Sainte au seizième siècle ; *en* 1891 : l'Histoire militaire de Douai. *Voici maintenant un travail publié en* 1912 *et qui est un vrai volume. C'est une* Histoire des origines de la fabrication du sucre dans le département du Nord.

J'ai entendu souvent exprimer le regret que M. de Warenghien ait vécu en marge de la politique active. Tout le désignait pour les Assemblées publiques : son nom universellement respecté, sa fortune qui lui assurait la plus entière indépendance, ses relations très étendues, soit à Douai, soit en la ville de Dunkerque qui était devenue pour lui, par son mariage (1), *une vraie cité d'adoption. Président très actif de la* Société d'Agriculture de Dunkerque, *il connaissait à merveille la condition et les besoins de la classe rurale. En lui se réunissaient d'ailleurs, et à un degré singulier, plusieurs des qualités les plus précieuses qu'exige le maniement des grandes affaires, à savoir : une sagesse avisée, un bon sens très sûr et par surcroît cette souplesse d'esprit qui, sans rien sacrifier des principes essentiels, sait se prêter à toutes les transactions raisonnables ou utiles.*

Les occasions firent-elles défaut? ou notre ami, par modestie ou réserve, négligea-t-il de les saisir? Je suis trop peu renseigné pour formuler ici aucune précision.

Les devoirs d'homme public que les circonstances

---

(1) Il avait épousé Mlle Élisabeth Delelis, fille de M. Jules Delelis, maire de Dunkerque, député du Nord, chevalier de la Légion d'honneur, dont le souvenir est resté vivant dans la région.

n'avaient pas permis à M. de Warenghien de remplir dans les temps calmes, il allait les exercer par une sorte de mandat tacite aux heures de détresse et de péril. Je touche ici à la dernière, à la plus méritoire époque de sa vie.

***

C'était en 1914. La ville venait d'être occupée par l'ennemi. Entre tous les habitants de Douai M. le baron de Warenghien était un de ceux qui pouvaient le mieux, par l'autorité morale de l'exemple, réconforter les courages et soutenir le patriotisme. Il fut, dans le sens le plus élevé du mot, vrai mainteneur de vaillance et de vertu. Il y avait des pauvres qui souffraient : il les visita, les assista, les consola. Il y avait, en l'un des hôpitaux, des blessés français faits prisonniers : il leur prodigua, de concert avec Mme de Warenghien, les trésors de sa générosité et de son cœur. Il y avait des blessés appartenant à l'armée britannique : il mit à profit sa connaissance de la langue anglaise pour entrer en relations avec eux et, autant qu'il le pouvait, les assister. Un jour, comme l'un de ceux-ci qui était sur le point d'expirer appelait désespérément son père : « There is your father, » lui dit M. de Warenghien en se penchant affectueusement vers son lit et en l'embrassant; et le moribond, déjà tout enveloppé d'ombres, se persuada que son père lui-même était là.

Sa sollicitude, quand elle ne réussissait point à

se manifester autrement, se traduisait par de pieux hommages aux morts. En quelques notes où notre ami a consigné quelques-unes de ses impressions, je lis ces lignes tracées à la fin de 1914. « Hier, les dernières fleurs du jardin ont servi pour la croix du sergent Baudin, mort à l'hôpital Sainte-Clotilde. » Cependant, la demeure de M. de Warenghien, située près de la gare, était plus exposée que toute autre aux bombardements de l'armée anglaise. Ni le danger des projectiles, ni les dégâts causés à son habitation, ne l'effrayaient. Au contraire, en entendant le canon, il se réjouissait des progrès de nos alliés qui, bientôt peut-être, arriveraient en libérateurs.

Hélas, l'attente dura près de quatre ans. L'autorité morale de M. de Warenghien ne cessa de grandir. On ne se lassait pas d'admirer son sang-froid, son intrépide sagesse, son obstination à espérer. Il était de ceux qu'on suit à la trace, tout de même que dans l'obscurité d'une caverne, on se presse autour de celui qui tient le flambeau. Enfin le 17 octobre 1918, les troupes anglaises entrèrent dans Douai, et ce fut, après la longue captivité, la définitive délivrance.

M. de Warenghien fut cité à l'ordre du pays et fut proposé pour la Légion d'honneur. Il ne songea, lui, qu'à continuer à bien servir. Il avait été nommé membre de la Commission des cinq notables chargée de réparer les ruines et de réorganiser la cité. Ce fut, je crois, le seul mandat officiel qu'il ait rempli. Quelle activité, à la fois intelligente et réglée n'apporta-t-il pas à l'accomplissement de sa lourde *tâche! En même temps se manifestaient de mille façons sa bonté discrète, son inlassable charité. Il continuait à exercer sa profession d'avocat et se montrait avocat modèle, attentif surtout à aider les humbles et les pauvres. C'est en ces tâches, modestement et simplement accomplies, qu'il consuma ses derniers jours; car il touchait au terme de sa vie. Tant de privations, tant de secousses, tant d'angoisses pour les siens avaient usé son généreux cœur. Au mois de juin 1920, presque subitement, il mourut.*

***

Vers la fin de la guerre, comme les Allemands, pour piller plus à l'aise, faisaient évacuer la ville de Douai et en transféraient à Saint-Amand les malheureux habitants, M. de Warenghien partit, emportant une simple valise. Comme on le plaignait de laisser à la merci de l'ennemi son bel hôtel si plein d'objets d'art et de souvenirs familiaux, il répondit doucement en montrant son chétif bagage : « Que voulez-vous? Un jour viendra où nous devrons partir pour l'autre vie, en emportant moins que cela. »

Celui à qui cette notice est consacrée n'a, en partant pour la grande patrie d'En-Haut, rien emporté de ce qui était richesses, honneurs ou biens périssables, mais ce qu'il a pu présenter au Juge Souverain, ce sont les actes de sa vaillante charité accumulés pendant quatre années d'anxiétés et de douleurs : âmes faibles réconfortées, blessés consolés

*et disputés à l'ennemi, devoirs civiques accomplis
au jour le jour avec une ponctualité sans défaillance.*

*Voilà ce que Dieu a récompensé en M. le baron
de Warenghien, et voilà aussi ce qui prolongera
longtemps son souvenir dans la mémoire de ses concitoyens.*

Pierre DE LA GORCE.

AVERTISSEMENT

Les différents articles qui composent ce volume sont présentés par M. de Mereüil, ami de la famille de Warenghien, à qui la Société douaisienne d'Agriculture, des Sciences et des Arts a confié la rédaction de la notice nécrologique qu'elle consacre à son ancien président.

Toute une année, Mme de Warenghien consacra la grande part de son activité à l'édition des travaux laissés par son mari. Elle ne devait pas, hélas! voir le complet achèvement d'une œuvre qui est aussi la sienne : elle en a réuni les nombreux éléments, les copiant de sa main et jusques aux notes éparses dans une demeure pillée, et elle a décidé en dernier ressort ce qu'il fallait en retenir.

Au moment où, avec le fils confident de ses pensées, elle corrigeait les dernières épreuves de ce volume, la baronne de Warenghien mourait subitement, le 25 août 1924, à Dunkerque, dans sa maison natale. Ce fut une de ses dernières joies que d'avoir servi la mémoire qui lui était chère et c'est justice que de l'y associer maintenant.

M.

11 septembre 1924.

———

LE BARON DE WARENGHIEN

(1851-1920)

SOUVENIRS ET FRAGMENTS

LE JURISCONSULTE

LE JURISCONSULTE

M. de Warenghien a été avant tout un jurisconsulte, aussi présentons-nous d'abord ce que nous avons pu recueillir de sa longue carrière d'avocat. Après sa démission de magistrat, il se fit inscrire au barreau de Douai et il y plaida près de quarante années. Les causes auxquelles il prêta le concours de son admirable talent furent nombreuses : Me de Warenghien était le conseil attitré des grandes compagnies d'assurances françaises et il fut ainsi un des promoteurs de la jurisprudence en matière d'accidents de travail dès qu'en 1899 commencèrent les procès issus de la nouvelle législation sur le risque professionnel ; il avait contribué à la créer par sa collaboration au *Recueil des assurances*, rédigé par M. Sainctelette, qui prépara l'abandon des anciens principes de droit commun, en préconisant un système juridique qui renversât la présomption de faute pesant alors sur l'ouvrier. Avocat des Compagnies devant la Cour de France la plus chargée de procès de cette nature, il contribua à une interprétation humaine des textes nouveaux, la seule qui, écartant les surenchères, pouvait en pratique atténuer les lourdes charges que d'aucuns voulaient imposer brusquement à l'industrie nationale.

Il était le conseil des grandes familles et de divers ordres religieux et spécialement des Frères des Écoles chrétiennes ; c'est ainsi qu'il plaida pour eux à quatre reprises dans un procès célèbre, celui des Frères de

Bapaume, qu'il arriva à faire réintégrer pour plusieurs années dans leur école.

Ce sont les seules plaidoiries que nous ayons encore de lui, et nous donnerons quelques extraits, en nous efforçant de conserver seuls les développements de l'intérêt le plus général, du plaidoyer prononcé devant le juge de paix. Me de Warenghien abordait en effet la barre seulement avec de courtes notes. S'il savait avec précision ce qu'il allait dire — ses plans étaient rigoureux — il entendait, en véritable orateur, conserver la liberté de ne pas savoir comment il le dirait. Tous ceux qui l'ont entendu, les magistrats qui l'écoutaient, comme ses confrères qui avaient à lui répondre, goûtaient, comme sa science du droit, l'élégance et la distinction de sa parole. Au charme du langage châtié, s'ajoutait un autre intérêt : il prenait tellement à cœur les affaires qu'il présentait, qu'il savait toutes les rendre vivantes, si abstraites fussent-elles. Il empoignait ses juges.

Les notes qu'il a laissées, les renseignements qu'il prenait partout pour la défense de la cause qu'il avait acceptée, sont assez nombreux encore pour témoigner de sa haute conscience professionnelle ; c'est ainsi que plaidant pour l'aiguilleur, dans le célèbre procès de la catastrophe d'Arleux en 1902, il avait signé de sa main les règlements de service de la Compagnie du Nord ; ceux qui ont eu la bonne fortune d'entendre un plaidoyer resté fameux se souviennent encore quels effets son talent sut tirer de leur lecture ; la voix du défenseur se faisait plus lourde à mesure que s'aggravaient les tâches imposées au prévenu dont l'erreur excusable contribua à un accident dramatique.

En 1912, ses confrères appelèrent au bâtonnat Me de Warenghien. Il les représenta à la fête du Centenaire de la restauration de l'Ordre à Paris ; il défendit ses intérêts avec succès en intervenant auprès des pouvoirs publics à l'effet d'obtenir la création d'une quatrième chambre à la Cour d'appel de Douai. De ses fonctions de bâtonnier, il nous est resté un toast charmant prononcé au banquet de Saint-Yves.

Pendant la guerre, suppléant ses jeunes confrères aux armées, il a accepté comme un stagiaire les commissions d'office, et se fit professeur de droit. Après la libération de la ville, revenu des premiers au Palais, et seul d'abord des avocats anciens, les chefs de la Cour l'avaient pressenti pour le discours à prononcer à l'audience solennelle de rentrée qui devait être tenue en présence de M. le garde des sceaux ; nous avons retrouvé la préparation qu'il en fit, et elle nous a semblé si remarquable que nous croyons devoir la publier, bien qu'en observateur des traditions tutélaires de son ordre, officiellement représenté par le retour à Douai de son bâtonnier, Mᵉ de Warenghien n'ait pas achevé son œuvre.

Cette première partie ne contiendra que quelques passages d'une plaidoirie et les deux morceaux auxquels nous venons de faire allusion. Ces textes sont d'une telle venue qu'ils permettent dans une certaine mesure d'apprécier quel avocat était Mᵉ de Warenghien qui, peu d'heures avant de mourir, abordait encore la barre ; ils justifient à eux seuls les paroles que le représentant du ministère public prononçait à l'audience solennelle de rentrée de la Cour, le 2 octobre 1920 : « Il honorait le barreau de Douai par sa haute conscience professionnelle, son éloquence élégante et aisée et empreinte d'une spirituelle aménité, la haute distinction de son esprit. » Un discours de rentrée ne fait en général que l'éloge des magistrats décédés dans l'année ; l'infraction à un vieil usage ajoute encore au poids des paroles de M. le procureur général (1).

(1) Discours prononcé par M. l'avocat général Desmoulins (Melun, Imprimerie administrative, 1920).

LES FRÈRES DE LA DOCTRINE CHRÉTIENNE CONTRE LA VILLE DE BAPAUME.

EXTRAITS D'UNE PLAIDOIRIE

Justice de paix de Bapaume : audience du 20 avril 1888 (1).

Je me présente devant vous pour réclamer de votre justice la réintégration des Frères de la Doctrine chrétienne dans l'immeuble dont ils ont été violemment spoliés le 3 février dernier par un représentant de la ville de Bapaume.

Nous avons assigné devant vous M. le maire de Bapaume, bien qu'il n'ait pas accompli personnellement cet acte de violence.

Il a trop le sentiment de la justice et le respect de la loi pour avoir commis une violation de ce genre ; mais il est le représentant de la ville de Bapaume, c'est à ce titre que nous l'avons assigné.

Il est nécessaire que je vous fasse connaître les faits de cette cause malgré leur notoriété. Il est nécessaire que je les expose, pour qu'il n'y ait pas dé doute sur le caractère de notre demande : c'est une action en réintégrande pour laquelle vous êtes certainement compétent.

(1) Cette affaire a été plaidée à nouveau par Mᵉ de Warenghien devant le tribunal d'Arras à l'audience du 1ᵉʳ août 1888 et devant la Cour d'appel de Douai le 5 décembre 1894.

C'est depuis plus de cent ans, depuis 1775, que les Frères de la Doctrine chrétienne sont installés dans cet immeuble.

Voici la convention qui intervenait le 17 avril 1776 entre les Frères des Écoles chrétiennes et les administrateurs des biens des pauvres :

« ...A ces causes, les sieurs Mayeur, Echevins et Conseil, à l'intervention du procureur du roy syndic,

« Et les très chers Frères Exuper et Eucher sont convenus de part et d'autre de ce qui suit, savoir :

« ...La maison autrefois occupée par les Jésuites sera et demeurera à perpétuité à la disposition de trois Frères, à l'effet de tenir une école gratuite de garçons, sans qu'on puisse leur diminuer une partie quelconque du local pour quelque cause et raison que ce puisse être. Les grosses et moyennes réparations, comme aussi des meubles concernant l'école seront et demeureront à perpétuité à la charge de l'administration des dits sieurs Mayeur, Échevins et Conseil... »

Et les Frères de la Doctrine chrétienne se sont perpétués dans cet édifice depuis 1776 jusqu'aux jours sanglants de la Révolution.

Ils y sont rentrés en 1817 et l'ont occupé depuis lors. Ils y ont rempli leur ministère avec un infatigable dévouement pendant près de soixante-dix ans ; ils n'ont cessé de se consacrer à l'éducation de l'enfant pauvre, du fils de l'ouvrier ; et à l'honneur de cette ville, je suis heureux de dire et de constater qu'ils n'ont pas fait des ingrats.

Il y a un mois à peine, la population tout entière signait en leur faveur une pétition qui est tout aussi bien à l'honneur de ceux qui l'ont signée qu'à celui des Frères pour qui elle a été couverte de signatures.

Comment donc se fait-il qu'après tant de services rendus, qu'après cette reconnaissance publique dont je suis si heureux de constater l'existence, comment se fait-il que tout à coup, sans raison, ils aient été violemment dépossédés de leur immeuble?

C'est à la date du 4 octobre 1887 que la question s'engage.

Le 4 octobre, M. le préfet du Pas-de-Calais écrit la lettre suivante :

« D'après les renseignements qui me sont fournis par M. l'inspecteur d'Académie, le nombre des élèves fréquentant les deux écoles de garçons de Bapaume ne dépasse jamais deux cent trente.

« Dans ces conditions, et étant donné d'ailleurs que l'enseignement n'est plus confessionnel, une seule école à cinq classes suffirait.

« Je vous prie, en conséquence, d'inviter le Conseil municipal à délibérer sur la suppression de l'une des deux écoles de garçons de Bapaume. »

Le Conseil municipal de Bapaume se prononce pour le maintien. Peine perdue ; à la date du 28 décembre 1887, nouvelle lettre :

« Le préfet du Pas-de-Calais a l'honneur d'informer M. le maire de Bapaume que par décision du 27 décembre courant, M. le ministre de l'Instruction publique, des Cultes et des Beaux-Arts, a approuvé : 1º la suppression de l'école congréganiste de garçons de Bapaume ; 2º le maintien de l'autre école de garçons qui devra comprendre cinq classes sous la réserve qu'il ne sera pourvu à la nomination du quatrième adjoint que le jour où l'effectif scolaire comportera cette nomination.

« M. le maire de Bapaume est chargé d'assurer, en ce qui le concerne, l'exécution de la présente décision. »

La suppression est ordonnée.

Certes, cette décision de M. le ministre de l'Instruction publique a eu un douloureux retentissement dans bien des cœurs ; mais quelque dure qu'elle ait paru, tant pour les Frères que pour la population de Bapaume, les Frères se sont inclinés et ils s'inclinent encore aujourd'hui parce que c'est la loi. C'est une de ces lois passagères condamnées à mort dès leur naissance et dont le suffrage universel permettra un jour de faire justice ; mais en attendant, c'est la loi et je le répète, nous nous sommes inclinés. L'école communale congréganiste a, pour le moment, cessé de vivre, comme pendant la période révolutionnaire, mais je vous prédis une chose : c'est que, de même qu'elle est revenue à la vie en 1819, elle ressuscitera de nouveau.

Si en ce monde rien n'est durable, les mesures qu'édicte la tyrannie sont plus que toutes autres éphémères.

Nous nous sommes inclinés devant la loi ; on

en trouvera la preuve dans cette lettre qu'à la date du 30 décembre 1887, M. le Frère directeur adressait à M. le maire de Bapaume :

« Monsieur le maire,

« Ayant appris que le Conseil départemental de l'Instruction publique a décidé la suppression comme école communale de notre école de Bapaume, je viens vous prier de vouloir bien me faire connaître les intentions de la municipalité.

« De mon côté, je suis disposé à continuer l'exécution du contrat intervenu entre les administrateurs des biens des pauvres (aujourd'hui la Commission des hospices) et notre Institut à la date du 17 avril 1776, concernant la direction de l'école destinée à assurer l'exécution des fondations provenant des Pères Jésuites ; mais je ne voudrais le faire qu'autant que je rencontrerais l'adhésion du Conseil municipal et celle de l'administration de l'hospice. Si notre école de Bapaume n'a pas cessé de posséder la sympathie des habitants, nous sommes prêts à continuer d'y remplir la mission que notre Institut a acceptée depuis plus d'un siècle.

« C'est à vous, Monsieur le maire, qu'il appartient de nous faire connaître à ce sujet le sentiment de la population ainsi que les décisions que les administrations précitées jugeront à propos de prendre.

« Je crois en même temps devoir porter à votre connaissance que notre Institut, ne voulant pas que les pauvres de Bapaume subissent le contre-coup de la mesure prise par le Conseil départemental de l'Instruction publique, a résolu de faire remise au profit des pauvres, pendant une période de trois ans, du salaire alloué aux maîtres chargés de la tenue de l'école par le contrat prérappelé. »

Que fit M. le maire de la commune? Il agit de la façon la plus correcte : il réunit immédiatement la Commission administrative de l'hospice pour délibérer.

L'orateur donne lecture du procès-verbal de la Commission des hospices de Bapaume en date du 2 janvier 1888 et d'une délibération du Conseil municipal du lendemain.

De ces délibérations, je retiens deux choses : la première, c'est l'hommage rendu par la majorité du Conseil municipal aux Frères de la Doctrine chrétienne, c'est l'éloge des services rendus pendant si longtemps.

J'attire votre attention sur le but poursuivi par le Conseil municipal tel qu'il ressort du texte que je viens de lire : permettre aux déshérités de la fortune de choisir l'école vers qui vont leurs sympathies. J'y vois une sollicitude éclairée pour les ouvriers, pour les pauvres, pour leur liberté ; car après tout, ce n'est pas aux riches que peut faire tort la suppression des écoles congréganistes, car ils pourront toujours faire donner l'instruction religieuse à leurs enfants ; l'éternelle victime ce sera le pauvre, ce sera l'ouvrier qui, lui, n'aura pas le moyen de faire ce sacrifice.

Or, l'ouvrier tient avant tout à ce que ses enfants soient élevés par les Frères, car il sait qu'ils leur apprendront à honorer leurs parents, à craindre Dieu, à aimer la Patrie.

La liberté pour tous! C'est une devise que le Conseil municipal met en pratique. C'est au nom de la liberté qu'en 1878 on avait demandé et obtenu la création d'une école laïque. Ah! c'est ce même amour de la liberté qui aurait dû faire maintenir l'école libre des Frères dans la maison qu'ils occupent depuis 1819 si, pour certaines gens, la liberté ne consistait pas dans la faculté d'opprimer ceux qui ne pensent pas comme eux.

La deuxième chose qui se dégage de ces délibérations, c'est la volonté formelle du Conseil de respecter l'exécution du contrat passé le 17 avril 1776 avec les Frères de la Doctrine chrétienne et par conséquent de les maintenir dans la maison qu'ils occupent.

Immédiatement, le maire notifia les deux délibérations au supérieur général des Frères, et dès le 4 janvier, il fit dresser un inventaire du mobilier scolaire appartenant à la commune et en fit opérer bientôt le déménagement hors du bâtiment. Il était impossible de mieux reconnaître la possession des Frères et de renoncer au nom de la commune à toute prétention sur l'immeuble.

Le même jour, 4 janvier, l'un des Frères de Bapaume, sur l'ordre du supérieur, fit à la mairie une déclaration d'ouverture d'école primaire dans le bâtiment litigieux, où, je le répète, ils étaient installés depuis 1819.

Le récépissé de l'inspecteur d'Académie lui fut délivré le 10 janvier ; et, pour se conformer à la loi, le maire fit savoir à l'inspecteur qu'il n'avait pas d'opposition à faire à l'ouverture de cette école libre.

Mais les choses se passaient trop à la satisfaction des honnêtes gens de Bapaume et de la majorité des habitants, pour que cela pût durer longtemps. Les trois membres de la Commission des hospices qui avaient été battus le 2 janvier, écrivirent au préfet pour lui signaler que la Commission n'était pas au complet, que l'un des membres avait vu son mandat expirer le 31 décembre ; en conséquence, ils demandaient que cette question fût soumise de nouveau à la délibération de la Commission complétée par l'adjonction d'un nouveau membre.

Le préfet crut devoir accéder à cette singulière demande. Il nomma un nouveau membre... Ai-je besoin d'ajouter que dans ces conditions favorables à l'administration et défavorables aux Frères de la Doctrine chrétienne, la majorité décida que la Commission ne maintiendrait pas le contrat passé avec l'Institut des Frères pour la tenue d'une école dans les bâtiments provenant des Jésuites ?

Je m'abstiendrai d'en dire davantage, ne voulant pas passionner le débat. Au point de vue de la possession et de la détention des Frères, cette décision est d'ailleurs inopérante. Les Frères

n'en sont pas moins restés possesseurs de l'immeuble dans son entier J'ajoute même que le
jour où il nous plaira de plaider au pétitoire, rien
ne nous sera plus facile que d'écarter cette délibération sans valeur juridique.

Quand un contrat existe et qu'il a lié deux
parties les unes aux autres, il ne suffit pas que
l'une d'elles déclare briser le contrat ; il n'en résulte pas que par cela même et que par cela seul,
tout lien juridique soit brisé. Ce serait vraiment
chose trop commode et trop facile, et cela me
paraît être du droit nouveau. Mais je laisse ce
point de vue de côté. Je me renferme dans l'action en réintégrande que je plaide devant vous
et je constate, comme je l'indiquais à l'instant,
qu'au point de vue de la possession des Frères,
cette délibération de l'hospice n'a pu avoir aucun
effet.

D'ailleurs un nouvel incident surgissait au moment même. Le bureau de bienfaisance de Bapaume avait été averti de la prétention de l'hospice à la propriété de l'immeuble, par les comptes
rendus des journaux.

Réunie le 25 janvier, la Commission reconnaissait formellement que l'école des Frères n'avait
pu être considérée comme propriété de l'hospice
que par suite d'une erreur. Séance tenante, on
procéda à la vérification des titres. Cet examen
fut décisif en faveur du bureau de bienfaisance.
En conséquence, le bureau prit à l'unanimité
une délibération par laquelle il déclarait maintenir le contrat de 1773 et chargeait le président

de signifier à la commune qu'il reprenait possession du bâtiment, au nom des pauvres et qu'il s'opposait formellement à l'installation d'une école laïque, « ce qui serait une violation de la volonté et des intentions des fondateurs. »

Il semblait, n'est-il pas vrai, que devant la volonté nettement formulée par le Conseil municipal de Bapaume, par l'unanimité du bureau de bienfaisance, l'administration préfectorale allait s'incliner? Il n'en fut rien. A la date du 1er février 1888, le préfet du Pas-de-Calais annulait la délibération du bureau de bienfaisance.

Me de Warenghien décrit ensuite l'expulsion des Frères. Pour les déposséder de l'immeuble qu'ils détenaient, on eut recours à l'effraction. La serrure fut crochetée et la porte d'entrée fut brisée.

Triste spectacle, s'écrie-t-il, que celui de la puissance publique employant des procédés d'effraction qui conduisent d'ordinaire en Cour d'assises !

Et après avoir analysé les effets juridiques de cette dépossession, l'orateur poursuit ainsi :

Nous avons établi les deux choses qui sont la base de l'action en réintégrande : la détention et la spoliation dont les Frères ont été les victimes. Cela suffit et la loi, comme l'ordre public et la justice exigent que nous soyons immédiatement réintégrés dans la partie du bâtiment dont nous avons été violemment dépouillés.

Il ne s'agirait pas de nous opposer que **nous** avons été dépouillés en vertu d'un arrêté préfectoral auquel les tribunaux ordinaires ne peuvent pas faire échec. Car il ne faut pas d'équivoque ! Sans doute, si le préfet agissant administrativement avait décidé par arrêté préfectoral le transfert de l'école laïque dans les bâtiments occupés par les Frères, on pourrait à la rigueur prétendre qu'il y a là un acte administratif auquel l'autorité judiciaire ne peut faire échec. Mais telle n'est pas la situation. Le préfet n'a pas pris, et il ne pouvait pas prendre un arrêté ordonnant ce **transfert,** parce que c'est un acte qui rentre dans les attributions du Conseil municipal, qui seul peut ordonner le transfert de tel local dans tel autre.

Me de Warenghien invoque à l'appui de sa thèse une décision du Tribunal des conflits rendue à la **date** du 18 mars 1882 et une série d'arrêts dont un de la **Chambre** des requêtes du 26 février 1873. Ces **arrêts** dont il commente le détail l'amènent à conclure de la sorte :

Vous pouvez sans crainte, monsieur le Juge de paix, ordonner la réintégration des Frères **dans la** partie des bâtiments qui leur a été violemment enlevée. Vous le pouvez parce que vous ne paralyserez aucun service public, parce que **vous ne** ferez pas échec à la décision même qui a **supprimé** l'école congréganiste. Ce n'est pas comme instituteurs communaux que les Frères entendent donner l'instruction dans l'immeuble, c'est comme instituteurs libres.

Et la plaidoirie se termine par cette belle péroraison :

...Monsieur le Juge, c'est avec une entière confiance que nous recourons à votre justice.

Nous sommes soutenus devant vous par les vœux de la population entière, par ceux surtout des ouvriers, des pauvres, des déshérités de la fortune, qui considèrent les Frères comme leurs amis. Nous arrivons devant vous appuyés par l'unanimité du bureau de bienfaisance, par la moitié de la Commission des hospices, par le Conseil municipal presque tout entier. Nous avons pour nous, non seulement la loi, mais l'opinion publique. Nous avons aussi, et c'est ce sur quoi nous comptons, nous avons votre conscience, qui vous crie et vous criera plus haut que moi de nous rendre justice ! (1)

(1) L'arrêt définitif, rendu en 1894 par la Cour d'appel de Douai, confirmait les conclusions de Mᵉ de Warenghien. Le 17 décembre de la même année, le supérieur général exprimait à l'éminent défenseur des Frères de la Doctrine chrétienne la profonde gratitude de l'Institut tout entier et le priait d'accepter un diplôme de bienfaiteur.

REMERCIEMENTS
AU TOAST PORTÉ AU BÂTONNIER,
LE JOUR DE LA SAINT-YVES (1913).

J'adresse mes plus chaleureux remerciements à notre distingué confrère M. Morel, pour le toast si aimable qu'il vient, suivant l'usage, d'adresser au bâtonnier.

A plusieurs reprises, vous l'avez souligné de vos applaudissements ; il les méritait certes, par l'élévation de la pensée, le charme et la spirituelle élégance de la forme.

Dès les premiers mots, il est apparu à tous que notre sympathique confrère possède à un égal degré la maîtrise du droit qu'il professe avec talent, et l'art de la parole qu'il manie avec autant de facilité que de distinction.

C'est bien volontiers, mon cher confrère, que je prends acte de votre bonne promesse de quitter Lille pour Douai. Les bravos de tout à l'heure vous garantissent le sympathique accueil que vous y recevrez.

Oui, je vous remercie de tout ce que vous venez de dire d'excellent et qui cadre si harmonieusement avec notre fête de la Saint-Yves.

Le banquet qui nous réunit, c'est la courte et

délicieuse trêve, c'est l'épanouissement de l'amitié, de la confraternité, de la solidarité qui nous unissent ; c'est-à-dire de tout ce qui fait le charme et le prix de nos relations quotidiennes, et, en même temps, la force et la perpétuité de notre ordre.

Et voilà pourquoi, de tout temps, nous avons marqué d'une pierre blanche le jour de la Saint-Yves.

Et puis aussi parce qu'à la Saint-Yves, l'année judiciaire est à son déclin ; il nous semble déjà voir poindre l'aurore des prochaines vacances et le moment d'un repos bien gagné. C'est aussi le moment de se ressouvenir et de jeter un regard en arrière sur les mois qui viennent de s'écouler.

Dans cette fuite rapide des jours, deux événements se détachent avec netteté. L'un, c'est la fête grandiose organisée par le barreau de la Cour d'appel de Paris en l'honneur d'un de ses membres les plus illustres, appelé à la magistrature suprême du pays.

J'ai conservé l'émouvant souvenir de cette manifestation, de l'enthousiasme qui animait l'assistance et des accents de souveraine et incomparable éloquence qui firent vibrer toutes les âmes à l'unisson.

Jamais je n'oublierai que c'est à votre estime, à votre amitié, à vos précieuses sympathies que je dois l'honneur de vous y avoir représentés comme bâtonnier. C'est là ce qui ajoutera à ma reconnaissance et à la valeur inestimable du souvenir.

Le second fait, c'est le projet de création d'une quatrième chambre à la Cour d'appel de Douai.

Le crédit nécessaire a été inscrit au projet de budget pour 1914. C'est un pas décisif. Il est dû aux efforts combinés de notre Ordre et de la Chambre des avoués et à la très habile mise en œuvre des initiatives, des interventions, des appuis qui ont assuré le succès de notre demande.

L'an prochain nous célébrerons la réalisation des promesses d'hier qui consacrera l'importance toujours croissante du ressort de la cour de Douai.

« MESSIEURS LES AVOUÉS,

« Notre bon et excellent accord vient de prouver une fois de plus que *l'Union fait la force.*

« Je bois au maintien, au développement des relations si cordiales, si affectueuses qui nous unissent et je le fais d'autant plus volontiers que nous collaborons tous les jours à l'œuvre du droit et de la justice. Je prie MM. les avoués de première instance et leur distingué président de partager avec leurs confrères près la Cour, l'expression des mêmes et égales sympathies.

« Ce serait faire preuve de la pire ingratitude que d'oublier les organisateurs du banquet. Ils ont droit à nos meilleures et plus reconnaissantes félicitations. Il était impossible de composer un menu plus fin, plus délicat et mieux réussi que celui-là. Ils se sont surpassés eux-mêmes, ce qui semblait impossible. Ils sont les continuateurs et les émules de Brillat-Savarin et prouvent, comme lui, que la science du droit se concilie à merveille avec tout ce que la physiologie du goût a su imaginer de meilleur et de plus exquis.

« Un dernier mot et je termine en vous proposant de boire à la renommée, aux succès et à l'éclat toujours croissant de notre cher Barreau douaisien.

PAGES ÉCRITES A L'OCCASION
DE LA RENTRÉE DE LA COUR D'APPEL
DE DOUAI, EN 1918.

Ces pages ont été retrouvées dans les notes laissées par M. le baron de Warenghien. Elles s'adressent à M. le ministre de la Justice, aux membres de la Cour et du Barreau douaisien.

Depuis son origine plus que séculaire, jamais la Cour d'appel de Douai n'a effectué de rentrée dans des circonstances plus émouvantes.

Tout rappelle ici les tragiques souvenirs des quatre années qui viennent de s'écouler ; les fenêtres dont les carreaux brisés livrent passage à tous les vents, ces sièges aux garnitures découpées ou arrachées, les vestiaires vides de vos robes, comme aussi des nôtres, les bibliothèques saccagées, les archives des greffes bouleversées de fond en comble, le coffre-fort défoncé gisant dans la salle des Pas-perdus, les tableaux de la grande salle du Parlement de Flandre troués ou tailladés, enfin la façade du Palais de justice entamée par les éclats d'obus, tout cela retrace de la façon la plus saisissante la longue série d'attentats que les Allemands n'ont pas craint de nommer l'agonie de Douai.

Mais il y a des vides plus irréparables que ceux de nos bibliothèques et des Archives judiciaires ; il y a ceux que la cruauté teutonne a faits dans vos rangs et dans les nôtres.

Et à cet égard, vous me permettrez de dire ce dont nous avons été les témoins affligés et indignés.

M. le président Bosquet étant sérieusement malade lors de sa désignation comme otage en janvier 1918, M. le premier président se rendit à la *kommandantur* pour attester l'état de santé de son collègue.

Un si long trajet (il aura six jours) serait un arrêt de mort pour le malade ; nous espérions que cette intervention, basée sur des certificats médicaux, serait décisive. Rien n'y fit. La décision fut maintenue : M. le président Bosquet dut partir, non pas tant pour Milejgany que pour la mort.

A ce souvenir, je joindrai celui du président Febvret. Lui aussi était souffrant. Avec la fermeté, le courage qui le caractérisaient, il serra nos mains amies le jour des derniers adieux, car nous ne devions plus le revoir, pas plus que le très regretté conseiller Delsart.

Le bombardement de Saint-Amand a fait un nouveau vide dans les rangs de la Cour.

Malgré la pluie de fer qui s'abattait sur la ville depuis quarante-huit heures, M. le conseiller Thuilliez n'avait pas voulu s'abriter dans une cave.

J'ai vu la maison qu'il habitait : un obus du plus gros calibre en avait fait un monceau de décombres ; M. Thuilliez fut retiré avec une bles-

sure qui nécessita son transfert à l'hôpital d'Arras ;
nous espérions qu'il nous serait conservé, et il en
eût été ainsi, sans la grippe infectieuse qui lui
donna le coup fatal.

Comme la Cour, le Barreau a eu ses victimes.
Et tout d'abord notre confrère Théry, fusillé en
vertu d'un jugement exécuté avec une hâte qui
prouve son iniquité. L'intervention de notre bâtonnier M. Deschodt fut écartée comme inutile et
déjà sans objet.

Et c'est avec une émotion profonde que je
salue les noms aimés de nos chers et regrettés
morts : Delassus, Henri Wagon, Jacqz, Blavier,
Ruggiéry, Joseph Toussaint, Pesqué, Rémy Duhem
et Adolphe Vitrant...

Ils sont tombés glorieusement sur les champs
de bataille pour la défense de la Patrie et la
victoire de la France.

Cette union si étroite de la Magistrature et du
Barreau s'est encore affirmée par leur collaboration
à des cours de droit de première année à l'usage
des jeunes Douaisiens retenus à Douai par l'occupation allemande.

Ces cours et conférences eurent lieu de novembre 1917 à juin 1918. Nos jeunes étudiants
passeront bientôt les examens que la tyrannie
de la *kommandantur* les a empêchés de subir.

Ah ! c'est qu'elles ont été dures et cruelles
les longues heures de l'occupation allemande.
Elles étaient marquées par des violations systé-
matiques du droit des gens. Les mobilisables
contraints par les pires violences à des travaux

se rattachant à la guerre, leur emploi et celui des prisonniers de guerre à moins de trente kilomètres du front, brutalités exercées contre les femmes et les enfants qui glissaient un morceau de pain aux prisonniers affamés, dont plusieurs tombaient d'inanition dans les rues. Le patriotisme, sous toutes ses formes et manifestations, était un crime punissable par des peines variant, suivant la gravité des cas, de 500 à 1 000 marks jusqu'à la peine de mort — *à moins de peines plus graves prévues par le code militaire* — style des affiches.

Personne n'était sûr de ne pas aller à Cuincy et la prison cellulaire fut honorée par des hôtes qu'elle dut être fort surprise de recevoir.

Les affiches ! Les Allemands avaient compris quelle arme terrible, quelles preuves écrasantes elles fourniraient contre eux. Aussi, vous n'en trouverez plus une seule sur nos murs. Ils ont eu bien soin de les enlever.

Malheur aux Français assez audacieux pour en prendre copie ou les détacher nuitamment. Ils étaient frappés de prison pendant plusieurs mois. Peines perdues d'ailleurs, plusieurs collections de ces affiches ont été formées et mises en lieu sûr.

Déjà elles ont été demandées par M. Langlois, directeur des Archives nationales, et M. Bruchet, directeur des Archives du Nord.

Le jour où elles seront publiées, elles créeront un sursaut unanime d'indignation et de colère dans le monde civilisé.

Ces injonctions et ces menaces, nous les avons

tenues pour lettres mortes. Les coffres-forts n'ont pas été déclarés, les cuivres pas davantage.

C'eût été un crime contre la Patrie que de livrer volontairement à l'ennemi le métal nécessaire à la fabrication des étuis de cartouches ou des gaines d'obus.

Sur les affiches enjoignant de les livrer, furent inscrits en grosses lettres ces mots : « Traître qui les remettra. » La ville fut *punie* d'une forte amende et la circulation interdite dans les rues à partir de cinq heures de l'après-midi (soit trois heures en réalité). Des femmes et des enfants furent jetés en prison et mis au secret. Mais avec quelle joie nous nous passions de main en main les journaux lancés des aéroplanes !

Quelle douceur de recevoir du haut des airs des nouvelles de la France !

Jamais, même aux heures les plus sombres de la guerre, nous n'avons douté de la victoire finale.

Nous avions l'indomptable certitude que l'humanité ne pouvait être condamnée à rétrograder de plusieurs siècles. Nous avions l'absolue confiance que cette fois, la force ne primerait pas le droit.

C'est là ce qui a soutenu la population douaisienne dans le lamentable exode des 3 et 4 septembre dernier.

Vous figurez-vous cette population éperdue de quinze mille enfants, femmes, vieillards lancés dans la direction de Montigny et de Somain, non pas sur les routes, réservées à l'armée allemande, mais dans la campagne, à travers champs, en dépit des fossés où dut être abandonnée une grande partie de ce qu'ils avaient emporté.

C'est ainsi que furent évacués M. le premier président et Mme Dassonville, MM. les conseillers Guesdon, Ancelme, Delsart, MM. Fieffé, Desmoulins, avocats généraux, Me Deschodt, notre bâtonnier, et tous les siens restés à Douai, M. et Mme Devimeux et tant d'autres !...

Beaucoup d'évacués traînaient sur des poussettes ou des brouettes leurs pauvres trésors, car tout est relatif ici-bas ; ceux que trahissaient leurs forces inégales à un tel effort étaient brutalisés d'une façon révoltante et malgré tout, pas une plainte ne s'échappa de leurs lèvres.

Le jour où il nous fallut, sur l'heure, quitter nos foyers, abandonnant à la rapacité de l'ennemi nos plus chers souvenirs, personne ne jeta un regard en arrière.

Et quand, le 25 octobre, nous sommes rentrés dans la ville déserte, pas une larme ne fut versée, en retrouvant nos maisons saccagées et savamment pillées.

La vue du drapeau tricolore nous consola de nos maisons à moitié détruites et de nos mobiliers perdus ou volés.

Le radieux soleil de la victoire nous fit oublier toutes nos pertes, et c'est du fond du cœur que nous avons crié : « Vive la France ! »

Mais de pareils attentats à la civilisation appellent une sanction. Nous avons la certitude que le gouvernement de la République exigera la restitution intégrale des tableaux, statues, objets d'art, enlevés du musée de Douai, sous des prétextes menteurs, et qu'il en sera de même pour ceux de la Mairie et du Palais de justice.

De même pour les statues ornant nos places publiques : monuments de Jean Bologne, de la place Thiers, statue de Desbordes-Valmore, etc., et qu'à défaut de restitution en nature, les particuliers seront indemnisés en argent, car l'évacuation de Douai n'a été ordonnée avec tant de hâte et de précipitation que pour en organiser méthodiquement le pillage.

Plus d'un an auparavant, un sous-officier de la *kommandantur*, avocat en Allemagne, s'était écrié : « Quand nous quitterons Douai, nous enlèverons tout ce que vous possédez ; nous ne vous laisserons que vos yeux pour pleurer. » Voilà la preuve de la préméditation.

D'ailleurs, dimanche dernier, M. le président de la République, en nous assurant de toute sa sollicitude, nous a promis la restauration intégrale de la ville de Douai, et cette promesse a réconforté tous les cœurs.

Et maintenant, nous allons reprendre le cours si longtemps interrompu de la vie judiciaire et des luttes pacifiques du Barreau ! Avec quelle joie nous reviendrons à nos chères habitudes confraternelles, à notre franche et loyale camaraderie ! Avec quel bonheur nous reverrons les chers absents pour le service de la Patrie, non pas tous, hélas ! car il en est beaucoup et des meilleurs que nous ne reverrons plus, mais dont le glorieux souvenir vivra toujours dans nos regrets et dans nos cœurs.

La rentrée d'aujourd'hui, bien que forcément incomplète, n'en a pas moins une importance capitale. Elle la doit à la présence de M. le ministre de la Justice.

En assistant à la reprise de possession par la Cour d'appel de Douai, de ce Palais de justice où siégea pendant plus d'un siècle le Parlement de Flandre, vous avez, Monsieur le ministre, donné à la ville de Douai la marque la plus certaine et la plus précieuse de votre haute sympathie.

Et comme membre de la Commission municipale provisoire, j'ai l'insigne honneur de vous exprimer en même temps la gratitude de la population tout entière qui est justement fière d'une des plus anciennes institutions composant le patrimoine de la ville de Douai.

L'HOMME D'ACTION SOCIALE
ET RELIGIEUSE

L'HOMME D'ACTION SOCIALE
ET RELIGIEUSE

M. de Warenghien consacra toujours à l'Agriculture
une partie considérable de son temps, surtout peut-être
au cours des années de crise qui sévirent dans le Nord
entre 1880 et 1892. Grand propriétaire dans les Flandres,
il avait été appelé de bonne heure au bureau de la Société
d'Agriculture de Dunkerque ; longtemps il en fut le président. C'est assez dire qu'il suivait avec assiduité les
concours agricoles ; il y prenait toujours la parole. Il ne
cessait de dénoncer aux pouvoirs compétents les dangers
que courait alors l'Agriculture et de leur signaler les
moyens propres à y porter remède. Ces discours, remarquables par leur facilité et leur à-propos, ne correspon-
dent plus assez, et fort heureusement, à la situation
actuelle pour être publiés. Celui du 2 juillet 1899 offre un
intérêt plus général ; il était adressé à M. le marquis de
Vogüé venu à Dunkerque, et constituait en quelque sorte
la présentation de l'élevage et de la culture de nos régions
septentrionales au président de la Société des Agriculteurs de France que M. le baron de Warenghien avait
été assez heureux de pouvoir faire venir à Dunkerque.

Avant de procéder à la distribution des récompenses, disait-il, j'ai à remplir un devoir qui nous
tient au cœur : c'est d'adresser au nom du bureau

et de la Société tout entière, au nom de nos lauréats et exposants de cette vaillante population rurale, nos meilleurs et nos plus vifs remerciements à la Société des Agriculteurs de France, à M. le marquis de Vogüé, son éminent président, à la brillante députation qui l'entoure et qui donne un éclat tout particulier à cette fête de l'Agriculture et de la race bovine flamande pure.

La Société d'Agriculture de Dunkerque est heureuse et fière d'être la première des Associations agricoles de ce grand et beau département du Nord, à fêter votre présence et celle des délégués de la Société des Agriculteurs de France. Votre visite lui a donné une impulsion et une activité nouvelles et elle a redoublé d'efforts pour se montrer digne d'un si haut et si envié patronage.

La Société des Agriculteurs de France, nous la connaissons depuis longtemps.

Nous la connaissons pour l'avoir vue à l'œuvre, dans les heures critiques où l'existence de l'Agriculture française semblait en péril.

Œuvre d'initiative privée, elle a groupé autour d'elle les forces agricoles, elle leur a donné ce qui leur manquait jusque-là : la cohésion ; elle a été un centre de ralliement, d'organisation et d'espérance.

Aujourd'hui, elle a plus de douze mille adhérents, sans compter cette brillante couronne des syndicats agricoles, issus d'elle : « Foyers de vie laborieuse, de prudente hardiesse, de pacifique émulation, par qui elle pénètre dans les couches profondes du monde rural, les initie au progrès, les convie à l'union pour la défense pacifique et le triomphe des intérêts communs. »

A cette belle et éloquente définition des syndicats agricoles et de leur rôle pacificateur, vous en avez reconnu l'auteur et vous l'avez applaudi. Oui, vous avez reconnu le représentant le plus autorisé des libres efforts de l'agriculture française, le distingué et éminent président de la Société des Agriculteurs de France.

Et ce n'est pas seulement dans ces hautes sphères de l'unification des forces agricoles, de la défense de leurs intérêts vitaux, qu'il s'agisse des lois douanières, des lois fiscales, des tarifs de chemins de fer, que s'est affirmée l'action bienfaisante de cette grande société. Son affectueuse et prévoyante sollicitude s'est étendue encore plus loin. Chaque jour elle sert, avec le dévouement le plus actif et le plus éclairé, les intérêts des populations rurales. Dans la question de la dénaturation de l'alcool, cette question vitale pour la prospérité de l'agriculture dans notre vaste région du Nord, la Société des Agriculteurs de France a prêté et prête encore son plus efficace concours à nos vaillants députés pour mettre l'alcool industriel à la portée de tous, pour lui procurer de nouveaux et inépuisables débouchés, et accroître ainsi dans la plus large mesure la fortune nationale.

Oui, de quelque côté qu'on l'envisage, la Société des Agriculteurs de France apparaît vulgarisant tous les progrès, préconisant les meilleures méthodes, prodiguant partout les encouragements à la culture du blé par les prix Detrais et Godart, à la race chevaline par le concours de Calais, à la race bovine par les concours spéciaux de Nevers, de Charolles, de Saint-Brieuc et enfin de Dunkerque.

Mais je n'en ai pas fini avec ce devoir de reconnaissance qu'il nous est si doux de remplir !

A M. le maire de Dunkerque (1), à la municipalité, au Conseil municipal, j'exprime nos plus vifs remerciements de leur très large subvention. Ils nous ont prêté, jusque dans les plus petits détails d'organisation, une aide et un appui de tous les instants.

Et aujourd'hui même, ils nous offrent ici, dans cette jolie salle Sainte-Cécile, l'hospitalité la plus cordiale. Cette hospitalité donnée à l'Agriculture française par la grande cité maritime du Nord lui portera bonheur, car tous les grands intérêts vitaux du pays sont solidaires les uns des autres ; la prospérité de l'Agriculture française sera le meilleur instrument de l'expansion de ses grandes destinées commerciales et maritimes.

Et maintenant, il reste à préciser en quelques mots les brillants résultats de ce double patronage.

En dehors du nombre, qui, à lui seul, ne suffit pas, nous avons eu, ce qui vaut mieux : la beauté, la perfection des formes, les qualités laitières,

____

(1) Il est ici question de M. Alfred Dumont, bâtonnier de l'Ordre des avocats, député du Nord, chevalier de la Légion d'honneur (1845-1915). Maire de Dunkerque durant de longues années, M. Dumont comptait en cette ville de nombreuses sympathies et jouissait d'une grande popularité. Sa mémoire est restée chère à ses concitoyens.

en un mot une magnifique exhibition des plus beaux sujets de la race bovine flamande pure.

Cette fête agricole est, pour ainsi dire, celle de la race bovine, de cette belle race flamande pure, l'orgueil et la richesse de la contrée. C'est la suprême ressource du cultivateur ; à défaut de la culture industrielle qui lui manque, c'est pour lui le seul moyen d'équilibrer son budget ; c'est enfin une des branches essentielles de la richesse nationale.

L'arrondissement de Dunkerque est, sans conteste, le domaine privilégié de cette belle race ; j'allais dire qu'il en est le berceau.

Il lui fournit ses vastes pâtures avec la ceinture verdoyante des arbres qui les entourent et les ombragent.

Nous avons ici, non pas seulement un centre herbager de premier ordre, nous avons aussi la plus vaillante population agricole qui soit au monde, nous avons des éleveurs qui ne reculent devant aucun effort ni aucun sacrifice pour l'amélioration incessante de la race.

C'est cette sélection continue qui lui a fait atteindre le degré de perfection que nous avons tous admiré aujourd'hui.

Ah ! c'est que l'élevage est devenu presque une science. Il est calculé, mené, combiné de façon à donner des animaux de choix, d'une irréprochable perfection de formes, d'une pureté de race absolue, enfin de qualité supérieure, tant pour la succulence de la chair que pour les qualités laitières. Voilà le secret de la supériorité de ce beau sang flamand qui a tant de fois triomphé dans les concours.

Et je rappelle avec orgueil que, comme l'année dernière, la race flamande a remporté en 1899, au concours général agricole de Paris, le grand prix des races laitières de grande taille ; le sujet se présentait dans un état de préparation si remarquable qu'il s'est imposé au choix du jury et que le grand prix lui a été décerné sans conteste.

La magnifique exhibition d'aujourd'hui n'a fait que confirmer les résultats antérieurs et consacrer vos récentes victoires.

La belle et bonne Flandrine a des aptitudes remarquables pour la production du lait, dont la richesse en beurre et en crème ne craint pas de rivales !

La Société des Agriculteurs de France a voulu, avec raison, qu'au point de vue technique il survécût quelque chose de la belle fête d'aujourd'hui.

De là la traite, à l'issue du concours ; de là les prélèvements d'échantillons ; de là aussi leur envoi au laboratoire de la Société à Paris. C'est sans crainte que nous lui livrons ces échantillons ; nous avons la certitude que les analyses auxquelles il sera procédé mettront en relief les qualités supérieures du lait de nos vaches flamandes.

Quant à la section des jeunes taureaux, par le nombre, la beauté, la force des sujets exposés, elle donne les plus belles et les plus sûres promesses pour la prorogation et l'avenir de la race. Nous avons eu des sujets nerveux, exempts de cette bouffissure et de cette graisse qui, trop souvent, les conduisent à la boucherie presque au sortir du concours où ils ont remporté des prix et des médailles.

De pareils résultats font honneur à l'intelligence des éleveurs et aux soins des serviteurs agricoles qui les secondent dans leurs efforts. Vous me permettrez, Monsieur le Président, de signaler à votre plus bienveillante attention cette phalange de vieux serviteurs qui sont l'exemple et l'honneur de l'Agriculture.

Parmi eux, il en est dont la vie presque tout entière s'est écoulée dans la même exploitation agricole. Ils comptent jusqu'à trente et même quarante-deux ans de service.

Une aussi louable fidélité réciproque est à l'éloge des maîtres et des serviteurs. Je sais que votre sollicitude s'étend jusqu'aux plus humbles et que ces loyaux et fidèles serviteurs de l'Agriculture peuvent compter sur votre très sympathique intérêt.

C'est par l'expression de notre vive et profonde reconnaissance qu'a commencé ce rapport, et c'est de même qu'il finira.

Nous devons à la Société des Agriculteurs de France la réalisation de cette belle fête qui étendra encore la renommée de la race bovine flamande pure. Nous garderons le souvenir de vos encouragements. Nous sommes heureux et fiers de vous avoir eu aujourd'hui parmi nous, de vous avoir intéressé à nos efforts et à nos travaux.

Vous avez mis le comble à vos bontés en nous adressant, avec cette éloquence chaleureuse qui est la vôtre, des paroles qui réconfortent les âmes et relèvent les courages. Grâce à vous, notre Société, parvenue à sa quatre-vingtième année d'existence, ne sentira plus le poids des ans :

votre visite lui a rendu l'ardeur et l'enthousiasme de la première jeunesse, et c'est avec une énergie nouvelle que nous continuerons le bon combat pour les progrès et la prospérité de l'agriculture dans notre circonscription.

Mais l'activité de M. de Warenghien se portait de préférence, croyons-nous, sur des questions d'utilité générale, telles que le bi-métallisme, les droits de douane et d'entrepôt, l'emploi de l'alcool, proposé dès 1901, en un discours prononcé à la distribution des prix de la section agricole de la Société d'Agriculture, Sciences et Arts de Douai, pour l'éclairage et la force motrice, où il se montrait un véritable précurseur (1). Il aimait souvent à rappeler la conception qu'il se faisait des Sociétés d'agriculture ; il voulait les voir s'élever bien au-dessus des comices qui ne décernent que des encouragements d'ordre pratique immédiat. C'est ainsi qu'au concours de 1894 il s'exprimait :

Le rôle des Sociétés d'Agriculture nous semble bien tracé : c'est de signaler aux pouvoirs publics les difficultés, les dangers, les ruines même qui menacent l'Agriculture, d'indiquer et de solliciter les mesures législatives de nature à écarter ou à conjurer le péril.

Les cultivateurs du Nord avaient d'ailleurs si bien compris la nécessité de cette tâche, qu'ils demandèrent

(1) Afin de procurer un débouché nouveau à la culture de la betterave, compromise par la conférence internationale de Bruxelles, M. de Warenghien préconisait notamment l'emploi de l'alcool pour l'éclairage. Il a développé à plusieurs reprises ce sujet dans les arrondissements de Douai et de Dunkerque. Ses communications étaient accompagnées de démonstrations techniques.

souvent à M. de Warenghien de se présenter à leurs suffrages ; il refusa toujours, mais n'hésita pas cependant à donner de sa personne dans bien des circonstances, surtout lors des élections de 1885. Quelques-uns de ses discours politiques nous ont été conservés, mais les circonstances sont maintenant si différentes que nous nous bornons à un simple rappel (1).

L'Agriculture, ou plus directement l'histoire de celle-ci, devait bénéficier de toute l'érudition de M. le baron de Warenghien. Il a élevé à la découverte du sucre de betterave un vrai monument en écrivant son histoire parue au volume des Mémoires de la Société d'Agriculture, Sciences et Arts de Douai ; il ne comporte pas moins de 413 pages in-12. Il est fort regrettable que cette œuvre de tout premier ordre n'ait eu que la diffusion limitée des publications d'une Société savante de province. Le puissant syndicat des fabricants de sucre s'honorerait en éditant une histoire qui confère à la profession de ses membres de véritables lettres de noblesse comme elle met en lumière la genèse d'une découverte qui fait honneur à la France.

Au moment où l'on pensait célébrer le centenaire de cette découverte faite à Douai même, M. de Warenghien, à la demande d'un cercle, prononça une conférence où, sous la forme la plus littéraire, il rappelait à son auditoire après quelles expériences et dans quelles conditions le sucre de betterave avait pris naissance.

(1) Notons une conférence agricole prononcée à Beaumetz-les-Loges en 1883, une autre à Arleux en 1884, une conférence à Aulnoye, des conférences à Dunkerque (1886) et Hazebrouck (1887). Un discours prononcé en 1884 forme le magnifique exposé d'un programme politique.

LE CENTENAIRE DU SUCRE INDIGÈNE (1).

Ce n'est pas une conférence, encore moins une causerie que je vous donne, car, à tout bien peser, une causerie est peut-être chose plus délicate et plus difficile qu'une conférence. Je viens vous parler tout simplement, sans plus, comme on parle à des amis qu'on est heureux de revoir...

Je vous entretiendrai de la ville natale, d'un des plus grands souvenirs de son histoire industrielle, d'un superbe effort patriotique qui rappelle ceux d'aujourd'hui pour la conquête de l'air, d'un événement historique qui s'est accompli il y a un siècle ici même.

Je compte sur vos cœurs de Douaisiens pour suppléer à tout ce qui me manque pour mettre en relief la part de Douai dans ce grand centenaire. Ce que je ne saurai pas dire comme il convient, vous le trouverez en vous-même et dans votre amour pour notre chère ville de Douai.

En 1812, le kilogramme de sucre de canne coûtait 12 fr. 50 et la raison en est bien simple. La guerre maritime avec l'Angleterre durait, sauf un court intervalle, depuis dix-neuf ans. Les

(1) Communication faite au théâtre municipal de Douai le 20 avril 1912. On en trouvera ici le passage essentiel.

flottes anglaises bloquaient tous nos ports ; il n'y entrait que de rares navires. Je ne vous citerai que deux chiffres frappants : en 1789, le port de Dunkerque avait été fréquenté par trois mille navires ; en 1812, le nombre en fut réduit à soixante-douze, et encore, la plupart étaient sur leur lest, ou étaient des contrebandiers.

En revanche, le blocus continental avait frappé d'interdit les produits anglais sur à peu près tout le continent européen. On appelait alors l'Angleterre « la perfide Albion », elle qui est aujourd'hui le pivot de l'Entente cordiale ; elle qui est la nation amie et alliée qui, en cas de conflit européen, veillerait sur les côtes françaises de Cherbourg jusqu'à Dunkerque. L'Angleterre est devenue notre ferme et fidèle amie et cela se comprend, car depuis un siècle, Français et Anglais ont souvent combattu côte à côte sur les mêmes champs de bataille et ont appris ainsi à s'estimer, à s'entr'aider et à compter les uns sur les autres.

Il y avait donc alors une pénurie, une disette de sucre presque complète. C'était la famine du sucre, si je puis parler ainsi ; de là des privations qui furent très dures pour les enfants, les blessés, les malades.

On fit appel aux chimistes pour remédier à cette disette et leurs efforts furent merveilleux.

Ils firent flèche de tout bois, c'est bien le cas de le dire, puisqu'ils réussirent à tirer du sucre de certains arbres et particulièrement de l'érable.

C'est ce que depuis plusieurs siècles faisaient les peuplades sauvages du Canada et de l'Amérique du Nord ; mais là, il y avait d'immenses forêts d'érables : chez nous c'était une rareté, l'érable ne croît que difficilement dans nos jardins ; le négundo panaché en est un des types les plus connus. De plus, il fallait plus de vingt ans pour qu'un érable produisît une certaine quantité de sucre. Vingt ans, c'était trop long à attendre.

Les chimistes se rejetèrent sur le maïs, les châtaignes, les pommes de terre, les carottes, les navets et réussirent à en extraire du sucre. Mais vous devinez ce que devait être du sucre de pomme de terre et de navet.

C'était franchement détestable. Il fallut y renoncer.

C'est ainsi qu'on se rejeta sur le miel des abeilles. En quelques années le nombre de ruches fut décuplé. En 1812, le département du Nord produisit quatre-vingt mille kilogrammes de miel. On réussit à lui ôter son odeur et sa couleur, à le cristalliser et même à le transformer en tablettes.

Il lui restait une tare qu'un chimiste formulait ainsi : « Le miel purge les souris et incommode les humains. »

Avec les fruits, on fut plus heureux. Le sucre de pomme, de poire, de prune était assurément meilleur, mais en quantité insuffisante, et c'est ainsi qu'on arriva au sirop et au sucre de raisin.

Parmi ceux qui furent à la tête du mouvement, ce fut un chimiste français établi à Madrid qui découvrit le moyen de la fabrication en 1800 et le Premier Consul l'en récompensa largement.

A vrai dire, ce n'était pas du sucre, c'était du

sirop de raisin ; car il fut difficilement cristallisé ou converti en cassonade, aussi les sucriers furent-ils relégués au fond des armoires et remplacés par le carafon ou la topette de sirop de raisin. Il fallait trois cuillerées de sirop contre un morceau de sucre de canne. On arriva pourtant à le transformer en cassonade et même à le cristalliser ; mais cela ne fut que pour des quantités relativement minimes.

Le Gard, l'Hérault, le Midi, en produisirent les plus grandes quantités. La fabrication s'y fit en grand.

Par son climat, le Nord ne semblait pas prédestiné à la fabrication du sucre de raisin. Les vignes y sont rares, même dans les meilleurs potagers et le raisin y mûrit plus rarement encore. Les grapperies de Somain et les serres de Bailleul étaient alors dans le domaine du rêve.

Et pourtant, il s'en fabriqua beaucoup dans les familles.

Il faut dire qu'il y avait beaucoup plus de vignes alors qu'aujourd'hui.

Douai avait la rue des Vertes-Treilles, ainsi nommée de par les treilles dont les jardins étaient remplis.

Je sais bien que la verdeur des treilles se communiquait, hélas ! trop souvent à leurs produits, et c'est ainsi qu'il y avait à Douai la rue du Verjus, ce qui en est le péremptoire aveu.

Loin de se décourager, les ménagères se mirent à l'envi à fabriquer du sirop de raisin, comme elles confectionnaient des confitures, des gelées

ou des liqueurs de ménage, des ratafias, des cu-
raçao, des brous de noix.

Ces liqueurs familiales étaient peut-être moins
flatteuses au goût que les savantes marques d'aujourd'hui, mais elles étaient assurément moins
nocives.

Les recettes s'en conservèrent longtemps dans
les familles et c'est ainsi qu'il nous est arrivé
d'en goûter à nous, qui nous sentons, hélas ! devenir
des ancêtres, tant les années s'enfuient rapidement
pour s'engouffrer dans l'abîme des années écou-
lées et à jamais disparues.

Le *Journal de l'Académie de Douai*, qui eut
d'ailleurs une vie assez courte, et n'eut guère
qu'une quinzaine de numéros, avait publié une
instruction des plus claires sur cette fabrication.

Elle fut rédigée par M. Delval-Lagache, conseiller général du Nord. En 1810, il avait converti
en raisiné et en sirop de raisin l'excédent de la
récolte de ses treilles.

Ce sirop était excellent pour les gelées, les
compotes et les glaces.

L'exemple venait de haut d'ailleurs ; le
19 mars 1810, les chefs d'office de la maison de
l'Empereur avaient reçu l'ordre de remplacer le
sucre par le sirop de raisin. Et il ne faisait pas
bon de manquer à la consigne. Il en fut de même
dans toutes les maisons des dignitaires, des
ministres, des fonctionnaires. Et vous en comprenez la raison.

C'était un moyen d'atteindre l'Angleterre dans
son commerce maritime.

Comme elle était invulnérable sur mer, il fallait, pour la frapper, transporter la lutte sur le terrain industriel et commercial.

Le patriotisme s'en mêla et, comme toujours, il fit des miracles.

En 1811, il fut ainsi produit près de 2 millions de kilogrammes de sirop de raisin qui rendirent les plus grands services dans les hôpitaux, pour les blessés et les malades. C'était une atténuation de la crise, mais il fallait autre chose et surtout du meilleur.

Comme le dit avec beaucoup d'esprit l'historien éminent de l'épopée impériale, M. Frédéric Masson, membre de l'Académie française, l'auteur de tant de livres qui reflètent l'image fidèle de cette grande et glorieuse époque, on commença le sirop de raisin par patriotisme, mais sans plaisir. Il sucrait d'ailleurs trois fois moins que le sucre de canne, il s'altérait, se conservait difficilement. Il fallait autre chose pour concurrencer le sucre des colonies.

Contrairement à toute attente, ce ne fut pas l'éblouissant soleil du Midi, ce fut le ciel du Nord, trop souvent voilé par les nuages et par les brumes, qui triompha du sucre produit par le brûlant climat des Antilles.

Et pourtant, Parmentier, le célèbre vulgarisateur de la pomme de terre, l'apôtre convaincu du sirop de raisin, venait de prononcer contre la betterave une condamnation irrémissible.

Il écrivait dans ce même temps : « L'emploi le plus utile et le plus raisonnable de la betterave, est de fournir aux bestiaux un aliment dont ils sont si friands.

« Toutes les tentatives pour en extraire le sucre ne seront toujours qu'un travail de pure curiosité. »

Voilà ce qui prouve que les plus grands savants sont sujets à erreur ; c'est une consolation pour ceux qui n'ont pas de prétention à la science.

C'est juste à cette date, fin de 1810, que se produisit presque simultanément à Douai, à Lille, à Paris, un véritable coup de théâtre.

Vous connaissez tous ce qui reste du Jardin des Plantes de Douai, après son amputation en faveur de l'École normale.

C'était, il y a un siècle, un nid de verdure et de fleurs animé par le chant des oiseaux qui peuplaient les grands arbres du jardin.

C'est là, dans l'ancien couvent des Capucins fondé en 1591, que se réunissaient tous les quinze jours, loin des bruits de la ville, les membres de la Société centrale d'Agriculture.

Le 21 février 1811, le docteur Reytier, notre concitoyen, l'un de ses membres les plus dévoués, y présente un inconnu qui devait faire grand bruit et tenir une large place dans le monde.

C'était un pain de sucre de betterave, fabriqué par son père à Auby.

L'aspect du nouveau venu était des plus séduisants. Cent livres de racines avaient produit quatre livres de sucre meilleur que la cassonade de canne. Non content de présenter le pain de sucre fabriqué par son père, M. Reytier donna lecture d'un mémoire sur l'extraction du sucre de betterave et la meilleure manière de cultiver celle-ci. Il insista sur les avantages qui en résulteraient pour les habitants du département du Nord.

Il se produisit alors entre savants un mouvement d'émulation qui s'observe d'ailleurs à la genèse de toutes les grandes inventions. Les inventeurs finissent par mettre en commun leurs tours de main, leurs procédés. Ce fut, bon gré, mal gré, une sorte d'instruction mutuelle.

L'administration elle-même subissait les effets de la contagion ; et c'est ainsi que M. Thiéry, sous-chef de bureau à la préfecture du Nord, après bien des recherches, adressait au ministre de l'Intérieur des échantillons d'une belle cassonade extraite de la betterave.

Nous observons avec fierté qu'il y a cent ans, Douai fut à la tête du progrès. Le département du Nord était certainement en avance, même sur la capitale ; aussi quand la ville de Paris revendique pour Delessert et sa fabrique de Passy la priorité de cette grande découverte, elle oublie que la fabrique d'Auby a été la contemporaine de celle de Passy et qu'en même temps que Delessert et presque à la même heure Ruyter, Drapiez et Crespel-Dellisse avaient obtenu les mêmes résultats.

Les documents abondent à cet égard ; en voici quelques-uns :

En 1811, le préfet du Nord écrit au ministre :

« C'est du département du Nord que sont partis, en même temps que ceux de MM. Barruel et Isnard, le plus d'échantillons de sucre et du sucre le plus beau. »

Et voici, au point de vue de l'avance que Douai et Lille avaient sur Paris, une anecdote décisive.

Le 28 septembre 1811 arrivait, par la diligence à l'adresse de M. le préfet du Nord, une boîte scellée du cachet du ministère de l'Intérieur. On l'ouvre avec toutes les précautions possibles et des respects infinis — il y en avait encore dans ce temps-là, — et quand furent déroulées toutes les enveloppes protectrices, le préfet Duplantier aperçut non sans surprise, un morceau de sucre de betterave.

J'ai retrouvé la lettre d'envoi, aux Archives départementales à Lille. Elle est curieuse et vaut la peine d'être lue :

« Je vous adresse, par la diligence, ainsi qu'à MM. vos collègues, une boîte renfermant un morceau de sucre de betterave fabriqué sous mes yeux. J'espère que vous vous empresserez de le montrer à ceux de vos administrés que vous réunissez habituellement chez vous, et, qu'après avoir vu cet échantillon, ils vous aideront à persuader les plus incrédules de tout le parti qu'on peut tirer de la betterave. »

Ce morceau de sucre fabriqué sous les yeux du ministre, le comte de Montalivet, était en retard de sept mois. Oui, sept mois plus tôt avaient été exposés à Douai et à Lille les pains de sucre de Ruyter, Drapiez et Crespel-Dellisse.

Mais il ne suffisait pas d'avoir des fabriques naissantes dans le Nord, dans l'Isère, dans le Calvados et à Paris, il fallait propager et répandre les meilleures méthodes.

Le 25 mars 1811, quatre écoles expérimentales de chimie pour la fabrication du sucre furent créées par décret.

L'une d'elles fut établie à Douai, et non sans difficulté, dans le local du ci-devant couvent des Bénédictins anglais, alors occupé par une maison de commerce de Saint-Quentin, dont il fallut résilier le bail. Son directeur Barruel, l'un des plus éminents chimistes de Paris, reçut à cet effet de la munificence impériale, une allocation de soixante mille francs.

Les cours commencèrent le 16 décembre 1811.

Ils furent remarquables par leur clarté et constituèrent de véritables leçons de choses.

J'ai retrouvé, aux Archives du Nord, une lettre inédite de Barruel ; il écrit au préfet avec beaucoup de force et l'autorité du talent : « Ce n'est point en écoutant un cours que l'on s'instruit, mais en travaillant, et mes ateliers de Douai sont ouverts à tous ceux qui désirent travailler. »

Les cours ont consisté à extraire du sucre de la betterave sous les yeux et avec la coopération du professeur.

Aussi, chaque jour apportait à la préfecture les sollicitations les plus pressantes pour assister à ces cours. Il en venait de Hollande, de Belgique, du centre de la France ; c'est là que vinrent se former les futurs fabricants, les Ruyter, les Dellisse, les Crespel, tous ceux qui, plus tard, devaient porter si haut l'honneur et la prospérité de l'industrie sucrière.

L'année 1812 devait être décisive pour l'avenir du sucre de betterave.

Au cours de 1811, une quantité considérable de ce sucre raffiné, cristallisé comme le meilleur sucre de canne, avait été mis sous les yeux de l'Empereur. Son parti fut bientôt pris et le décret du 18 janvier est, pour ainsi dire, l'acte de naissance de l'industrie nouvelle.

L'école expérimentale des Bénédictins anglais est transformée en école spéciale de chimie : quinze élèves lui sont affectés. Chacun d'eux reçoit une bourse de mille francs pour trois mois d'étude.

Quatre fabriques impériales, pouvant fabriquer chacune cinq cent mille kilogrammes de sucre, sont décrétées. Trois millions sont affectés à leur création, cinq cents licences sont accordées avec exemption de tout octroi ou imposition pendant leur durée. Le sucre colonial est prohibé, comme marchandise anglaise.

« Jamais parrain ne fut plus généreux ni plus magnifique », comme le dit Frédéric Masson, auquel il faut souvent revenir.

Sous cette impulsion, la plus vigoureuse qu'ait jamais reçue une industrie, celle-ci fut créée de toutes pièces, comme par un coup de baguette magique. Elle devait d'ailleurs se montrer digne de ce glorieux parrainage.

C'est de Douai que partit l'une des premières demandes de licence pour la fabrication du sucre de betterave. Elle émanait de M. Reytier, d'Auby, père du docteur Reytier notre concitoyen, l'un des fondateurs de la Société centrale d'Agriculture. Elle lui fut accordée le 18 février 1812.

M. Reytier était un ancien officier du régiment

du maréchal de Turenne. Il y avait servi avec honneur. A sa rentrée en France, après la Terreur, il s'était retiré à Auby dans le château appartenant à sa femme Mademoiselle de Mozière ; ce château appartient aujourd'hui à M. Laloux.

Et si, dans la belle saison, le hasard d'une promenade vous conduit jusqu'à Auby, vous y verrez le château sur la place, avec le bois qui l'encadre. Vous y retrouverez même une partie de la vieille grange où Reytier installa sa fabrique de sucre, ainsi que les vestiges du fossé servant à l'écoulement des eaux de lavage.

Le château a été mis en carte postale ; à mon avis c'est une erreur, car après tout, c'est un château comme un autre. Il ne dit rien ni à l'imagination ni à l'âme.

C'est la vieille grange qu'il eût fallu photographier, malgré les stigmates et les outrages du temps dont elle porte les traces, car dans ces vieux murs qui tiennent à peine debout et marqués pour une disparition prochaine, il s'est accompli un fait de la plus haute importance pour l'histoire industrielle de la France.

C'est dans la région de Douai que sont venus s'instruire les futurs fabricants. On y venait de Bruxelles, de Hollande et des provinces rhénanes pour s'initier non pas seulement aux procédés connus, mais aux perfectionnements, et il y en eut d'importants réalisés par le savant qu'était Barruel. Ceci explique que le département du Nord n'a pas eu moins de douze licences en 1812, qu'il y a été cultivé plus de deux mille hectares de betteraves et que, dans le seul arrondissement de Douai, la production du sucre indigène a été évaluée à quatre-vingt mille kilogrammes, et pour l'ensemble du département à près de deux cent mille.

Pour les cent trente départements d'alors, il était prévu 2 millions de kilogrammes. C'était donc le onzième de la fabrication totale.

A la fin de 1812, vingt-six préfets exposaient, dans leur correspondance, que le défaut de confiance et de capitaux ne leur permettait plus d'espérer que personne voudrait se charger de monter aucune fabrique pour son compte, et qu'il était à craindre que cette circonstance n'eût pour effet de décourager les cultivateurs et de les détourner de la culture de la betterave.

Dans le Nord, au contraire, c'est avec enthousiasme que d'anciens officiers comme Reytier et Outard, des chimistes comme Drapiez, Charpentier et Tordeux ; d'anciens raffineurs tels qu'Auguste Bernard, la veuve Colle et Marlier-Varlet ; des jeunes gens, tels que Parsy, Crespel et Dellisse, et même un fonctionnaire, M. Thiéry, bravèrent sans hésitation et sans crainte tous les risques de l'industrie nouvelle. Désormais la preuve est faite. Le sucre de betterave est reconnu l'égal du sucre de canne. Il se vend meilleur marché que lui. Son destin est fixé. Il doit finir par triompher.

A la veille du centenaire, qui sera célébré à Paris en 1912, la Société centrale d'Agriculture, Sciences et Arts de Douai a élevé la voix en faveur des grands citoyens qui ont doté la France d'une industrie nouvelle, au prix, pour plusieurs d'entre eux, de leur propre ruine. Elle a rappelé aussi la part décisive réalisée par l'école expérimentale de Douai, sous l'éminente direction de Barruel, dans le perfectionnement des procédés.

L'arrondissement de Douai avait fourni les plus brillants résultats de tous les arrondissements français.

Barruel avait créé une industrie véritablement française et il lui avait ouvert une voie nouvelle au bout de laquelle était le succès.

La tâche de la Société centrale d'Agriculture est désormais remplie. A d'autres maintenant d'accomplir la leur, en ne laissant pas tomber dans l'oubli ce grand souvenir de l'histoire de la ville de Douai et du département tout entier.

Si les vœux, si les souhaits, si l'attente de l'opinion publique peuvent obtenir cette satisfaction patriotique, il faudra que la fête commémorative soit complète. Ce n'est pas seulement le centenaire de la fabrication du sucre de betterave dans la région du Nord, dont la Société réclame la célébration à Douai, en 1912, c'est aussi le centenaire de la betterave à sucre. Fabricants et cultivateurs ont été ensemble à la peine ; il est de toute justice qu'ils soient ensemble à l'honneur. Les uns comme les autres ont eu des difficultés à vaincre, des obstacles à surmonter. Ils ont souffert ensemble des événements de 1814 et 1815. Et, depuis lors, fabricants et cultivateurs ont subi ensemble, à de nombreuses reprises, le contre-coup de l'instabilité législative, fiscale, douanière, dont le sucre et la betterave ont été si souvent les victimes.

Mais ce centenaire resterait stérile, il ne serait qu'une manifestation vaine et sans objet, s'il ne devait pas avoir pour résultat et pour sanction de faire entendre, par qui de droit, les légitimes doléances des agriculteurs, des fabricants de sucre et des consommateurs.

En 1912, comme il y a un siècle, il faut que les pouvoirs publics interviennent pour donner à toutes : agriculture, industrie, consommation intérieure, l'impulsion décisive et nécessaire. Malgré les étonnants progrès réalisés depuis cent ans, ils ont encore des devoirs à remplir à l'égard de cette grande industrie qui a plus enrichi la France qu'elle ne s'est enrichie elle-même. Elle traverse une de ces crises redoutables qui l'ont mise plusieurs fois en péril, pendant le siècle qui s'est écoulé depuis sa création. Au cours de son existence si tourmentée, elle a eu un destin singulier et qui n'est échu qu'à elle seule ! Chaque fois qu'une législation bienfaisante lui a permis de reprendre son essor, trop souvent compromis par l'excès de la fiscalité, et d'entrevoir la prospérité comme récompense de ses inlassables efforts, son statut douanier, fiscal ou international même a été bouleversé à l'improviste, comme par un coup de foudre. Comment une industrie, quelque vivace qu'elle soit, pourrait-elle s'étendre ou prospérer dans des conditions aussi précaires? La stabilité, la sécurité, la certitude du lendemain sont aussi nécessaires aux industries qu'aux nations elles-mêmes ! C'est la condition essentielle de leur développement et de leur grandeur !

La meilleure et la plus utile manière de commémorer ce grand centenaire de la betterave et du sucre indigène serait de supprimer, comme on l'avait fait en 1812, ou tout au moins de réduire le droit de consommation dans la plus large mesure. Il arriverait pour le sucre ce qui s'est produit à chaque réduction de tous les tarifs exagérés. La suppression ou l'abaissement notable du droit donnerait à la production du sucre un accroissement considérable. L'État trouverait son compte dans la somme de richesses industrielles et agricoles qui en seraient la conséquence immédiate.

Mais je m'arrête... L'auteur de ce rapide exposé se reprocherait d'abuser de la bienveillante et sympathique attention qui lui a été si aimablement accordée et dont il vous remercie.

Vous lui permettrez, en manière de conclusion, de rappeler ici et de faire sien ce vœu, que formulait il y a cent onze ans, le président du Conseil général du Nord, son bisaïeul (1) : « Il faut espérer que le gouvernement, aujourd'hui débarrassé du soin des négociations les plus vastes, aura le temps de jeter sur les maux dont souffrent l'agriculture et l'industrie, un regard consolant et réparateur ».

(1) Louis-Joseph-Marie de Warenghien de Flory (1741-1824), ancien conseiller au Parlement de Flandre, procureur général syndic du département du Nord, administrateur général de la Belgique, fut président du Conseil général du Nord de 1800 à 1810.

Plus tard procureur général impérial, premier président de la Cour d'appel de Douai et baron d'Empire, il fit partie en 1814 de la Chambre des représentants.

OEUVRE

DES

CONFÉRENCES DE SAINT-VINCENT DE PAUL.

Mais plus encore que la terre, les intérêts spirituels des ouvriers qui la travaillent comme de tous ceux qui peinent sans être assurés du lendemain, passionnèrent M. de Warenghien. Membre du Conseil central des conférences de Saint-Vincent de Paul à Lille, il était appelé à visiter les divers comités locaux du Nord et du Pas-de-Calais et à porter, de ville en ville, la bonne parole de la charité chrétienne. Dans ses discours on peut puiser de magnifiques leçons, mises en valeur par le plus beau style, comme de véritables maximes qui font méditer. Telle cette figure de la charité :

La charité est comme la goutte d'eau qui, à force de tomber sur la pierre, finit par s'y creuser un chemin ; que votre charité lui ressemble ! qu'à son exemple elle tombe sans cesse sur le cœur du pauvre, il ne lui faudra pas longtemps pour s'y creuser un chemin.

Une trentaine de ces conférences nous ont été conservées (1). Par la force des choses les sujets traités se ressemblent ; mais quelle variété dans l'expression cependant

(1) Elles furent prononcées dans le Nord : à Cambrai, Fourmies, Lille, Tourcoing ; dans le Pas-de-Calais : à Aire-sur-la-Lys, Arras, Calais, Béthune, Boulogne, Lens, Saint-Omer...

nous y rencontrons. Dans l'impossibilité où l'on se trouve de tout publier, il faut faire un choix et c'est en hésitant qu'on se décide.

Cette réalisation, si l'on peut dire, de la charité ne mérite-t-elle pas d'être sauvée de l'oubli?

Vous avez déjà la science du pauvre, et vous savez qu'il est heureux entre tous celui qui sait le comprendre. La charité n'est pas et ne sera jamais pour vous une tâche ingrate et aride. Il n'en est pas de plus haute ni qui élève davantage les âmes au-dessus de cette terre pour les rapprocher de Dieu !

Et ce n'est pas seulement le don matériel qui constitue l'aumône, il faut quelque chose de plus, il faut ce que le grand créateur de la chaire, Bossuet, celui qui si éloquemment parle de la dignité du pauvre, appelait « l'aumône dans l'aumône », c'est-à-dire le don de soi-même par quelque parole venue du cœur, par une marque de sympathie, de véritable compassion. Une sorte de communication fraternelle, comme le dit encore Bossuet.

N'est-ce pas là, d'ailleurs, le fond même de la doctrine de l'Évangile ; n'est-ce pas la preuve évidente de son caractère surnaturel et divin?

Voyez donc, mes chers confrères, ce qui se passe autour de nous. Les constitutions changent, les couronnes tombent dans la poussière, les hommes passent comme des ombres, seule l'Église toujours jeune résiste et suffit à tout. Son langage n'a pas varié depuis dix-neuf siècles. Aujour-

d'hui comme aux premiers temps de l'ère chrétienne, elle redit les paroles du divin Maître :

Aimez-vous les uns les autres,
Aidez-vous réciproquement à porter votre fardeau (1).

Ce raccourci de ce que doit être la visite du pauvre
pour un confrère de Saint-Vincent de Paul n'est-il pas
d'une délicatesse touchante?

...Mais ce n'est pas seulement l'assiduité aux
séances qui est une condition indispensable, il
en est une autre qui la complète, c'est la visite
régulière du pauvre. Ici encore, je n'ai qu'un mot
à dire. Vous n'êtes pas de ceux, mes chers confrères, qui pratiquent la charité par procuration
et par intermédiaire. Le froid et misérable logis
des pauvres ne vous fait pas peur, ou si vous le
redoutez, c'est pour le malheureux qui l'habite.
Vos visites ne sont pas de celles qui finissent
lorsqu'elles sont à peine commencées, vous pra-
tiquez la visite assise, celle qui s'intéresse, qui
questionne, qui réconforte, qui console, celle qui
se fait avec le cœur pour guide et qui doit ainsi
trouver le chemin du cœur ! Votre charité réunit
les caractères que lui assignait Massillon : « elle
est douce, affable, compatissante ; elle ne doit
être ni sèche, ni farouche, car la pitié qui paraît
touchée de ses maux console le pauvre autant
que sa libéralité le soulage. »
Et cela est chose d'autant plus facile que

(1) Extrait d'une conférence prononcée à Boulogne-sur-Mer.

chacun de nous, dans son état, quelque heureuse qu'en paraisse la destinée, trouve des croix et des amertumes, qui en balancent toujours les plaisirs ; chacun trouve ses propres voies semées de ronces et d'épines, et, comme le dit Massillon : « Il nous suffit de songer à ces ronces et à ces épines qui peuplent, pour chacun de nous, le chemin de la vie, pour exciter notre compassion envers le pauvre », pour vous décider à alléger son lourd fardeau de douleurs, pour « entrer en communication fraternelle avec lui », comme l'a si éloquemment dit Bossuet (1).

Sur la nécessité des catéchismes et l'utilité des patronages, cette jolie page n'est-elle pas à retenir?

Une autre œuvre, non moins utile, est celle des catéchismes ; elle l'est d'autant plus que l'enseignement sans Dieu fait plus de victimes autour de nous. La morale civique elle-même est devenue suspecte, elle n'est plus enseignée. Elle est morte avant d'avoir vécu. L'ignorance en fait de religion est quelque chose d'effrayant, elle prépare, au point de vue social, des calamités dont le passé ne peut même pas donner une idée. Malheur aux enfants qui n'ont pas de religion ! Ils ne peuvent être que de mauvais fils et de détestables citoyens, s'ils ont été privés de ce soleil qui féconde les âmes et qui fait les peuples forts : la croyance en Dieu et à l'immortalité de l'âme. C'est pénétré de cette salutaire pensée, qu'à Paris

____

(1) Extrait d'une conférence prononcée à Cambrai en 1899.

notamment, le Conseil particulier a développé cette œuvre fondamentale, qui est la base et la pierre d'assise de toute éducation chrétienne. Je ne m'attarde pas davantage à la mission des Conseils particuliers. Vous voyez chaque jour à l'œuvre celui de Boulogne qui est le vôtre. Vous êtes les témoins de ses efforts, de ses services, de son dévouement qui assurent l'épanouissement complet de toutes les œuvres, et si je m'arrête, c'est uniquement pour épargner la modestie de ceux qui le composent.

Je tiens cependant à vous dire un mot des patronages. Je sais quelle est votre sollicitude éclairée à leur égard et je vous en félicite de grand cœur : car par là vous prouvez aux ouvriers que vous les considérez comme des frères et que vous comprenez les grands devoirs du patronage chrétien, dont Sa Sainteté Léon XIII a tout récemment parlé avec une éloquence qui a causé, dans l'univers entier, une admiration générale (1).

Les jardins ouvriers, qui sont si développés maintenant dans le Nord, ont été célébrés il y a bien longtemps par le baron de Warenghien.

Et les jardins ouvriers ! Voilà encore une œuvre excellente qu'on ne saurait trop louer ! Elle régénère la santé physique et morale de l'ouvrier, elle lui réserve, après toute une semaine passée dans l'atmosphère étouffante de l'usine, l'inappréciable bienfait du grand air, de l'espace,

(1) Extrait d'une conférence prononcée à Boulogne-sur-Mer.

du soleil qui réchauffe et vivifie, de la brise qui rafraîchit, de la terre féconde qui lui donnera les fruits et les légumes nécessaires à sa famille. C'est la charité par excellence, car il ne s'agit pas purement et simplement d'une aumône, qui consiste en un bon de pain, de charbon, un vêtement ; non, il y a ici quelque chose de mieux ; c'est l'instrument de production que vous lui livrez, en mettant à sa disposition un coin de terre, et votre don profite à la famille entière.

Le dimanche tous s'y rendront, petits et grands. Les malades ou les vieillards iront s'y reposer et y respirer le grand air les jours de beau temps, les soirs d'été ; et ce qui domine comme élément de moralisation, c'est le cabaret à tout jamais déserté, ainsi que les poisons de toutes sortes qui s'y débitent au grand péril de la santé du corps et de l'âme.

Honneur donc au Comité du coin de terre, à sa générosité, à l'heureuse pensée qu'il a eue d'organiser entre les occupants de ces jardins un concours avec des primes et diplômes pour les lauréats.

Je souhaite à cette œuvre et à celui qui en a été l'initiateur, l'abbé Gruson, tout le succès qu'ils méritent si bien et qui, d'ailleurs, a déjà récompensé ces efforts.

Voilà, mes chers confrères, un exemple, je pourrais dire deux exemples du rôle social que la Société de Saint-Vincent de Paul est appelée à remplir (1).

(1) Extrait d'une conférence prononcée à Fourmies.

Si ces citations présentent un intérêt de florilège, il nous semble que ce serait trahir un peu l'œuvre de M. de Warenghien que de ne pas publier en entier une des conférences données par l'homme d'œuvres. Nous en avons retenu une qui nous semble caractéristique de sa manière : elle fut faite à Arras aux environs de 1900. Un toast à la jeunesse, prononcé une dizaine d'années auparavant, nous révèle si bien le charme de l'orateur familier que nous avons tenu à en conserver le texte par hasard retrouvé.

C'est lui qu'on lira tout d'abord (1).

(1) M. de Warenghien fut pendant de longues années membre du conseil paroissial de l'église collégiale de Saint-Pierre à Douai. Il était encore un des dirigeants de l'Association des Catholiques du Nord et du Pas-de-Calais, qui en novembre de chaque année tenait son assemblée générale à Lille. C'est lui qui en 1890 prononça le grand discours. Pour cette Association il fit de nombreuses conférences, certaines d'un caractère tout historique (voir 3ᵉ partie).

TOAST A LA JEUNESSE (1).

Je vous demande la permission de porter un
toast qui trouvera chez vous tous un chaleureux
et sympathique accueil. Je bois et je vous propose de boire aux *Conférences de jeunes gens.*
C'est à elles qu'est consacrée plus spécialement
cette assemblée générale, de sorte que c'est
presque leur fête que nous célébrons aujourd'hui.

Oui, je bois à la jeunesse, aux vaillantes conférences créées dans les institutions chrétiennes ;
je salue en elles la pépinière inépuisable de notre
chère Société. C'est parmi elles surtout que nous
cherchons des recrues.

Il est passé, le temps où dans un certain
monde, monde futile et léger, il était mal porté
de faire partie des conférences de Saint-Vincent
de Paul, c'était pour ainsi dire un brevet de
pauvreté d'esprit. *Beati pauperes spiritu.*

Dieu merci ! il n'en est plus de même aujour-
d'hui. Les dix années de lutte ont eu au moins
pour résultat de tremper les âmes et de raffermir
les courages. On ne craint plus d'affirmer hautement ses croyances.

La jeunesse a de tels trésors de foi, de dévoue-

____

(1) Ce toast a été prononcé à Boulogne-sur-Mer en 1890.

ment, de générosité dans l'âme, qu'elle ne peut manquer d'être invinciblement atirée par le côté surnaturel et divin de notre œuvre.

Laissez-moi vous rappeler ici cette parole si éloquente et si vraie du Souverain Pontife Léon XIII, qui préside si glorieusement aux destinées de la catholicité tout entière. Il disait : « La charité est le principe des grandes choses. »

Eh bien ! jeunes gens, vous qui êtes à l'aurore de la vie, cette aurore si pleine d'espérances, vous qui déjà représentez l'avenir, l'espoir et la grandeur de la Patrie française, — et c'est ce qui fait notre joie de vous avoir aujourd'hui parmi nous, — vous êtes notre rayon de soleil ; nous savons que le flambeau de la charité ne s'éteindra pas faute d'aliment, et que le jour où vous le recevrez de nous, vous le porterez plus loin et plus haut que vos devanciers.

Vous saurez vous assurer comme point de départ de votre marche à travers la vie, le principe de tout ce qui est beau, de tout ce qui est bien, de tout ce qui est grand ! enfin de tout ce qui élève l'âme au-dessus de la terre pour la rapprocher du ciel.

Oui, venez dans nos conférences, elles vous sont ouvertes comme nos cœurs ; vous nous apporterez ce feu sacré, cette ardeur qui sont votre privilège et aussi votre force ; vous y infuserez un sang nouveau, afin qu'après nous, quand nous aurons rempli notre tâche ici-bas, vous continuiez les exemples, les traditions, les progrès de notre chère société.

Il faut qu'elle progresse, car, souvenez-vous d'une chose, c'est que dans le cercle de fer où nous vivons, toute œuvre qui s'arrête est, tôt ou tard, condamnée à périr.

Rappelez-vous que la souffrance, la misère, ne s'arrêtent pas, qu'elles continuent leur marche en avant et exercent sans cesse leurs ravages autour de nous.

J'ai porté un toast à la jeunesse, non pas seulement à celle des années, mais aussi à celle du cœur qui est éternelle ; c'est à ce titre que je vous propose de boire à la santé de notre cher président qui est parmi nous l'infatigable et ardent exemple du dévouement, de la générosité et de la charité chrétienne et de toutes les vertus.

Aux conférences de jeunes gens et à notre cher président M. Vrau ! (1).

(1) Il s'agit ici de M. Philibert Vrau, président des conférences de Saint-Vincent de Paul, admirable homme de bien, d'une sainteté réputée, dont la cause de béatification est actuellement introduite en cour de Rome.

M. de Warenghien fut durant de longues années son ami et son confident, en même temps que son collaborateur dévoué.

ALLOCUTION PRONONCÉE A ARRAS
A L'ASSEMBLÉE DU MOIS DE DÉCEMBRE 1902.

Le Conseil central de Lille m'a délégué pour la remise des lettres d'agrégation à la conférence du Petit Séminaire d'Arras.

C'est de grand cœur que j'ai accepté cette mission, heureux de me retrouver auprès de confrères dont j'ai reçu le plus cordial accueil à l'Assemblée plénière de 1899 ; heureux de les féliciter au nom du Conseil central de Lille de cette résurrection d'une conférence nécessaire entre toutes et dont nous fêtons aujourd'hui le retour à la vie, ou, si vous aimez mieux, la rentrée dans les rangs de la grande armée de la charité et de saint Vincent de Paul.

Oui, c'est avec bonheur que le Conseil central de Lille salue, je ne dirai pas la naissance, le mot serait inexact, mais la renaissance de la conférence du Petit Séminaire, après trente-deux ans de disparition.

Elle se réveille aujourd'hui, après un sommeil d'un quart de siècle. Nous avons l'espoir que ce long repos lui aura valu une provision de forces, d'activité et de zèle qui lui donneront une vitalité nouvelle et un brillant essor.

Je viens de parler d'espoir, c'est plus que cela,

c'est une confiance absolue dans les destinées de la conférence du Petit Séminaire, dont je vous apporte la formelle expression au nom du Conseil central de Lille.

Dès sa première séance, la conférence a adopté treize familles. Aujourd'hui, elle en visite quinze, mais ce nombre ne suffit pas à son zèle, et elle demande avec instance que de nouvelles familles lui soient indiquées.

Il sera facile de leur donner satisfaction, car sa sphère d'action n'est pas limitée à une circonscription ou à une paroisse déterminée. Elle s'étend sur la ville tout entière. C'est dire que son zèle trouvera toujours ample matière à s'exercer, car, hélas ! la population pauvre ne fait pas défaut, ici comme ailleurs !

Et je suis heureux de signaler aux autres conférences, afin de stimuler leur émulation, de susciter leur concurrence, qu'à la nouvelle conférence les quêtes sont exceptionnellement fructueuses. Une dizaine de francs par séance, voilà une bonne moyenne qui nous donne l'assurance que le budget s'équilibrera facilement.

Les ressources ne manqueront certes pas à nos confrères ; elles leur arrivent sous la forme la plus variée ; tantôt c'est un bienfaiteur généreux qui leur adresse un don important, tantôt c'est une quête abondante au cours d'une fête littéraire, donnée par les élèves.

Aux uns et aux autres, à tous ces généreux donateurs, j'adresse les meilleurs et les plus vifs remerciements.

Grâce à eux, bien des misères auront pu être soulagées, des infortunes secourues, des souffrances adoucies ! Oui, merci à eux de ces offrandes qui ont fait luire sur des demeures désolées le doux et chaud rayon de ce soleil radieux qui s'appelle la charité chrétienne !

Mais ce n'est pas seulement à ce point de vue que nous célébrons la résurrection de la conférence du Petit Séminaire ; c'est pour notre œuvre, pour notre chère Société de Saint-Vincent de Paul un événement important, c'est un immense bienfait pour son avenir dans le diocèse d'Arras. Par là, les liens qui unissent à nos conférences les membres du clergé seront encore resserrés ; il en résultera un accroissement de sympathie, de confiance, qui aideront puissamment au développement de notre œuvre.

Nous ne sommes que de modestes auxiliaires du clergé, nous avons besoin de son aide, de ses encouragements, de son appui ; nous ne pouvons oublier que l'Église a toujours été la grande maîtresse et la grande dispensatrice de la charité chrétienne. Voilà pourquoi nous sommes si heureux quand nous rencontrons dans le clergé d'anciens membres de la Société de Saint-Vincent de Paul qui se souviennent du temps où les uns et les autres nous étions enrôlés sous la même bannière, celle de saint Vincent de Paul, le glorieux apôtre de la charité chrétienne.

Mais je ne veux pas retarder plus longtemps la remise de ces lettres d'agrégation à la nouvelle conférence, qui ne les a d'ailleurs pas attendues pour affirmer son existence en venant en aide à la pauvreté, à la misère et au triste cortège de douleurs, de souffrances qui en sont inséparables.

Vous lirez au bas de ces lettres le résumé des recommandations que l'on adresse aux nouveaux adhérents. Il est de tradition d'en faire un commentaire succinct dans les solennités comme celle qui nous réunit aujourd'hui.

Ce commentaire sera rapide. Le confrère qui vous parle n'a certes pas la prétention téméraire, et qui serait déplacée, de vous apprendre quoi que ce soit en fait de charité. C'est uniquement pour se conformer à la règle qu'il analysera d'une façon sommaire quelques-uns des principaux points signalés à votre attention.

Je laisse de côté la vigilance dans le choix des membres de la conférence. Elle n'a rien à faire ici puisque le choix s'exercera de la façon la plus facile et la plus sûre.

Je me reprocherais d'insister sur l'assiduité à la visite du pauvre, si ce n'était là précisément le caractère distinctif de la Société et son but essentiel. Voir le pauvre de près, le voir chez lui, à son triste foyer, là où il souffre; s'initier par là à ses misères, n'est-ce pas le moyen pratique d'y remédier avec plus d'efficacité? On ne guérit le mal qu'à la condition de le connaître.

Ce n'est pas à vous que je dirai ce que doit être cette visite : la vraie visite, celle qui se fait à loisir, celle qui s'intéresse, qui questionne, qui interroge, qui s'attarde, qui donne des conseils, qui témoigne de la sympathie, celle qui prend une partie du fardeau du pauvre afin de lui en alléger le poids, *alter alterius onera portate...*

C'est en cela que consiste la pitié, la plus splendide aumône qui puisse venir de l'homme. La pitié, c'est-à-dire le don de soi-même par quelque parole venue du cœur, par quelque marque d'intérêt, de sympathie, par la compréhension, par l'intelligence de sa douleur, *qui intelligit semper pauperes et egenum;* la pitié, c'est-à-dire une sorte de communication fraternelle, suivant la superbe expression de Bossuet.

Voilà le caractère que doit revêtir la visite du pauvre. C'est ce qui le rend heureux de l'avoir reçue. Il faut qu'elle soit pour lui comme un rayon de soleil, dont le souvenir vienne réchauffer son cœur dans les heures de souffrance et de tristesse.

Je vous assure qu'une visite ainsi faite emporte avec elle sa récompense. Elle nous rend meilleurs ; c'est par là que nous sommes les obligés du pauvre ; elle élève l'âme à Dieu dans un élan de reconnaissance, pour lui rendre grâce de ce que sa bonté nous a épargné à nous-mêmes. Mais j'ai tort de m'attarder à ce que vous sentez bien mieux et plus vivement que moi, et je passe au troisième point, l'exactitude aux séances.

Ici encore, qu'ai-je besoin d'insister? Je connais l'entrain de la nouvelle conférence, je connais le produit de ses quêtes hebdomadaires. L'assiduité de ses membres lui est acquise. C'est la santé, c'est la vie, c'est le succès de la conférence.

Connaissez-vous quelque chose de plus triste, de plus monotone qu'une conférence désertée par

la moitié, par les trois quarts de ses membres?
Les places vides font la séance courte et dénuée
d'intérêt. Non, non, il faut que chacun soit à son
poste, que chacun rende compte de sa famille,
de ses besoins, et alors la causerie s'engage, douce,
familière, enjouée parfois, au grand bénéfice de la
cordialité mutuelle, recommandée elle aussi par
le règlement, mais qui naît d'elle-même, spontanément, sans effort; quel lien plus étroit, plus
puissant peut exister entre les hommes, que celui
de la satisfaction du bien accompli, que celui de
la charité?...

D'une façon très pressante, on vous demande
d'entretenir avec les autres conférences des rapports suivis. C'est là une chose nécessaire, car
c'est l'esprit d'union, de solidarité chrétienne, de
mutualité, de dévouement et d'effort qui fait la
force de toute association. L'esprit d'union a fait
la force de nos conférences, il leur a assuré leur
admirable développement. Il a propagé jusqu'au
delà des mers, dans le Nouveau Monde, en Amérique et en Océanie, sur toute la surface du globe,
l'esprit de charité sous la glorieuse bannière de la
Société de Saint-Vincent de Paul.

On vous conseille aussi la déférence et le
respect dans vos rapports avec le clergé. A ces
sentiments qui sont dans nos cœurs, j'en ajoute
un autre d'absolu dévouement. Je l'exprimais, il
y a un instant : nous ne sommes que de simples
auxiliaires, que les volontaires de la charité. Nous
sollicitons la direction du clergé. Il ne peut pas
y en avoir de meilleure.

J'arrive aux dernières recommandations qui vous sont adressées. Elles se résument en ces mots : résignation dans les difficultés, persévérance, humilité.

La résignation, il en faut ! Nous vivons dans un temps qui est assez dur pour ceux qui entendent exercer la charité chrétienne. Cette dureté s'accroîtra peut-être encore ! Qui sait même si notre œuvre n'encourra pas, elle aussi, la foudre des lois qui passent, alors que la charité demeurera, parce que, venant de Dieu, elle est éternelle? Oui, résignons-nous, mais à côté de ce mot résignation, il en est un qu'il faut prononcer en même temps : c'est celui de persévérance.

La persévérance, il en faut en toutes choses. Il en faut peut-être plus qu'ailleurs quand il s'agit de la charité. Vous le savez, vous rencontrerez des obstacles sur votre route, vous aurez à lutter contre l'indifférence et la tiédeur des uns, contre les railleries des autres, peut-être même contre le mauvais vouloir de certains ; pas de découragement ! La charité, tôt ou tard, triomphe de tout. La charité est patiente, a dit l'Apôtre. Elle est douce, mais aussi elle est entreprenante et les difficultés ne l'effraient pas. L'avenir est à ceux qui persévèrent, à ceux que rien ne peut rebuter, qui continuent inflexiblement leur chemin parce que c'est celui que Dieu leur a tracé, et que dès lors, en dépit de tous les obstacles, ils sont certains d'arriver au but.

Vous pratiquerez enfin l'humilité. Ce que nous faisons, hélas ! compte si peu. Nos aumônes ne sont qu'une goutte d'eau sur le sable de ce désert immense et aride qui s'appelle la pauvreté. L'humilité s'impose à nous, parce que par nous-mêmes nous ne sommes rien, nous ne faisons rien et que c'est à Dieu, l'auteur, le créateur, l'inspirateur de toutes choses, qu'il faut toujours rapporter l'honneur de cette charité qui émane de Lui. *Deus charitas est!*

LE CONFÉRENCIER

LE CONFÉRENCIER

M. de Warenghien avait toujours été fervent de l'histoire ; sa thèse de doctorat en droit, soutenue en 1873 sur les délits de la parole et de l'écriture en droit romain et la diffamation contre les particuliers en droit français, témoignait déjà, en sa première partie, d'une rare pénétration historique ; en peu de pages, il exposait, avec une aisance qui savait allier l'érudition et la clarté, l'évolution du droit romain en cette matière ardue.

Après qu'il eut en 1880 donné sa démission de magistrat, il devait consacrer une partie de son temps aux recherches historiques. Les volumes de mémoires édités par la Société d'Agriculture, Sciences et Arts de Douai qui le compta près de quarante années parmi ses membres les plus assidus, témoigneraient à eux seuls de sa féconde et érudite activité.

Cependant, né orateur, au pur récit historique d'une lecture parfois un peu aride, le baron de Warenghien préférait la conférence. En ce genre littéraire que nous apprécions tant aujourd'hui, il excelle tout de suite ; l'agrément de sa parole lui permettait de masquer sa grande érudition, de la réduire au rôle d'utilité, d'animer ainsi la vie du passé au point de le ressusciter pour ses auditeurs charmés.

Les académiciens des provinces limitent souvent le champ de leurs études à l'histoire locale ; à celle-ci notre conférencier devait s'adonner, en l'étudiant autant que possible sous son aspect le plus général, le plus humain comme jadis nos pères disaient ; mais sa grande culture lui permettait d'aborder de plain-pied les études d'histoire générale comme les sujets purement littéraires. Plusieurs conférences en ressortissent. Nous avons eu l'heureuse fortune d'en recueillir quelques-unes : *le Pèlerinage d'un Douaisien en Terre-Sainte*, véritable évocation du moyen âge finissant ; *Une saison à Vichy au dix-septième siècle; Marceline Desbordes-Valmore*, la grande gloire poétique du nord de la France, si à la mode aujourd'hui, mais un peu oubliée en 1889 ; M. de Warenghien y fraie le chemin aux grands critiques contemporains.

Il sera ainsi facile de reconnaître quelle part ces conférences de grand style tiennent dans une carrière bien remplie, que l'index bibliographique sommaire ci-après annexé permettra aux amateurs de reconstituer.

La *Terreur dans le Pas-de-Calais* présente un intérêt régional de premier ordre ; nous y avons joint deux conférences d'un caractère plus local : *Douai et son Université au seizième siècle* et *la Poésie à Douai aux seizième et dix-septième siècles* qui montrent, et avec quelle vie, combien la culture française est ancienne dans la vieille cité des Warenghien.

PÈLERINAGE D'UN DOUAISIEN
EN TERRE-SAINTE AU SEIZIÈME SIÈCLE.

JACQUES LE SAIGE (1).

La rue des Procureurs, à qui les hasards des révolutions et de la politique ont attribué un autre nom, s'appelait au seizième siècle : « La grande rue Saint-Pierre. »

C'est là qu'en 1518 demeurait Jacques Le Saige, le voyageur dont je veux vous entretenir ce soir. Son commerce consistait en *draps de soie, espiceries et aultres semblables marchandises.*

C'était un commerce florissant, grâce à son esprit d'entreprise et d'initiative. Dans un temps où les voyages étaient dangereux et difficiles, il avait étendu jusqu'à Paris le cercle de ses relations commerciales.

Il s'était marié dans notre ville avec une demoiselle Colette Savary. Il savait joindre ces deux choses, assez rares quand elles sont réunies : une grande habileté et une honnêteté irréprochable. Très instruit pour son temps, comprenant avec une égale facilité le grec antique et le latin, doué

(1) Conférence prononcée au Cercle catholique de Douai le 3 mars 1890. Elle était accompagnée de la présentation de projections photographiques : vues de Terre-Sainte.

d'une piété exemplaire, notre honnête marchand n'avait qu'un seul défaut : celui d'aimer un peu trop le jus de la vigne.

Il l'a du reste avoué, non sans humour, dans des vers qui doivent lui valoir notre indulgence :

> Che présent livre a faict ung nomé Jacque Le Saige,
> Lequel est bien sarpilit de langaige,
> Grand crocheteur de boutelles et de flacquons :
> Je prie à Dieu quy luy fache pardon.

Vous connaissez le proverbe : *In vino veritas*. Il n'y a rien comme le vin pour délier les langues. Jacques Le Saige l'aurait appris un jour à ses dépens.

La prospérité de son commerce lui aurait créé des envieux et des jaloux, comme l'intempérance de sa langue lui attira des ennemis. Après boire, ils lui tendirent un odieux traquenard. Le voici d'ailleurs relaté tout au long, d'après un document tiré des archives de la ville de Douai :

« Aulcun de ses haineux et ennemis couverts, ayant envie de sa prospérité, advertis qu'il estoit avec autres buveurs en une taverne d'icelle ville de Douai avec Jacques Vandècle et Jehan Carpentier, se advisèrent par délibération précogitée et sous titre d'amitié familière d'aller en ladite taverne et demandèrent au dict suppliant s'ils pouvoient boire demi-litre de vin auprès de lui ; auquel il répondit qu'il étoit bien joyeux de leur venue et compagnie. Et ainsi qu'ils faisoient bonne chère ensemble, aulcuns desdits survenants croyant que ledit suppliant avoit bien bu et ne savoit plus quelle chose il disoit ou faisoit, lui dirent pour l'irriter que la marchandise qu'il avoit n'estoit point à lui, et qu'elle appartenoit à plusieurs marchands de Paris, lui demandant, en outre, quelles nouvelles disoient les François... »

A quoi le malheureux Le Saige, pris au piège, eut le tort, bien grave assurément, de laisser échapper des paroles injurieuses contre Maximilien, roi de Germanie et Hongrie, et Charles, archiduc d'Autriche, duc de Bourgogne. Ces allusions visaient certaines infortunes... je ne veux pas préciser davantage, et pour cause, et de plus, il disait que le comté de Flandre n'appartenait pas à l'archiduc et affirmait hautement ses sympathies pour la France.

Certes, cet amour de la future patrie ne peut qu'exciter notre bienveillance envers Jacques Le Saige.

Par malheur, et je reprends ici la lecture du document que j'analysais tout à l'heure :

« Les dits haineux et malveillants n'eurent rien de plus pressé que d'aller trouver Jehan de Lattre, bailli de Douai et conseiller de Sa Majesté, et de lui dénoncer le pauvre Jacques Le Saige. » Il fut aussitôt jeté en prison où, comme il le disait tristement dans son recours en grâce, « il étoit détenu en grande povreté et misère » et menacé de plus de bannissement et de confiscation de tous ses biens.

Mais les échevins de la ville de Douai intervinrent en faveur de Jacques Le Saige, qui obtint des lettres « de rémission » aux conditions suivantes :

« Il dut venir pieds nus, la tête découverte, un cierge de cire de six livres à la main, en la halle de la ville de Douai, en présence des échevins et, en plein auditoire, dire qu'il étoit très dolent et amèrement repentant d'avoir dit et proféré les paroles et que, s'il avoit encore à les dire, que jamais il le feroit, et ce fait, partir pieds nus et à nue-tête comme il est dit et porter ledít cierge en l'église collégiale de Saint-Pierre d'icelle nostre ville pour là être brûlé et consommé à l'honneur Dieu notre Créateur. »

Ces lettres de rémission portent la signature de la gouvernante des Pays-Bas, Marguerite ; elles sont contresignées au nom de l'empereur et du roi d'Espagne.

Voilà ce à quoi étaient exposés au seizième siècle ceux qui avaient la langue trop longue et se permettaient des propos séditieux ou diffamatoires.

Je dois dire que cette leçon salutaire corrigea notre Douaisien. A partir de ce moment, il fut d'une prudence exemplaire.

Et pour faire profiter autrui de son expérience, il composa ces quelques vers.

> Si tu veux vivre saigement,
> Entends, regarde, et puis te tais !...
> Suis les bons, fuis les mauvais :

Et pour plus grand péril fuir
Tiens ta langue ainsi comme morte ;
De nulluy disant déplaisir
C'est la chose dont je t'exhorte.

C'est en 1514 que cette mésaventure arriva
à Le Saige ; c'est en 1518 qu'il partit pour Jérusalem. Fit-il vœu, quand il gémissait en prison
sous le coup de la confiscation, du bannissement
et de la ruine, de faire un pèlerinage en Terre-
Sainte? Céda-t-il au contraire à ce superbe mouvement de foi, de piété, qui, d'un bout à l'autre
de l'Europe, entraînait les fidèles vers le pays
où naquit le Sauveur et où il se sacrifia pour le
genre humain? Voilà ce que ne nous apprennent
ni les archives de Douai, ni les mémoires de
Jacques Le Saige.

Il est certain d'ailleurs qu'avant d'aller en
Terre-Sainte, il avait fait le pèlerinage de Saint-
Jacques de Compostelle.

C'était une grosse affaire et une périlleuse entreprise qu'un voyage en Terre-Sainte en 1518. Il
fallait près d'une année entière pour l'accomplir
au prix de mille périls, sur les routes infestées
de fondrières et de coupe-gorge ; sur les lourds
navires qui étaient les jouets des vents et des
flots, quand ils n'étaient pas la proie des Turcs
et des pirates ; et lorsque le pauvre pèlerin débar-
quait en Palestine, vous verrez tout à l'heure à
quelles vexations il était soumis de la part des
Turcs victorieux.

En mettant tout au mieux, en supposant qu'il
échappât aux brigands, aux tempêtes, aux pirates,

aux infidèles, le malheureux pèlerin avait cinquante chances de succomber aux fatigues, aux privations ou à la peste, le choléra de l'époque.

Rien n'arrêta Le Saige : ni les pleurs de sa femme, ni les baisers de sa fille, ni les tristes prédictions de ses amis, pas plus que la crainte de compromettre ses affaires et la difficulté de trouver de l'argent.

Ce ne fut certes pas chose facile, je vous l'assure, et voici ce qu'il nous dit lui-même à cet égard :

« J'annonçois partout mes draps de soie, disant que c'étoit pour faire le sainct voyaige ; mais je ne trouvois nuls qui les voulut acheter au comptant, mais plusieurs demandoient à payer à mon retour. »

On espérait qu'il ne reviendrait pas, ce qui eût rendu le marché excellent.

Toutes ces difficultés ne le rebutèrent pas, comme il le dit « et moy plus enflambé que devant, demandoy en plusieurs lieux argent à pension, mais je ne trouvois rien à Douai. Sembloit que Dieu et le monde me vouloient destourber d'aller au sainct voyaige ».

Enfin il trouva « un homme de bien à Vallenchesnes qui lui prêta sur les héritages qu'il avoit sur le Haynaut ».

Mais il n'était pas au bout de ses misères ; les échevins du dit lieu exigèrent la caution de sa femme et de sa fille et pour la recevoir, ils firent le voyage de Douai, ce qui coûta cent gros au pauvre Le Saige.

De son côté, le seigneur du pays lui fit payer dix livres de Flandre pour droits seigneuriaux, ce qui arrache à notre pèlerin cette énergique expression : « Comme si c'eût été pour tuer l'argent à deux detz » et il ajoute mélancoliquement : « Ils pensoient que je ne reviendrois pas, pour cela prenoient ce qu'ils pouvoient. »

Si notre bon pèlerin avait aujourd'hui à contracter un emprunt hypothécaire, il verrait que le fisc est tout aussi avide qu'en 1518 ; l'obligation hypothécaire, le certificat d'inscription, l'enregistrement, le double décime prennent aujourd'hui encore, comme au seizième siècle, tout ce qu'ils peuvent, en attendant mieux.

Ce n'était pas assez que d'avoir de l'argent, il fallait trouver des compagnons, car la route n'était pas sûre et les détrousseurs de grands chemins, comme les coupeurs de bourses ne manquaient pas. Il réussit à en trouver trois : Jean et Jacques Vendezies, de Valenciennes, et Jean du Bos, de Soignies.

Il ne lui restait plus qu'à partir. C'est le 19 mars 1518 qu'il se mit en route, escorté par six hommes jusqu'à Valenciennes, où il devait retrouver ses compagnons de pèlerinage. Ce ne fut pas sans un déchirement de cœur qu'il quitta son logis et une fois hors des portes de la ville, quand son cher clocher fut sur le point de disparaître à l'horizon, comme Joinville partant pour la croisade, il n'osa *oncques tourner la face de ce*

*côté de peur d'avoir trop grand regret et que le cœur
ne lui attendrît de ce qu'il laissoit sa fille, sa maison
de la rue Saint-Pierre qu'il avoit fort à cœur, et
il lui vint une défaillance...*

Il eut un instant la tentation de rentrer à
Douai. Il n'était pas le seul à qui le cœur avait
faibli, comme l'écrivait encore avec émotion
l'historien de la quatrième croisade :

Je ne voz (voulus) *onques retourner mes yex
vers Joinville, pour ce que li cuers ne me attendri-
sist dou biau chastel que je lessoie et de mes dous
enfans.*

Mais cette hésitation et cette faiblesse ne du-
rèrent qu'un instant, et le lendemain les cinq pèlerins se mettaient définitivement en route.

Il nous sera facile de les suivre, pas à pas, dans
leur long et pénible voyage. Notre concitoyen
eut l'heureuse idée d'écrire chaque soir ses impressions, et de retour au pays natal il fit imprimer à
Cambrai le récit de son voyage ; car à cette époque,
Douai n'avait pas encore d'imprimerie.

C'est d'ailleurs le premier ouvrage qui ait été
imprimé dans toute la région du Nord, et si les
presses de Cambrai peuvent en revendiquer l'honneur, c'est un des enfants de notre vieille chère
cité douaisienne qui a écrit le curieux et intéressant récit de ce long et dangereux pèlerinage.

Il eut un grand succès dès sa première apparition, et je n'en veux pour preuve que les trois
éditions qui se succédèrent dans le court intervalle de cinq années.

Les pèlerins se l'arrachaient à l'envi. Jusque-là,

pour les guider à Jérusalem, il n'y avait qu'un itinéraire en latin que la plupart ne comprenaient même pas, et voici qu'on publiait à leur intention, un véritable guide indiquant jour par jour et avec une rare précision, la longueur de chaque étape et, comme l'annonce le titre de l'ouvrage, les « gistes, repaistres et dépens ». Là où il avait trouvé bon gîte, chère excellente, prix modérés, il ne tarit pas d'éloges sur le compte de l'hôte. Au contraire, où la table est mal servie, le vin une affreuse piquette, où, pour le prix on est écorché vif, l'hôtellerie est flétrie comme elle le mérite.

C'est une sorte de Bædeker du seizième siècle, pour les voyageurs de Douai à Jérusalem.

Ce succès littéraire, tout nouveau pour notre marchand de draps de soie, plus habitué à manier l'aune que la plume, lui tourna quelque peu la tête.

Voici, en effet, comment il entre en matière dans sa troisième édition : « Messieurs, s'écrie-t-il, prenez courage et vous aurez du passe-temps. »

C'est là une promesse téméraire que pour ma part je ne renouvellerai certes pas.

Je ne m'approprierai que le premier membre de phrase ; à l'inverse de Le Saige, je vous dirai de prendre du courage, car j'ai peur que vous en ayez besoin.

C'est que notre Douaisien n'a rien, je vous assure, et vous le devinez, des bril ants auteurs de l'*Itinéraire de Paris à Jérusalem* ou du *Voyage en Orient*.

Il lui manque la magie de leur style, les coups d'aile de leur imagination, l'éclat de leur pensée. Il n'a rien de Chateaubriand ni de Lamartine ; il ignore l'histoire ; les grandeurs du passé sont pour lui lettre morte, les merveilles de l'art le laissent trop souvent insensible.

Et cependant son récit est empreint d'un certain charme qui lui donne une originalité, une saveur particulières.

A chaque page de ce livre éclate une foi ardente qui le soutient au milieu des périls et de la mort souvent menaçante. Partout aussi se retrouve une sincérité naïve, il ne cherche pas à se grandir ou à se faire valoir ; quand il a peur, il l'avoue ; s'il aime trop la bonne chère, il s'en accuse ; en un mot il se peint, tel qu'il est, avec ses qualités et ses défauts, ses vertus comme ses faiblesses.

C'est aujourd'hui la qualité qui manque le plus à tous les auteurs de Mémoires et de Souvenirs, et en fait de sincérité et de simplicité, il faut avouer qu'ils n'ont pas l'habitude de nous gâter.

Mais rejoignons nos pèlerins au cours de leur première étape.

En avant, trottent joyeusement les amis, les « gens de bien » comme les appelle notre auteur, qui leur font cortège pour quelques lieues.

Ils sont légers de cœur et de préoccupation, car ils n'iront que jusqu'à la première étape, et là se borneront pour eux les fatigues et les périls du voyage. Comme le poète a eu raison de dire : « Qu'il est doux de contempler du rivage la tempête qui se déchaîne sur la mer, qu'il est doux de voir loin de la mêlée le choc des armées, et les batailles qu'elles se livrent... »

L'humanité ne change guère au cours des siècles : l'égoïsme existait avant Lucrèce, comme il lui a survécu !

Au centre sont les Valenciennois, pèlerins comme lui ; à l'arrière-garde est notre Douaisien déjà choisi comme le trésorier de la bande. Prudent par nature, c'est une nouvelle raison pour ne pas s'exposer, et avec lui toute leur fortune. Chemin faisant, il maugrée contre l'allure, trop vive à son gré, de ses compagnons de voyage. Il se plaint de ce qu'on va trop vite, et cependant la troupe ne fait qu'une lieue à l'heure. Par là, vous jugez du temps qu'il leur faudra pour parcourir les centaines de lieues qui les séparent de Venise où ils vont s'embarquer pour la Palestine.

Rien de marquant ne leur arrive jusqu'au Mont Cenis qu'ils franchissent pour pénétrer en Italie.

Il faut lire, dans le récit lui-même, les étonnements de notre voyageur en apercevant les Alpes.

Pour mesurer la profondeur de leurs précipices, il prend, comme terme de comparaison, le beffroi de Douai et consigne gravement dans ses notes de voyage : « Qu'ils sont plus bas trois fois que le beffroi n'est haut. »

Comme notre beffroi a soixante mètres de hauteur, cela donne cent quatre-vingts mètres pour la profondeur des précipices.

C'est assurément la première et la dernière

fois qu'ils ont été soumis à une pareille unité de mesure, très flatteuse pour notre beffroi, mais beaucoup moins pour les Alpes.

J'imagine d'ailleurs qu'il n'a fait que les entrevoir, car il a bien peur. Il se fait tenir par la robe afin de ne pas faire une connaissance plus approfondie avec les abîmes, et sa description se borne à dire que la descente est bien raide et que c'est merveilleuse chose à regarder d'en bas !

Mais les fatigues de leur quarantième étape depuis Valenciennes ont eu prise sur l'un de nos pèlerins. Jean du Bos a la jambe tellement foulée qu'il ne peut aller plus loin. Il est si souffrant qu'il n'en peut souper de douleur, ce qui, pour notre historien doué d'un robuste appétit, est un grave symptôme. Il n'y a pas de médecin dans ce pays sauvage, mais Le Saige n'est pas embarrassé pour si peu ; il s'improvise docteur et voici son ordonnance qu'il nous a précieusement conservée :

« Je le fis coucher, dit-il, devant un feu et le fis avoir si chaud qu'il crioit ; alors je l'aspergeois plusieurs fois d'eau froide et puis le fis coucher et fort couvrir. Donc le lendemain il fut guéri. »

Voilà, il faut l'avouer, un malade qui a eu de la chance. On le fait rôtir devant le feu comme un poulet que l'on met à la broche ; on l'asperge d'eau glacée et sa foulure ou son rhumatisme disparaît comme par enchantement.

Il fallait qu'il eût l'âme chevillée dans le corps pour résister à une pareille médication !

Ils arrivent à Rome, premier but de leur pèlerinage et aussitôt ils se rendent à la Croix-Blanche, parce que, comme nous le dit l'auteur, l'hôte — il se nommait Gillet — était de notre ville de Douai.

Ils avaient mis trente-sept jours à faire 380 lieues.

Le lendemain ils se mettent à visiter la Ville éternelle. Le Saige en décrit les merveilles, et, bien que son âme ne soit pas celle d'un artiste, elle s'éveille cependant, de temps à autre, à l'admiration.

La basilique Saint-Pierre n'était pas achevée quand Le Saige la visita. Elle avait été commencée en 1450. Il a fallu trois siècles et demi pour la terminer.

Telle qu'elle était alors, elle excita grandement l'admiration de notre pèlerin ; il dit : « Qu'elle seroit la plus large église qui soit au monde. »

Avec Saint-Pierre, le Vatican fut une des merveilles qui enthousiasmèrent le plus Le Saige. L'Obélisque le jeta dans une véritable stupeur.

Le château Saint-Ange retint aussi son attention : c'était alors un véritable château fort, en état de soutenir un siège régulier.

Le Saige nous a laissé une description du Colysée :

« Dedans Rome a une grande édifice détruite, laquelle est une chose à s'émerveiller de la voir, car elle est si haulte et matérielle et si exquisement ouvrée que c'est merveille, et se nomme le Colysée, laquelle est toute ronde et de merveilleux circuit. Il y a tant d'aultres lieux détruits que c'est terrible chose à regarder... »

Mais ce qui l'a attiré avant tout, lui pèlerin, ce sont les reliques des saints, la terre des martyrs, la ville que Dieu dans ses desseins a marquée pour être sans partage en dépit des usurpations ; la ville de la Papauté.

Voilà ce qui enflamme notre pèlerin ; voilà le constant objet de ses descriptions qu'il termine ainsi :

« Pour faire court, on m'a monstré tant de belles choses, que croy qu'en la moitié de la terre de Rome ont été mis corps saincts. C'est bien son nom *la saincte cité de Rome*. Il ne tient qu'à ceux qui y demeurent de gaignier le Paradis. Dieu donne par son bon plaisir qu'ils le puissent avoir et nous aussy, celuy sera bien heureux ! »

C'est dans ces excellents sentiments que Le Saige se rendit de Rome à Lorette, où il trouva un chanoine « qui avoit sa sœur demeurant à Valenciennes et pour l'amour du pays, il nous montra la fenestre par où l'ange vint annoncer les belles nouvelles ». Et notre pèlerin « ne pouvoit se rassasier d'être dans la saincte chambre ».

De là, il se rendit à Ancône et d'Ancône à Venise.

Venise était alors au faîte de sa splendeur, c'était la Venise des Doges, le boulevard de la chrétienté, la ville aux mille galères, la reine de la Méditerranée et de l'Adriatique, qui tenait en échec toute la puissance du sultan.

Je voudrais pouvoir m'y attarder un instant et vous rendre témoins des ébahissements et des admirations de notre concitoyen.

Il assiste à la fameuse cérémonie où, debout sur le Bucentaure, le doge jette un anneau d'or en simulacre des fiançailles de Venise avec la mer qui devait « lui être soumise comme l'épouse l'est à l'époux », c'était la formule du temps. Cette soumission n'excluait pas les tempêtes : je parle de celles de la mer...

Il s'extasie devant le clocher Sainte-Marie, « lequel est bien haut ». « On y monteroit bien à cheval ! » s'écrie-t-il.

« Nous vismes aussi les batteaus grands et moyens de toutes sortes, lesquels sont autour de la ville et aussi dedans et est une chose à se émerveiller et crois qu'il y en a plus qu'il n'y a de chevaux dedans Paris, comme plusieurs fois l'avois ouy dire. Quand nous eusmes assez regardé, nous en revinsmes coucher. »

Et voici la description de l'arsenal de Venise :

« Après disner, nous allasmes voir un lieu du dit Venise nommé le Arsenal ; c'est ung lieu qui a bien une lieue de tour et est fermé de murailles alentour. En ce lieu y a tous les jours ouvrant plus de trois cents ouvriers faisant d'aulcunes grandes naves et moyennes et d'autres des galères, d'autres des engins, d'autres des brigandines, des canons, des boulets. C'est une terrible chose de voir les armures qui sont en des grands greniers qui y sont ; nul ne le croiroit, s'il ne le voit. On n'y entre pas sans adresse. Toutefois il nous en coûta chacun trois patars (soit **vingt** centimes). Je ne voudrois pour ung ducat, que je ne l'eusse point vu, car je crois qu'il n'est point de pareille chose au monde. »

Mais ce n'est pas tout que de visiter Venise et ses merveilles, il faut se mettre en quête d'un navire, et, puisque j'essaie de faire revivre tous ces détails d'un voyage en Palestine il y a quatre siècles, je vais vous faire assister à leurs négociations pour les frais de la traversée.

« Nous rencontrasmes un gentilhomme qui étoit logé avec nous, qui nous conseilla d'aller marchander à ung patron nommé sire Louis Dolfin, pour aller en Jérusalem. Dont y allasmes tous trois, et fusmes d'accord pour estre menés et convoyés vers tous les Lieux-Saincts, en la Terre-Saincte et aussi pour estre ramenés et toujours nourris quand nous serions en son navire. »

Et voici maintenant l'ordinaire de chaque jour :

« C'est assavoir, au matin plein une tasse de Malvoisie, avec deux ou trois morceaux de pain biscuit. Au dîner, potage et deux sortes de chair bouillie et avec fromage et vin autant qu'on peut boire pendant la table. »

Et ici se place une remarque, ou pour mieux dire, un regret de Le Saige :

— « Mais on y estoit peu à mon gré, car il falloit faire place aux autres. » —

« Pareillement au souper un rôti et aussi du bouilli de deux sortes de chair et aussi du fromage ».

Et environ deux heures après souper :

« Plein une tasse de vin ».

« Tous ces articles furent mis, par écrit, et, présents deux seigneurs de Venise, furent reconnus par le patron. »

Le prix de la traversée était de quarante-cinq ducats dont la moitié payée comptant et l'autre moitié avant d'entrer en Terre-Sainte.

Quelques jours plus tard, le patron, qui avait écorché les pauvres pèlerins, pour les lier irrévocablement les invita à venir dans son navire pour essayer de son vin « dont répondismes que yriesmes *tertous* (cette expression douaisienne ne date pas d'hier ; elle remonte à plus de quatre siècles !).

« Et y menasmes vingt pèlerins tous nouveaux venus de leur pays. Aussitôt dans l'intérieur du navire, on se plaça à une longue table, toute couverte de bon biscuit sentant le sucre et de pain d'épices et il y avoit largement d'oublies, et cuisine bonne, malvoisie autant qu'il nous plût, et afin de nous réjouir jouèrent les clairons et le trompettes qui nous réveillèrent le courage. Le patron fut fin de faire cette largesse ; car pour la cause y eut plus de trente pèlerins qui y retinrent leur place dont plusieurs se repentirent bien. »

Hélas, quand on fut en pleine mer, le capitaine ne leur donna plus que du biscuit moisi, au lieu de pain d'épices et d'oublies, et la malvoisie des grands jours se trouva métamorphosée en une détestable piquette.

Je dois dire pourtant que nos pèlerins de Douai, en gens prudents et avisés qu'ils étaient, s'étaient munis de provisions.

« Premier, achetasmes dix livres de beurre, une livre onze onces de sucre, etc... etc., un petit tonneau de vin pour boire entre les repas et prévenir le mal de mer, du biscuit aussi pour tromper la faim entre les repas. »

Notre pieux pèlerin n'oublie pas :

« Une certaine quantité d'huile pour s'éclairer la nuit afin de dire nos dévotions et pour faire notre couverture. »

Ils se félicitèrent bientôt de leur prévoyance, car le patron du navire, dès le début même de la traversée, les fit cruellement jeûner, sous le fallacieux prétexte que des pèlerins devaient faire pénitence.

« Il nous fallut avoir patience, dit tristement Le Saige, car nous n'étions pas les plus forts, et mangeasmes chacun de nos provisions. »

Aussi quand notre pèlerin descendait à terre pour visiter quelque monastère hospitalier, il avait d'insatiables fringales. Il dévorait, et j'imagine qu'il épouvantait les bons moines par son appétit de Gargantua. Voici d'ailleurs ce qu'il dit lui-même à cet égard :

« L'on nous demande si nous voulusmes bien manger de la chair de porc que nous auriesmes assez et assez de biscuit et de vin. »

« Donc respondismes que oui et adonc nous apporta du potage de mil garni et nous eusmes du dit lard tellement que mangeasmes notre saoul. Loué soit Dieu ! Je m'y employoi bien ; car j'avois grand faim et ainsi fis-je au souper. »

Voici un nouvel exemple de ce formidable appétit. Ils débarquent en Istrie et visitent un monastère :

« Nous demandasmes aux religieux s'ils n'avoient que manger : auquel ils répondirent qu'ils nous en bailleroient volontiers. Ils nous firent du potage blanc comme lait et y avoit dedans assez pour deux bouviers ; mais je n'y laissois rien ; loué soit Dieu ! j'avois bon appétit. Nous eusmes du biscuit bien blanc et bien dur et du vin blanc bien petit : c'étoit trop peu de vin blanc. »

Cependant, quelques lignes plus bas, il avoue qu'il en vida tout rond, ce qui prouve que sa soif n'était pas moins insatiable que sa faim.

Le 22 juin, ils mirent à la voile. Leur navire portait cent pèlerins, quarante matelots, une dizaine de marchands qui se rendaient à Rhodes ; en tout cent cinquante passagers.

Ils ne débarquèrent en Terre-Sainte que le 28 juillet.

Il m'est impossible de narrer tous les incidents et les dangers de la traversée. Tantôt, c'est une horrible tempête qui les oblige à se réfugier dans le port de Xante ; tantôt c'est la vue de deux galères turques qui les détourne de leur route et leur fait perdre plus de huit jours à Candie. Ils ont tellement peur qu'ils élisent deux chevaliers de Rhodes pour les commander au besoin. Plus d'une fois ils prennent les armes et se préparent à disputer chèrement leur vie.

Ils échappent à tous ces périls, et font une escale à Rhodes.

C'était pour ainsi dire une terre française. En montant la rue tortueuse qui aujourd'hui encore s'appelle la rue des Chevaliers, Le Saige aurait pu se croire dans une forteresse de l'Europe féodale. Il salue avec joie les armes du comte de Lallaing.

Un des commandeurs de l'Ordre était de Douai. Il invita les pèlerins « à faire bonne chère dans sa chambre ». Ils dînèrent à la table des chevaliers, qui voulaient retenir les pèlerins pour les aider contre les Turcs.

Deux ans après, Rhodes succombait sous l'effort d'une armée de cent mille musulmans, à qui six mille chevaliers tinrent tête pendant plusieurs mois avec une indomptable énergie.

Après Rhodes, nos pèlerins font une escale

à Chypre qui appartenait alors aux Vénitiens.
C'est en 1570 qu'elle succomba sous les coups des
Turcs victorieux, après avoir été trois siècles
la possession de Venise.

La citadelle de Famagosta était pourtant, au
seizième siècle, réputée imprenable si elle avait
eu une garnison suffisante.

La cathédrale Sainte-Marie de Famagosta était
encore alors, comme Chypre elle-même, dans ses
jours de splendeur. Elle avait vu Richard Cœur-
de-Lion, elle avait reçu saint Louis, les croisés
s'étaient agenouillés devant ses autels, et nos
pèlerins en la visitant foulaient aux pieds les
pierres tumulaires sur lesquelles étaient gravés
des noms français. Ces souvenirs subsistent encore
aujourd'hui. Mais le port où Le Saige débarqua
est maintenant presque comblé.

Nos pèlerins voient apparaître à Chypre la
végétation de l'Orient : les palmiers, les citron-
niers ; ils arrivent à Nicoïsa, capitale de l'île.
Le Saige y fut bien embarrassé. Impossible de
trouver un logis. Les habitants n'entendaient ni
le français, ni le latin. Ils parlaient seulement le
grec des îles, et suivant son expression : « Quand
on leur parle, c'est comme si on s'adressoit à un
chien. » Le pauvre Le Saige ne savait à quel
saint se vouer.

Par bonheur, il rencontre les quatre trompettes
du navire qui leur servirent de truchement.

« Soyez seur que je fus bien joyeux, je leur
demandaiz où estoit la grande compagnie qui

estoit venue de nuit, ils me dirent qu'ils avoient desjeunés et qu'ils estoient allés en la grande église pour y être freschement et y dormir tout leur solz. Dont desjeunay très bien, loès soit Dieu ; et puis m'en allay reposer à la grande église nommé Saincte-Sophie, c'est une très belle église. Il y a le plus beau commenchement de clochiet et de belle taille de grès qu'il est possible. Plusieurs pellerins ont faict leurs marques et mis leurs noms contre les murs. »

Ils quittent Chypre, et enfin, le 28 juillet 1518, un pèlerin crie du haut des hunes du navire ce mot magique : « Terre, terre ! »

« Il n'y avoit aucun de nous, dit Le Saige, dont le cœur ne saultast de joie, » et en témoignage de reconnaissance, tous les pèlerins et matelots se mirent à chanter le *Te Deum.*

Hélas, il ne suffisait pas de toucher terre, car leurs ennuis ne faisaient que commencer.

Au seizième siècle, les pèlerins abordant en Palestine devaient entrer en négociation avec le gouverneur de Jérusalem pour obtenir la permission de visiter la ville. Il fallait lui indiquer le nombre des pèlerins, leurs noms, leurs prénoms, leur âge, et avant l'autorisation accordée, personne ne pouvait débarquer.

Une fois à terre, il n'y avait pas de vexations, d'insultes, de coups même qu'ils n'eussent à supporter. Il fallait y rester insensible sous peine de mort. Les Turcs les enfermaient dans des caves infectes afin de les obliger à en payer le nettoyage sommaire à beaux deniers comptants. Les pèlerins étaient de véritables prisonniers. Chaque soir on les enfermait et on ne leur ouvrait que le lendemain.

« De plus, il falloit, — nous dit tristement Le Saige — avoir toujours la main à la bourse pour éviter les mauvais traitements des infidèles. »

Tantôt, ils frappaient les chevaux de leurs bâtons pointus afin de les faire ruer et ils riaient aux éclats quand les pauvres pèlerins étaient désarçonnés. Tantôt, lorsqu'ils mouraient de soif, ils les empêchaient de se désaltérer aux fontaines à moins d'en acheter la permission, tantôt ils forçaient toute la troupe à se mettre en route au moment de la plus grande chaleur, afin de les faire mourir d'insolation. Dans une de ces marches forcées, trois pèlerins furent foudroyés ; plus de trente furent grièvement malades.

Aussi, quel cri du cœur quand enfin, du haut d'une colline, le panorama de Jérusalem se déroule devant leurs yeux ; fatigues, dangers, misères de toutes sortes sont aussitôt oubliés ; un sentiment de foi et de reconnaissance envahit toutes les âmes :

« Et je croy, écrit-il, qu'il n'y avoit nuls qui ne plourat de joie que le Créateur lui avoit faict tant de grasce de venir jusque là ! »

Nos pèlerins passèrent quinze jours à Jérusalem. Le Saige nous trace jour par jour le récit de leurs pieuses visites. Dès le lendemain matin,

ils parcourent la ville sainte, sous la surveillance
quelque peu tyrannique des Turcs, et sous la
direction des Franciscains. On les conduit tout
d'abord au Cénacle. Le Saige nous donne une description minutieuse de ce qu'il voit et entend
et le ton naïf de son exposé nous le montre comme
il s'est toujours révélé au cours de son voyage. Sa
ferveur qui est grande ne l'isole pas des choses
de ce monde au point qu'il ne fasse attention
à la qualité des vins qui lui sont offerts et dont
il ne manque jamais de nous vanter ou de nous
dénigrer les mérites.

Un soir, après dîner, il rédige quelques notes
pour passer le temps. « C'est une pitié, — écrit-il,
— de voir combien Jérusalem a été détruite et
saccagée ! On n'y rencontre guère autres gens que
des Maures », et Jacques Le Saige de détailler avec
amertume les tracasseries que les disciples de
Mahomet font endurer à chaque instant aux
malheureux pèlerins.

Il visite le lieu où Jésus fut flagellé. Il gravit
la montagne de Sion et il s'arrête longuement
en un lieu « où Nostre-Dame faisoit son oraison ».

Il contemple l'endroit où sainte Hélène découvrit la vraie Croix, les Clous, la Couronne d'épines
et le Fer de la lance, et il nous conte sa première visite au Saint-Sépulcre, qui est le sanctuaire par excellence de ces lieux tout remplis
de souvenirs.

C'est là que reposent, près du tombeau divin
qu'ils ont délivré, Godefroy de Bouillon et Bau-
douin son frère, les deux premiers rois de Jéru-

salem. Ce sont les deux seules dépouilles qui furent ensevelies à l'ombre du Saint-Sépulcre, et comme le dit Chateaubriand avec éloquence : « C'est un titre de gloire pour la patrie française ! »

Le Saige fournit quelques détails sur l'architecture du sanctuaire, monument des plus compliqués, construit à des époques différentes et sans aucun plan d'ensemble. « C'estoit une belle chose, s'écrie-t-il, de veoir les messes qu'on disoit ct les pleurs que faisoient d'aulcuns, pélerins et pélerines ! »

La nuit tombe, laissant nos pèlerins en oraisons. Les Turcs les enferment impitoyablement dans l'église. Ils ne leur rendent leur liberté qu'au petit jour. Le Saige passe la nuit à prier, ses compagnons s'endorment sur des nattes.

Un jour, on les conduit à l'entrée du Temple de Salomon. Nul n'ose y pénétrer, note prudemment Le Saige, car il faudrait ou renier sa foi, ou être scié entre deux planches, tel le prophète Jérémie ! Mieux vaut ne pas s'exposer à de semblables éventualités. Il s'éloigne bien vite, pour parcourir en bon pèlerin la voie douloureuse.

Soucieux de n'omettre aucun détail notable, il décrit le lieu du reniement de saint Pierre et détermine avec assurance, l'endroit précis où le coq poussa son premier cri. Ailleurs, il conduit le lecteur douaisien à la fontaine probatique pour lui expliquer que l'ange y « touilloit » l'eau. Puis, ce sont les demeures de Marthe et de Marie, le jardin de Lazare, c'est le tombeau de sainte Anne, celui de saint Joachim, le lieu où Judas se pendit. La terre du mont des Oliviers lui paraît fertile. Il nous décrit la colline parsemée d'arbres séculaires. Ce sont les oliviers « témoins de si grandes choses », suivant la belle expression de Lamartine. Ils ont été arrosés des larmes divines, de la sueur de sang, et ils ont vu couler tant de sang et tant de larmes depuis l'inoubliable nuit qui les a sacrés !

Le Saige se rend aussi à Bethléem. Il y arrive un soir, « à la vesprée ». C'est un grand lieu, écrit-il, plus beau que Jérusalem. L'église est assez belle, elle est ornée de quarante colonnes de marbre. Les pèlerins se rendent processionnellement, un flambeau à la main, sur l'emplacement de la crèche. Ils soupent sur les terrasses des galeries, et vers minuit, ils se rendent à l'église où ils entendent la messe. De grand matin, ils reprennent le chemin de Jérusalem, et au chant du *Gloria* qu'ils entonnent à pleine voix, ils traversent la campagne où les anges apparurent aux bergers.

Le Saige visite enfin la vallée du Cédron et la vallée de Josaphat, qui contient le tombeau de la Vierge. Il nous apprend qu'il y a là une grosse pierre au milieu, « et j'y ai, ajoute-t-il, retenu ma place pour le jour du jugement. Dieu donne que ce soit à mon salut ! »

Souhaitons que depuis quatre siècles, cette pierre soit toujours libre, et qu'aucun autre pèlerin n'ait usurpé la place de notre concitoyen.

L'excursion au Jourdain cause à Jacques Le Saige quelques soucis. Les Turcs, abusant de la terreur qu'ils inspirent à la plupart, simulent une attaque de brigands, dans le seul but de soutirer aux plus timides quelque argent. La vérité nous force à dire que Le Saige ne se fit guère remarquer par la bravoure et qu'il y fut assez largement de sa poche. La crainte dissipée il se ressaisit presque aussitôt pour improviser une nouvelle expédition. Cette fois, on réussit assez bien et après avoir remarqué les curiosités de la route, la caravane s'arrête à Jéricho. Jacques Le Saige se repose au bord du fameux puits et boit même beaucoup d'eau. « Loué soit Dieu ! » La vue du Jourdain, large de cent pieds environ, provoque son admiration. Tous nos pèlerins s'y baignent, puis ils poursuivent leur route vers Sodome et Gomorrhe dont on leur désigne l'emplacement. Ils contemplent non sans effroi les flots visqueux de la mer Morte, sur les rives de laquelle aucune végétation ne croît. Le Saige affirme que les gens du pays viennent de loin y chercher de l'eau pour en laver les arbres fruitiers afin de détruire les insectes et la vermine. Il assure que la mer Morte doit son nom à ce fait qu'aucun poisson ne peut y vivre. Si le fleuve en amenait « il mourroit soubit ». Le lieu est maudit : « Il ne peut rien souffrir de vif ! »

« Loué soit Dieu ! » s'écrie encore Le Saige. Tous les pèlerins rentrent à bon port à Jérusalem. Ils regagnent leur logis. Il est dix heures du soir, mais suprême disgrâce ! il faudra se passer de vin... Leurs hôtes dorment à poings fermés. « Si busmes tout notre saoul d'eau, note-t-il avec mélancolie, mais dormismes bien quand mesme, car nous étions rompus !... »

Le 17 août, ils quittent Jérusalem. « Quant nous fusmes ung petit hors de la ville, nous retournasmes envers la Saincte Cité en nous recommandant à Dieu. »

Le 20, ils remettent à la voile :

« Je croy, s'écrie notre auteur, que ny avoit nulz qui ne chantast de joye, et mon Dieu que j'estoie dehet ad cause que retournoie et aussy bien que les aultres chantay. »

De nouvelles épreuves allaient les attendre. Le patron leur fait perdre une quinzaine de jours à Chypre pour prendre un chargement de sel. Pour la première fois de sa vie, Le Saige aperçoit une saline ; il s'émerveille de la blancheur du sel « aussi éclatante que celle de la neige » et aussi de ce qu'on le coupe par pièces « comme on fait de la tourbe dans le marais d'Arleux. »

Enfin le vent devient favorable, le navire déploie de nouveau ses voiles ; mais une épidémie éclate sur le bateau. Le fidèle compagnon de Le Saige, Jean du Bos, en est atteint et avec lui de nombreux pèlerins.

Notre concitoyen les soigne avec un dévouement exemplaire, ce qui ne l'empêche pas de dire naïvement :

« J'eusse vollu estre au Barlet, car je n'avoie point appris d'estre entre gens mallades. »

C'est qu'en effet, au milieu des périls de toutes sortes, la pensée de Le Saige ne cesse de se reporter vers Douai. C'est le souvenir de sa ville

natale qui le réconforte dans ces moments suprêmes.
Chaque fois qu'il est en péril, il s'écrie : « Comme
je serois mieux au Barlet avec mes amis et com-
paignons. »

Il avoue avec la sincérité qui le distingue : Je
cremoie qu'ils n'eussissent la peste. »

Afin d'éviter la contagion et parce qu'ils étaient
près de sa couchette et de son coffre, de peur qu'ils
n'y mourussent, il leur conseilla de se mettre sur
le pont du navire et il ajoute que dès qu'ils furent
« en hault » il fut plus « hardy d'aller autour
d'eux ».

Pour éviter toute contagion et pour tromper la
peur, il nous explique qu'il eut recours à un autre
préservatif :

« Je bus largement de la Malvoisie que avoie
achetée au villaige. Dont le lendemin fut sy
malade de la tieste que cuidoie basiner à chascun
pas que alloie. Ne sçay se ce fut de peur ou de
trop boire. Toutesfois je fus six jours que ne men-
geay que du pain boullu avec de l'eaue. Quand je
percheu que j'estoie ainssy apointiés me recom-
manday à M. Sainct Glaude et à Nostre-Dame de
Wazière et aussy lui promis porter ung chiron
de trois livres et aussy promis d'aller veoir Sainct
Adrien. Dont croy que ce fut ce qui me garda de
mourir. »

Chaque jour, il mourait plusieurs pèlerins. Jean
du Bos s'affaiblissait d'heure en heure ; il eut un
long évanouissement. Ici encore notre concitoyen fit office de médecin :

« Il lui frotta la bouche et le nez, ce qui le fit revenir à lui. »

A force de prières, il obtint que Jean du Bos se confessât, car le malheureux ne croyait pas mourir. Quant aux matelots, ils étaient mécontents de ce que l'agonie de Jean du Bos se prolongeât si longtemps, car ils avaient joué aux dés l'argent qu'ils devaient avoir pour jeter son cadavre à la mer.

« Quand je sus la vérité pleuroi mainte larme et aussy craignoi qu'on fit ainssy de moi. »

Et alors notre auteur nous fait, avec une communicative émotion, le touchant récit des funérailles. Le corps du pèlerin fut enfermé dans le coffre qui contenait ses effets, une croix rouge fut peinte sur le couvercle et le tout fut précipité dans la mer. Le Saige monte sur la dunette du navire où pendant une heure « au travers de ses larmes », il aperçut le cercueil renfermant les restes de son ami ballotté par les vagues, et, quand enfin il se fut abîmé sous les flots, « j'allois, dit-il, me recommander à M. Sainct Glaude. »

Le 8 novembre, ils débarquent à Venise. Quelle joie ce fut pour nos pèlerins !

Leur premier acte fut d'aller à Notre-Dame-des-Miracles pour la remercier de son évidente protection.

Je ne fais que mentionner les incidents du retour : le passage du Mont Cenis par une horrible tourmente de neige ; le séjour à Paris où Le Saige fut accueilli et fêté par les correspondants avec qui il était en relation d'affaires :

« Dieu sçet, s'écrie-t-il, quelle chière ils nous firent. »

Après quatre jours passés en festins plantureux, il prend le chemin de Douai.

A Cambrai il écrit à sa femme pour lui annoncer son retour et lui recommander de tout préparer afin de fêter dignement les gens de bien qui, neuf mois auparavant, l'avaient escorté jusqu'à Valenciennes. Il y a une jolie phrase dans cette lettre :

« Quand je n'ai pas pensé à Dieu, j'ai pensé à vous. »

J'ai pourtant une petite réserve à faire. Le Saige va un peu loin en disant qu'en dehors de son pèlerinage il n'a pensé qu'à sa femme. Il oublie qu'à l'île de Chypre, île dangereuse à cause des sirènes, il prit peut-être un certain plaisir à chanter et à danser avec de jeunes et charmantes Cypriotes. Il se tint d'ailleurs sur la réserve qui convenait vis-à-vis de ces infidèles, craignant, dit-il, « que le grand Maître nous eust fait noyer, car nous avions encore neuf cent dix milles de mer jusqu'à Venise ».

Cela ne fait rien, il était temps de mettre à la voile, car Le Saige aurait pu donner à son nom un fâcheux démenti.

La nouvelle de son retour causa une grande émotion. Quand il arriva entre Cantin et Douai, il vit nombre de ses compatriotes venus à cheval à sa rencontre, ainsi que les confrères de Saint-Jacques, bannière déployée : « Ad cause que avoie faict aussy le voyaige et que estoie confrère. » Il vint ainsi à sa rencontre plus de deux mille personnes.

Avant de le laisser au milieu de sa famille, de ses amis et de ses concitoyens qui lui font fête, je tiens à vous faire savoir la durée et le prix de son voyage, car c'est par là qu'il termine.

Le voyage dura neuf mois et cinq jours. Il calcule qu'il y a de Douai à Jérusalem mille cinquante et une lieues ; il ajoute que son voyage aller et retour lui a coûté quatre cent quatorze livres, c'est-à-dire deux cent cinquante francs de notre monnaie, y compris le cheval qu'il avait acheté à Padoue pour le retour et qui mourut peu après.

Tant de piété devait être récompensée. Le Saige nous apprend que cinq ans après son retour, grâce à l'aide de Dieu, ses biens temporels dépassent de cinquante livres de rente ce qu'il possédait avant de partir pour la Palestine.

Aussi fit-il mettre au-dessus de la porte de sa demeure les armes des chevaliers du Saint-Sépulcre avec cette devise : « Loué soit Dieu ! j'en suis revenu. »

Comme conclusion de son récit, Le Saige écrivait ce pieux souhait : « Je désire, s'écrie-t-il, que tous ceux qui liront ce dit livre puissent gagner le Paradis. »

Puissiez-vous ne pas dire en sortant de cette conférence que sa longueur et son aridité auront contribué à vous le faire gagner !...

UNE SAISON A VICHY
AU DIX-SEPTIÈME SIÈCLE (1).

De nos jours, rien n'est plus facile qu'un voyage à Vichy.

De Paris, c'est tout au plus s'il faut dix heures pour y arriver.

Ceux qui, ayant le sommeil facile, choisissent le train du soir se réveillent le lendemain matin aux bords de l'Allier, sans même s'être aperçus du trajet.

Ceux qui préfèrent voyager de jour ont pour sé distraire la ressource de jeter à travers les vitres du wagon un curieux regard sur le paysage si varié qui fuit rapidement devant les yeux. Je suis sûr que, parmi les milliers de voyageurs qui font chaque année le voyage de Vichy, il n'en est peut-être pas un seul qui ne se soit plaint de la longueur ou de la difficulté du trajet, sans songer qu'il y a moins d'un siècle, au lieu de dix heures, il fallait dix jours pour faire la route.

Et d'ailleurs cela s'explique à merveille. Pour nous qui, depuis l'enfance, sommes habitués aux chemins de fer, il semble, n'est-il pas vrai, que ce

---

(1) Conférence prononcée au Cercle catholique de Douai le 3 mars 1884.

mode de locomotion ait été connu de tout temps et nous n'avons qu'une pitié médiocre pour les tribulations et les fatigues des voyageurs qui nous ont précédés.

Et quand, par hasard, leur souvenir nous traverse l'esprit, c'est pour nous imaginer qu'ils ne bougeaient pas de chez eux, passant leur existence entière dans la ville ou le village quela naissance leur avait assigné.

C'est là la plus complète de toutes les méprises. Nos ancêtres étaient des voyageurs intrépides et ni la difficulté des chemins, ni l'insécurité des routes, ni la lourdeur des équipages ne pouvaient les arrêter.

Au dix-septième siècle, puisque c'est l'époque où je place cette étude, au dix-septième siècle, sitôt l'été venu, c'était, comme de nos jours, un départ général.

Paris et Versailles se faisaient solitaires. Le Roi et la Cour étaient les premiers à donner l'exemple. Compiègne, Fontainebleau, Marly leur servaient de séjour.

D'autres fois, c'était pour l'armée que partaient le Roi, la Reine, avec une suite brillante composée de toutes les beautés de la Cour, comme dans cette campagne de 1667 qui vit la réunion de la Flandre à la France.

Et alors, aux combats succédaient les fêtes et chaque étape était marquée par des réceptions triomphales. Douai, Orchies, Tournai, Lille rivalisaient à qui mieux mieux en magnificence, et, vous le savez, ce fut Douai qui emporta la palme.

En temps de paix, les uns se rendaient dans leurs terres pour y mener pendant quelques mois la vie de châtelains et y surveiller leurs intérêts.

Les autres partaient pour les eaux qui avaient alors la vogue : c'était Spa, Aix-la-Chapelle, Forges, Bourbon, Barèges, le Mont-Dore, Vichy et bien d'autres encore.

En un mot, dès cette époque, il était de bon ton ou, comme on disait alors, « il était de bel air » de fuir la capitale pendant quelques mois de l'année. Tant il est vrai qu'il n'y a rien de nouveau sous le soleil.

Eh bien, ce soir, je voudrais faire revivre devant vous, dans une causerie rapide, la vie des eaux sous le règne de Louis XIV.

Je viens vous convier à faire par la pensée un voyage dans le Vichy du dix-septième siècle, sans toutefois vous vieillir à proportion ; je voudrais vous y conduire par les tristes chemins d'alors, sans pourtant vous y faire verser ; vous initier au traitement alors en usage, sans cependant vous le prescrire ; en un mot, je voudrais, pour quelques instants, rendre la vie, le mouvement, la particularité à cette société depuis si longtemps disparue et vous la montrer avec ses mœurs, ses usages, ses ridicules, ses faiblesses auxquelles se mêlaient d'ailleurs tant d'éclat et tant de grandeur.

Ce n'est point avec moi seul que je viens vous convier à faire ce voyage rétrospectif. Je me rends justice, et je sais qu'il me manque ce qu'il faudrait pour le rendre attrayant.

Aussi, pour nous diriger dans le Vichy d'il y a
deux siècles et au milieu de la société qui le fré-
quentait alors, j'espère avoir choisi le meilleur
de tous les guides.

Il ne peut y en avoir de plus spirituel, de plus
enjoué, de mieux renseigné, et vous serez de mon
avis quand je vous aurai dit qu'il s'agit de Mme de
Sévigné. Plus d'une fois, au cours de cet entretien,
je m'effacerai derrière elle, sachant que je n'ai
qu'à gagner à lui céder la parole. Loin de moi la
téméraire pensée de vous faire le portrait de
Mme de Sévigné. Vous la connaissez tous et vous
trouverez d'elle dans vos souvenirs une plus fidèle
et plus brillante image que celle dont je pourrais
ici tracer l'esquisse.

La seule chose que je doive faire, c'est de vous
dire en quelques mots les raisons qui l'obligèrent
à partir pour Vichy.

En 1676, Mme de Sévigné avait atteint la
cinquantaine sans même savoir ce qu'était la
maladie. Heureuse ignorance ! Aussi, comme tous
les gens bien portants, avait-elle une extrême
insolence, le mot est d'elle, à l'égard de l'hygiène.
Elle finit par s'en repentir, suivant la loi commune.

De tout temps, elle avait aimé la campagne
avec passion. Chaque année, elle passait une
bonne partie de l'automne en Bretagne dans son
château des Rochers dont elle dirigeait et sur-
veillait les embellissements avec amour.

Il faut lire avec quel enthousiasme elle décrit
le triomphe du mois de mai, quand le rossignol

et le peuple ailé des oiseaux ouvrent le printemps dans la forêt. Elle a des accents émus et attendris pour décrire la mélancolie de l'automne, « de ces beaux jours de cristal » qui servent de transition entre l'été et l'hiver.

Son admiration était telle qu'elle s'y absorbait, et qu'en plein mois d'octobre, elle prolongeait jusqu'à la nuit ses rêveuses promenades dans les belles allées de son parc séculaire.

« Je fus avant-hier soir, dit-elle, me promener délicieusement avec la lune ; j'y fus depuis six heures du soir jusqu'à minuit, et je me suis fort bien trouvée de cette petite équipée. » S'en étant si bien trouvée, elle renouvela l'équipée, mais cette fois elle fut punie par un rhumatisme articulaire qui lui paralysa tout le côté droit, et mit ses jours en danger.

Il fallait vraiment qu'elle eût une constitution de fer pour résister, non pas à la maladie, mais aux médecins de l'époque.

Appelé d'urgence, le médecin de Vitré commença par la saigner au pied ; c'était, vous le savez, le fond de la médecine ; puis on lui fit prendre une poudre du docteur de Lorme, alors âgé de quatre-vingt-douze ans. Médecin de Henri IV et de Louis XIII, il était une des célébrités médicales et des personnalités les plus originales de son temps. Il paraît qu'avec sa coiffe d'étoffe sur la tête, son habit de satin à fleurs, ses bas couleur de rose, il avait la plus plaisante figure qu'il fût possible d'imaginer.

La poudre du docteur de Lorme passait pour

être un souverain remède à tous les maux imaginables. C'était quelque chose comme la fameuse revalescière du Barry, dont, pendant un temps ont été couvertes les murailles de nos villes et les quatrièmes pages de nos journaux.

Elle avait sur la revalescière une supériorité que nous révèle Mme de Sévigné. C'était « de rendre la tête nette et légère et capable de faire des vers, si on voulait s'y appliquer ».

Voilà donc, vous m'avouerez, une poudre merveilleuse ; non seulement elle guérissait toutes les maladies imaginables et surtout imaginaires ; mais encore elle transformait en poètes les malades qui l'absorbaient.

Quel malheur que la recette en soit perdue ; elle remédierait à cette disette de poésie dont est affligé notre dix-neuvième siècle.

Ce qui est fait pour nous consoler, tout en nous rendant sceptiques à l'égard des vertus multiples de cette poudre merveilleuse, c'est qu'elle guérit imparfaitement Mme de Sévigné.

La paralysie disparut ; mais les pieds et les mains restèrent enflés.

Les mains, notamment, lui refusaient tout service ; une petite cuiller à soulever lui paraissait la machine du monde ; c'est tout au plus si elle était encore capable d'écrire journellement à sa fille ces lettres qui devaient leur assurer à toutes deux l'immortalité.

Inquiète, Mme de Sévigné consulta.

« J'ai vu, dit-elle, les meilleurs ignorants de Paris qui me conseillent de petits remèdes si différents pour mes mains que, pour les mettre d'accord, je n'en fais aucun. »

Vous voyez que, si la maladie avait ôté à Mme de Sévigné quelque peu de son insolence à l'égard de l'hygiène, elle la lui avait laissée tout entière à l'égard de la médecine.

Pour être juste, il faut dire que ces meilleurs ignorants de Paris étaient tous d'accord sur ce point que l'illustre malade devait prendre les eaux.

Mais ce bel accord, si rare entre médecins, n'allait pas plus loin ; ils se divisaient de plus belle sur les eaux qu'il fallait prendre. Les uns, et à leur tête le docteur de Lorme, préconisaient les eaux de Bourbon.

Tallemant des Réaux, qui est l'une des plus mauvaises langues de cette époque, où il y en avait tant de détestables, ce qui ne veut pas dire, entre parenthèses, qu'il n'y en a plus de nos jours (les méchantes langues sont une espèce que le monde ne me paraît pas en danger de perdre), Tallemant des Réaux, l'auteur de ces historiettes aussi spirituelles que médisantes, nous insinue la raison pour laquelle le docteur de Lorme était si partisan de Bourbon.

Avant lui, les eaux de Bourbon étaient fort négligées, au grand chagrin des habitants à qui la présence des seigneurs et des dames eût rapporté de fort beaux bénéfices. Aussi, en gens pratiques qu'ils étaient, ils avaient, d'après Tallemant des Réaux, passé un petit traité avec le docteur de Lorme, traité aux termes duquel ils lui assuraient une somme de je ne sais combien de pistoles pour chaque malade qu'il leur enverrait.

La conséquence c'est qu'en 1676, Bourbon était l'une des villes d'eaux les plus fréquentées de France et de Navarre.

Mme de Sévigné eut-elle quelque soupçon de ce petit traité, fût-ce au contraire le nombre des malades qui l'effraya, comme elle le dit elle-même? toujours est-il qu'après avoir hésité elle écarta complètement l'idée d'un voyage à Bourbon.

Il y eut peut-être une troisième raison pour la décider ; c'est qu'il courait alors sur les eaux de Bourbon mille bruits fâcheux dont nous donne une idée le sonnet suivant qu'à ce titre je vous demande la permission de vous lire :

Toujours boire sans soif, faire mauvaise chère,
Du médecin Griffet, écouter le conseil,
Voir de mille perclus le funeste appareil,
Se trouver avec eux compagnons de misère.

Sitôt qu'on a dîné, ne savoir plus que faire,
Éviter, avec soin, les rayons de soleil,
Se garder du serein, éviter le sommeil,
Et voir pour tout régal, arriver l'ordinaire.

Quoiqu'on meure de faim, n'oser manger son saoul,
Tendre docilement, les mains, les pieds, le cou,
Dessous un robinet aussi chaud que la braise.

Ne manger aucun fruit, ni pâté, ni jambon,
S'ennuyer tout le jour assis dans une chaise,
Voici, mes chers amis, les plaisirs de Bourbon !

Vous m'avouerez qu'il n'y avait rien de bien séduisant dans cette peinture de la vie que menaient à Bourbon ceux qui y allaient prendre les eaux, et l'on comprend que Mme de Sévigné n'ait pas voulu courir le risque de « s'ennuyer tout le jour assise sur une chaise ».

Bourbon écarté, restait Vichy dont l'abbé Fléchier avait fait récemment un tableau enchanteur dans le récit de son voyage en Auvergne. « On y alloit, non pas tant pour sa santé que par amusement. » Vichy avait une autre supériorité : celle du médecin. Au lieu de Griffet, dont j'ai parlé tout à l'heure, il y avait un savant, « homme du monde » auquel s'appliquait en tous points le portrait suivant :

> ...L'aimable homme, c'est un modèle
> que devroient suivre ses rivaux :
> il veut que les buveurs respirent
> le plaisir en tout temps, la joie à tout propos...
> Comme l'eau fait d'ailleurs naître un grand appétit,
> il les exhorte, il leur prescrit
> de faire
> surtout bonne chère
> et de ne dormir que la nuit !

Ah ! que voilà une engageante ordonnance ! Mme de Sévigné n'hésita pas, et elle partit pour Vichy le 11 mai 1676.

Avant de se mettre en route, elle ne fit venir ni son confesseur, ni son notaire, comme c'était alors l'usage. Ne croyez pas que je plaisante. Voyager n'était pas sans danger. Il y avait des endroits où les chemins étaient si défoncés, qu'il fallait descendre de voiture et se faire porter en litière sous péril de la vie.

Néanmoins, Mme de Sévigné fit venir le docteur de Lorme qui, cette fois, prit sa revanche. Avant de la laisser partir, il la saigna de nouveau.

En 1676, la Faculté avait décrété qu'on ne pouvait sans danger de mort prendre les eaux de Vichy sans une bonne saignée préliminaire. Nous sommes aujourd'hui plus heureux ; car elle nous en dispense sans toutefois nous menacer de mort.

La voilà donc sur la route de Moulins avec une de ses bonnes amies, la duchesse d'Escars. Elles sont, c'est elle-même qui le dit, fort agréablement et très à l'aise dans son grand carrosse attelé de six chevaux, conduits par un cocher célèbre, le seul en qui elle ait confiance.

Elles devisent entre elles de choses et d'autres et surtout du prochain ; tantôt, « elles admirent les belles vues dont elles sont surprises à tout instant ». Mme de Sévigné salue avec joie les rives de la Loire qu'elle est heureuse de revoir à l'égal d'une amie ; tantôt enfin, elle lit l'*Histoire des Vizirs*, qui l'intéresse énormément.

C'était le livre qui avait alors la vogue ; il y a longtemps qu'il est tombé dans l'oubli.

Rien de tout cela ne l'empêche, dès la première étape, de noter tout ce qu'elle voit, entend ou rencontre sur la route ; elle recueille tout, comme le meilleur de nos reporters pourrait le faire aujourd'hui, et voici ce qu'elle nous apprend.

Par un curieux hasard, sa voiture se trouve suivre celle de Mme de Montespan qui se rendait à Bourbon pour y prendre les eaux, et voici qui va vous prouver comme notre guide est à l'affût de toutes les nouvelles.

« Nous suivons les pas de Mme de Montespan, nous nous faisons conter partout ce qu'elle dit, ce qu'elle fait, ce qu'elle mange, ce qu'elle dort. »

Voilà, n'est-il pas vrai, du reportage qui peut rivaliser avec celui du *Figaro*.

Elle continue :

« Mme de Montespan est dans une calèche à six chevaux avec la petite de Thianges. Elle a un carrosse derrière attelé de la même sorte avec ses filles ; elle a deux fourgons, six mulets et dix ou douze cavaliers à cheval. Sans ses officiers, son train est de quarante-cinq personnes. Elle trouve sa chambre et son lit tout prêts en arrivant, elle se couche et mange très bien. »

Tout le monde ne pouvait pas se permettre un pareil luxe d'équipages.

Mme de Sévigné nous raconte aussi les péripéties de son propre voyage, moins une seule qui nous est rapportée par Bussy-Rabutin, encore une des bonnes langues du dix-septième siècle ! Le château de Bussy étant sur sa route, elle s'y est arrêtée, et Bussy, par galanterie, avait mis à sa disposition son carrosse et son cocher. Rien n'avait pu décider Mme de Sévigné à accepter cette offre, ne voulant pour rien au monde se fier à la conduite d'un étranger.

Et voilà qu'à une lieue de là, son fameux automédon la fit verser au milieu du plus beau chemin du monde.

Pour ajouter au piquant de l'aventure, il se trouva qu'au moment de l'accident, elle parlait de l'histoire de don Quichotte. Jugez si elle fut plaisantée par le malicieux Bussy. Il paraît toutefois que sa chute ne l'étourdit pas et que remettant le chapitre de don Quichotte à une meilleure occasion, elle consentit à se confier au cocher de Bussy, que dès l'abord elle avait tant méprisé.

Par bonheur, personne n'avait été blessé et l'on en fut quitte pour la peur.

Ce furent là les plus graves incidents du voyage ; j'ai hâte de la mener à Vichy où elle arrive au bout de dix jours, moulue de fatigue, si nous en jugeons par cette réflexion philosophique : « Les voyages usent le corps comme les équipages. »

Mais les fatigues de la route sont oubliées quand apparaît Vichy avec les murailles et les hautes tours qui lui servaient de ceinture et lui donnaient un aspect plus pittoresque qu'aujourd'hui.

Oui, toutes les misères du voyage sont oubliées quand au bord de l'Allier, à une heure de la ville, elle rencontre les amis venus au-devant d'elle pour fêter son arrivée.

C'était la duchesse de Brissac, la chanoinesse de Longueville, l'abbé Dorat, MM. de La Fayette, de Planci ; bien d'autres que j'oublie.

Ceux-ci à cheval, ceux-là en carrosse l'accompagnent à Vichy, lui ménageant ainsi une sorte d'entrée triomphale.

Cette petite ovation s'adressait moins à l'amie qu'ils étaient heureux de fêter et de revoir qu'à la renommée qu'elle s'était conquise dans le monde de la Cour par les grâces de son esprit. Au dire de Saint-Simon, qui pourtant est un juge sévère, « Mme de Sévigné avait tant d'esprit qu'elle en prêtait par sa conversation à ceux qui n'en avaient pas. »

Pendant son séjour à Vichy, Mme de Sévigné a écrit à sa fille une quinzaine de lettres et ces quinze lettres sont la gazette, l'écho de Vichy pendant la saison de 1676.

Traitement, noms des baigneurs «ou des buveurs» comme on disait alors, portraits à la plume, et quelle plume que la sienne ! distractions, tableau du pays, tout y trouve sa place. C'est bien là qu'il faut étudier, sur le vif et d'après nature, la vie des eaux pendant le dix-septième siècle.

Et tout d'abord le traitement, car c'était l'essentiel, bien que déjà, comme de nos jours, on ne comprît guère les eaux sans quelques distractions. Aussi les divertissements y étaient-ils des plus nombreux et les baigneurs hésitaient d'autant moins à en profiter que d'après le *Mercure galant de France*, le journal à la mode, la joie était fort nécessaire pour faire profiter les remèdes.

Mme de Sévigné, qui n'était venue à Vichy que pour se guérir, fut d'un autre avis et vous allez juger avec quelle ponctualité exemplaire elle s'acquitte de ses devoirs de malade.

« J'ai donc pris des eaux ce matin, ma très chère, ah ! qu'elles sont méchantes. On va à six heures du matin à la fontaine, tout le monde s'y trouve ; on boit et l'on fait une fort mauvaise mine, car imaginez-vous qu'elles sont bouillantes et d'un goût de salpêtre fort désagréable. J'en ai bu douze verres. »

Que dites-vous de ces douze verres d'eau pour

son début? Aujourd'hui c'est un maximum ; il est vrai que les estomacs du dix-neuvième siècle ne sont pas aussi solides que ceux du dix-septième. Pour ma part je ne m'étonne guère de la mauvaise mine que faisaient les nouveaux arrivants à partir du quatrième ou du cinquième verre.

C'était ainsi qu'on prenait les eaux en 1676. Les bains et les douches étaient alors l'exception ; aussi disait-on d'une personne qui allait à Vichy ou à Barèges qu'elle « buvait » à Vichy ou à Barèges.

Pour se reconnaître au milieu de ces innombrables verres d'eau, les dames portaient à la ceinture et les cavaliers à leur boutonnière, de petits cadrans d'ivoire qui marquaient seize points destinés à contrôler le nombre des verres absorbés. Il suffisait après chaque verre de mouvoir d'un degré l'aiguille sur le cadran. Il paraît que ces cadrans se prêtaient parfois à d'innocentes supercheries en permettant d'escamoter de loin en loin un ou deux verres ; de sorte qu'à vrai dire, le traitement gagnait fort peu de chose à cette invention. Hélas, Mme de Sévigné n'était qu'au début de ses peines, et elle ne devait pas tarder à faire une bien plus mauvaise mine, pour me servir de son expression.

Ce fut le jour où elle prit sa première douche. Pour se faire une idée de ce qu'elle endura, il faut s'imaginer ce qu'étaient Vichy et les autres villes d'eaux de l'époque.

On n'avait pas la moindre idée de ces magnifiques établissements qui existent aujourd'hui, du luxe d'installation ou du confort auquel ils nous ont habitués.

En 1676, la maison du roi, ou la maison des bains, était une atroce petite masure, où certainement il n'y avait pas dix baignoires. Quant au cabinet de douches, il était encore plus rudimentaire : il était établi dans un souterrain, et l'appareil de chauffage était si défectueux qu'il remplissait le souterrain de vapeur et de fumée, de façon à en rendre le séjour des plus pénibles.

Aussi comprend-on la vive émotion qu'éprouva Mme de Sévigné en y pénétrant pour la première fois, émotion qu'on retrouve dans le récit qu'elle adresse le soir même à sa fille.

« J'ai commencé aujourd'hui la douche ; c'est une assez bonne répétition du purgatoire. »

N'en déplaise à Mme de Sévigné, il me semble que le purgatoire doit être beaucoup plus terrible que cela.

Elle continue :

« On est dans un petit lieu sous terre ; j'avois voulu mes deux femmes de chambre pour avoir quelqu'un de connaissance. Derrière la porte se met quelqu'un qui vous soutient le courage pendant une demi-heure. C'étoit pour moi un médecin de Gannat que Mme de Noailles amène à toutes ses eaux.

« Je le retiens, car ceux d'ici me sont insupportables ; il m'amuse, il a de l'esprit, de l'honnêteté, il connaît tout le monde. Il me parloit donc à travers la porte pendant que j'étois au supplice. Représentez-vous un jet d'eau toute la plus bouillante que vous puissiez vous imaginer et dont on est inondée. »

Je suis obligé, à mon vif regret, d'abréger cette lettre, qui est d'ailleurs assez longue ; elle constitue la plus curieuse analyse psychologique qui ait été faite de la douche.

Elle nous décrit toutes les sensations qu'elle éprouve pendant cette averse brûlante qu'elle subit pendant une demi-heure.

Une demi-heure ! vous entendez? Je ne conseillerais à personne d'imiter son exemple. D'ailleurs, elle nous dit qu'en sortant de ce purgatoire elle n'en pouvait plus, et qu'elle resta une heure, au moins, sans ouvrir la bouche.

Voilà qui donne la mesure de son épuisement ; il fallait vraiment qu'on fût à bout de forces pour passer une heure sans prononcer une parole.

En revanche, son courage lui mérite l'admiration universelle ; elle fut le prodige de Vichy pour avoir si bien soutenu cette dure épreuve qu'elle renouvela encore sept fois.

Huit douches, autant de bains et environ deux cents verres d'eau, tel fut le résumé de son traitement et nous pouvons dire qu'elle employa bien sa saison.

Pour en finir avec le traitement, voilà une scène de mœurs qui nous est racontée par Mme de Sévigné avec une pointe de malice qui ne laisse pas que d'être plus acérée que de coutume.

L'héroïne de la scène est Mme de Brissac, la sœur du duc de Saint-Simon, l'auteur des *Mémoires*. Mme de Brissac était l'une des plus belles et des plus coquettes personnes de son temps ; au dire de Mme de Sévigné, il y avait trois choses qu'elle aimait par-dessus tout : « Briller, danser et fricasser chair et poisson. » Même lorsqu'elle était malade, elle aimait encore à briller, et elle cherchait à tirer parti de sa pâleur pour donner un aspect nouveau à sa beauté.

Toutes les occasions lui étaient bonnes pour cela. Il en est une que Mme de Sévigné a mise en relief avec un comique que Molière n'eût pas dépassé. Voici la scène : elle perdrait à être abrégée.

« Mme de Brissac avoit aujourd'hui la colique ; elle étoit au lit belle et coiffée à coiffer tout le monde. Je voudrois que vous eussiez vu l'usage qu'elle faisoit de ses douleurs et de ses yeux et des cris, et des bras et des mains qui traînoient sur sa couverture et les situations, et la compassion qu'elle vouloit qu'on eût chamarrée de tendresse et d'admiration. Je regardois cette pièce et je la trouvois si belle que mon attention a dû paraître un saisissement dont je crois qu'on me saura bon gré et songez que c'étoit pour l'abbé Bayard, Saint-Hérem, Montjeu et Planci que la scène étoit ouverte. »

De nos jours, Vichy ne revoit plus de scènes pareilles et l'on ne convoque plus ses amis comme le faisait Mme de Brissac pour prendre devant eux des airs intéressants.

Bien que jeune encore et « belle à coiffer tout le monde », suivant le joli mot de Mme de Sévigné, Mme de Brissac était une survivante de ces précieuses, à qui Molière avait donné le coup de grâce par sa comédie des *Précieuses ridicules*.

Mme de Brissac ne s'en tint pas là ; après avoir donné à ses amis le spectacle de sa souffrance, elle voulut leur offrir la comédie de sa guérison. Elle les fit assister à tous les détails d'une comédie pleine de langueur ; Mme de Sévigné résume ces détails en disant qu'il lui faudrait des volumes pour décrire tout ce qu'elle découvre dans ce *chef-d'œuvre des cieux*. C'est ainsi qu'elle appelle Mme de Brissac.

Heureusement que la duchesse ne connut jamais cette lettre ; sans cela, je crois que cette fois-là elle eût été malade pour tout de bon.

Ce n'est pas seulement de Mme de Brissac qu'elle nous trace le piquant portrait ; chacun vient à son tour poser devant elle et, en quelques coups de plume, apparaît, pleine de vie et de relief, la physionomie du patient.

Je suis obligé de sacrifier ce côté de sa correspondance, car la plupart des baigneurs de 1676 sont inconnus dans l'histoire et leurs portraits m'entraîneraient à trop de détails.

Je dois pourtant vous en citer quelques-uns pour vous montrer ce qu'était la société de Vichy à cette époque.

C'était l'abbé Bayard, un savant et un lettré qui habitait dans les environs un château orné de chênes séculaires ; aussi l'appelait-on pour cette raison « le Druide Adamas ». C'était le marquis de Saint-Hérem, l'obligeance personnifiée qui faisait la joie de ses amis par ses distractions aimables. Sa femme, Mme de Saint-Hérem, qui s'était rendue célèbre par ses ridicules. Quand il tonnait, elle se couchait sous un lit de repos sur lequel elle empilait toutes ses femmes de chambre, dans l'espoir que si la foudre venait à tomber, elle perdrait son effet sur ses servantes avant d'arriver jusqu'à elle.

Voilà un genre de paratonnerre auquel Franklin n'a pas songé.

C'est encore elle qui, prenant un bain dans je ne sais plus quelle rivière et « trouvant l'eau un peu froide, avait fait jeter tout à l'entour quantité d'eau chaude dont elle avait été atrocement grillée ».

Puis venait Mme de Pecquigny, qui, prenant Vichy pour une fontaine de Jouvence, venait s'y guérir de ses quatre-vingts ans, et pour se persuader qu'elle y avait réussi, se travestissait en jeune personne. On l'appelait la Sibylle de Cumes ; enfin c'était M. de la Fayette, le fils de son illustre amie, l'auteur de la *Princesse de Clèves;* M. de Planci et d'autres encore que j'oublie. En voilà assez pour vous permettre d'apprécier la société que Mme de Sévigné allait égayer de son esprit et charmer de sa grâce. La journée était longue de six heures du matin à dix heures du soir ; que faisait-on pour la passer?

« Dès six heures du matin, tout est en l'air : coiffure poudrée, frisée, bonnet à la bascule, rouge, mouches, petite coiffe qui pend, éventail, corps de jupe long et serré, c'est pour pâmer de rire », s'écrie Mme de Sévigné qui ne perd pas une aussi belle occasion de passer au crible de ses critiques toutes les toilettes de Vichy.

Et elle a le temps de les examiner, car « de six heures du matin à midi, on va, on vient, on se promène, on entend la messe, on boit ses douze verres d'eau.

« A midi c'est l'heure du dîner.

« Après-midi l'on se retrouve en visites, si le temps est mauvais, et, s'il fait beau, on va se promener le long de l'Allier et dans les mille petits bois qui le bordent. On fait salon dans quelque belle clairière. »

De là, le nom de salon que quelques-unes d'entre elles ont conservé. C'est là que, sur la mousse verte des prairies, au doux murmure de l'Allier, se réunissait la société que je viens de vous dépeindre et l'après-midi se passait à entendre des sérénades ou à causer.

Jamais, vous le savez, l'esprit de société ne fut plus développé qu'à cette époque, comme jamais aussi ne brilla d'un plus vif éclat ce mélange d'esprit et de sérieux, de malice et d'abandon, de frivolité et de science qui constitue ce genre si éminemment français de la conversation.

Jamais la causerie ne fut plus étincelante, abordant tous les sujets comme le papillon de ses ailes légères effleure les roses d'un jardin.

Les nouvelles de la Cour depuis les plus insignifiantes jusqu'aux plus graves, les questions de toilette, les rivalités, les duels, les projets de mariage, les petits scandales, tout était occasion de causerie.

Il n'y avait point ou peu de journaux. C'était la conversation qui en tenait lieu. C'était aussi, je vous l'ai dit, le siècle de la médisance ; aussi le prochain faisait-il les frais de la conversation aussi bien aux bords de l'Allier que sous les lambris de Versailles.

C'est ce qu'on appelait alors « dire un *pauvre mot du prochain* ». Ne trouvez-vous pas que l'épithète était assez mal placée et qu'elle se fût mieux appliquée au prochain?

C'est le cri du cœur qui échappe à Mme de Sévigné quand elle écrit à sa fille :

« Comme le prochain est plaisant ! surtout quand on a dîné. »

Donc on s'amusait du prochain, et c'était un feu roulant d'éclats de rire et d'historiettes à ses dépens.

Celui-ci racontait les débuts de M. de Coulanges, cousin de Mme de Sévigné, dans la carrière parlementaire.

Dans la première affaire qui lui fut confiée, il s'agissait d'une petite mare que se disputaient deux plaideurs, dont l'un portait le nom de Grappin, nom qu'il justifiait par son acharnement. M. de Coulanges s'embrouilla si bien dans son rapport que, ne sachant comment s'en tirer, il salua le Parlement et se rassit en disant : « Pardon, messieurs, je me noie dans la mare de Grappin et je suis votre serviteur. »

Ce bel exploit mit fin à une carrière commencée sous d'aussi brillants auspices.

Mais la conversation avait aussi des visées plus hautes : la littérature, les arts, l'éloquence de la chaire, la guerre y avaient leur part.

Dans ces belles années du siècle de Louis XIV, toutes les gloires semblaient s'être donné rendez-vous pour servir de satellites à ce soleil qu'il avait pris pour emblème.

Dans les lettres : Corneille, Racine, Molière, La Fontaine avaient fait de notre littérature une littérature sans égale.

La chaire retentissait des accents de Bossuet, de Fléchier, de Massillon, de Bourdaloue, qui frappaient sans pitié les vices de l'époque, arrachant en pleine église au maréchal de Grammont cette exclamation : « Morbleu, vous avez raison ! » ce qui, naturellement, interrompit le sermon, mais ce qui n'en était pas moins le plus bel éloge.

Dans les choses de la guerre : Turenne, Condé, Villars, Luxembourg, et durant cette année 1676 : Bouchain, Condé, Valenciennes, Saint-Omer conquis et occupés sous les yeux de Louis XIV.

Et comme ces noms de victoires faisaient battre le cœur à toutes ces femmes et à toutes ces mères dont les maris et les fils faisaient partie de l'armée.

Dans les arts, même épanouissement ; c'était le temps où le Louvre s'achevait, où commençait Versailles, où le peintre Le Brun peuplait leurs splendeurs de ses riches peintures ; c'était le temps où l'Opéra était créé, où sortait de terre l'Hôtel des Invalides, monument élevé pour attester la reconnaissance nationale, mais dont l'existence n'en a pas moins été menacée par la suite.

C'était le temps où les routes, où les ports

étaient améliorés, où le canal du Languedoc, plus heureux que le canal du Nord, était ouvert à la navigation.

La monarchie a eu elle aussi son grand programme de travaux publics, mais elle a fait plus que de promettre : elle a exécuté avec une ponctualité vraiment royale.

Excusez-moi de m'être attardé dans ces souvenirs ; mais dans le temps où nous vivons, à l'heure où les promesses ne sont guère tenues, on aime à étudier l'histoire du passé, car c'est là qu'on se sent revivre, c'est là qu'on retrouve l'espérance. Oui, l'on se dit que le présent n'est qu'un épisode fugitif de notre histoire et que la France reverra tout ce qu'il y avait de grand et de glorieux dans le passé.

Quels sujets inépuisables pour la conversation, que d'appréciations piquantes sur les hommes et sur les choses, les unes confirmées, les autres contredites par la postérité.

Mais la causerie, quelque spirituelle qu'elle soit, ne peut pas durer toujours.

D'ailleurs, il faut « se garder contre la fraîcheur du soir ». Le rhumatisme a rendu prudente Mme de Sévigné. Elle rentre et l'on se met à jouer aux cartes, ce qui la plonge aussitôt « dans un doux sommeil, car elle ne put jamais y trouver de plaisir ».

Pour la réveiller, ses amies ont un moyen bien simple : c'est de lui demander des nouvelles de sa fille. Elle ne se fait pas prier et elle leur lit la lettre reçue le matin.

Comme elle est fière du murmure admirateur que cause cette lettre !

Ou bien encore, pendant que ses amies s'amusent au jeu d'hombre, elle écrit les lettres dont je ne vous donne ici qu'une froide et imparfaite analyse. « Elle fait trotter sa plume sur le papier, elle lui met la bride sur le cou » et, comme elle le dit dans son délicieux langage « elle donne à sa fille la fleur de son esprit, de sa tête, de ses yeux, de son cœur, de sa plume, de son écritoire et le reste va comme il peut ».

Aussi, comme « elle est reconnaissante à MM. les postillons qui sont sans cesse sur les grands chemins pour porter ou rapporter des lettres ».

En songeant qu'elle ne les laisse pas chômer un seul jour de la semaine et que pour elle ils courent nuit et jour la campagne, elle s'écrie : « Ah ! les honnêtes gens ! Qu'ils sont obligeants et que c'est une belle invention que la poste ! »

Et, mon Dieu ! je n'y contredis pas, car somme toute, c'est à la fidélité de MM. les postillons que nous devons ces lettres qui nous initient à la vie intime de la société française, infiniment mieux que de gros in-folio poudreux, remplis de dates de traités, de batailles, de tout ce qui constitue le lourd et indigeste bagage de l'Histoire.

Ceci n'en est que la menue monnaie, mais son métal en est tout étincelant comme au sortir du creuset et il est marqué au coin de la grâce et de l'esprit français.

Je suis pourtant obligé de reconnaître que le service de la poste laissait beaucoup à désirer. Les lettres n'arrivaient qu'une fois par jour à Vichy où elles étaient apportées par « un petit messager crotté », lequel s'en retournait un quart d'heure plus tard.

C'était le seul courrier de la journée. Ceux qui voulaient répondre le même jour n'avaient donc qu'un quart d'heure pour le faire.

Depuis 1676 nous avons fait quelques progrès à cet égard, faible compensation de ce qu'à tant d'autres nous avons perdu. Vous allez en juger.

Mme de Sévigné nous dit que les gens du pays étaient fort heureux de voir arriver des baigneurs, car c'était pour eux une source de grands profits. Ils étaient pleins de prévenances pour les étrangers.

« Je suis accablée de présents, nous dit-elle ; c'est la mode du pays, où d'ailleurs la vie ne coûte rien : on a pour trois sous deux poulets et tout à proportion. »

Hélas ! je crois que si en 1676 c'était la mode du pays d'accabler les étrangers de présents, la mode en est bien passée. Si la vie n'y coûtait rien, il n'en est plus de même, et quant à trouver deux poulets pour trois sous, je crois que ce serait absolument impossible quand bien même les poulets seraient encore dans l'œuf. Mais ce que je retiens, c'est qu'à cette date la vie était à un bon marché fabuleux et que, si tels étaient les prix pour les étrangers, le vœu du bon roi Henri IV devait être bien près de se réaliser.

Et cependant il n'y avait pas de libre-échange.

Il en résulte donc que le libre-échange n'est pas absolument nécessaire pour avoir la vie à bon marché. C'est un argument que je signale en passant aux protectionnistes qui, jusqu'à présent, ne se sont pas, que je sache, prévalus de l'autorité de Mme de Sévigné.

Mais voilà que ses amis la quittent, car leur traitement s'achève avant le sien ; elle va se trouver seule. Ne la croyez pas capable d'ennui. « Sa solitude ne lui déplaît pas, pourvu qu'on lui laisse le pays charmant, la rivière l'Allier, les ruisseaux, les prairies, les magnifiques ombrages du couvent des Célestins », aujourd'hui détruit. « Je consens, s'écrie-t-elle, à dire adieu à tout le reste, le pays seul me guériroit ! »

Et voici ce qu'à peu près à la même époque, un autre admirateur de ces lieux écrivait en vers :

> Auprès de toutes ces merveilles,
> Qui sont peut-être sans pareilles,
> Je n'estimerois pas un clou
> Le paysage de Saint-Cloud,
> Non plus que celui de Suresne
> Arrosé des flots de la Seine,
> Et qui vante Montmorency
> N'a rien vu, s'il n'a vu ceci.

Devinez de qui sont ces vers?

Ils sont de Fléchier, de l'évêque de Tulle, de la main qui a écrit l'oraison funèbre de Turenne, qu'ils ne valent pas, pas plus que la description si pleine de vie de Mme de Sévigné.

Elle a aussi des amis muets pour lui tenir compagnie : ce sont ses livres.

Je sais bien qu'elle n'a pas emporté à Vichy ses grands in-folio qu'elle dévore à la campagne les jours de pluie. Je dis dévore, car il ne lui fallait que dix jours pour lire les œuvres complètes de saint Augustin.

A Vichy, elle a une bibliothèque plus portative. Ce sont les *Essais de morale* de Nicole, encore un livre qui, lorsque par hasard il figure dans nos bibliothèques, y dort d'une paix profonde. Il charmait tellement Mme de Sévigné qu'elle aurait voulu « faire un bouillon de ce traité pour l'avaler ».

Voilà un bouillon qui ne romprait pas le jeûne et qu'on peut se permettre en carême.

Elle lit encore une *Histoire des Croisades* et elle en est ravie parce qu'elle rencontre à chaque page des Adhémar et des Castellane, tous parents de son gendre M. de Grignan.

Quant à l'histoire romaine, elle ne peut pas la souffrir parce qu'on n'y rencontre ni parents, ni amis, pas même des noms de connaissance.

Aussi a-t-on idée d'une pareille histoire ! Ainsi « le temps fuit comme s'il avait des ailes » et elle arrive à la fin de son traitement.

Aussitôt libre, elle repart pour Paris récompensée de son héroïsme, car elle est à peu près guérie, et elle a renouvelé pour vingt années un bail de vie et de santé.

A Paris, elle retrouve le docteur de Lorme qui lui fait assez « grise mine » pour avoir préféré, malgré ses conseils, les eaux de Vichy à celles de Bourbon. Ce qui le piquait le plus c'était de la retrouver guérie.

La Faculté pardonne bien aux malades de mourir en suivant ses prescriptions, mais elle ne leur pardonne guère de se guérir après avoir enfreint ses conseils. Aussi la cure de Mme de Sévigné a-t-elle fait l'objet d'études rétrospectives. Des savants ont écrit de gros volumes pour démontrer qu'elle a tout fait au rebours.

Ils ont pris parti pour le docteur de Lorme. C'est à Bourbon qu'elle devait aller, Vichy ne lui convenait pas. Les douze verres d'eau devaient lui détruire l'estomac ; administrée comme elle le fut, la douche était faite pour la tuer ; en un mot, sa cure n'a été qu'un long paradoxe médical, et, pour le principe, il eût été à désirer qu'elle mourût.

Je n'ai pas la compétence nécessaire pour prendre parti dans cette grande discussion.

Pour moi, comme pour vous sans doute, les meilleures eaux sont celles qui guérissent le malade, fût-ce contre tous les principes.

C'est ce qu'ont fait celles de Vichy pour Mme de Sévigné.

C'en est assez pour qu'elles méritent notre gratitude, comme elles ont mérité la sienne. Elle a d'ailleurs reconnu les bienfaits de Vichy en y retournant l'année suivante par reconnaissance.

Voilà donc Mme de Sévigné rentrée à Paris ; il ne me resterait plus qu'à prendre congé du guide qui a tant facilité ma tâche, si je n'avais à vous exprimer une pensée suggérée par deux lignes de sa merveilleuse correspondance.

En apprenant à sa fille que pour la première fois de sa vie la maladie l'avait frappée, Mme de Sévigné lui disait : « Jusque-là, je caressois la chimère d'être immortelle » et ailleurs elle ajoute : « Ah ! si je pouvois seulement vivre deux cents ans. »

Son souhait est rempli, mais d'une autre manière qu'elle l'entendait. Elle a vécu deux cents ans, et elle vivra bien davantage dans notre histoire littéraire : elle y vivra tant que la pureté, l'élégance, la vivacité du style auront en France des appréciateurs.

Mais il est heureux pour elle de n'avoir pas vécu deux cents ans, comme en riant d'ailleurs, elle disait en caresser la chimère.

Je sais bien qu'à certains égards, notre dix-neuvième siècle lui ménagerait des douceurs inconnues de son temps. Les trains express ne lui feraient pas regretter les carrosses ; la douche est aujourd'hui, Dieu merci ! moins terrible qu'en 1676 ; les facteurs sont, sinon plus fidèles, au moins plus nombreux que MM. les postillons ; les hôtels de Vichy sont autrement confortables que la maison qu'elle y habitait jadis ; au lieu de médecins comme le bonhomme de Lorme, elle trouverait partout des savants qui unissent à la science un dévouement sans bornes, et sont l'honneur de leur grande et noble profession.

Mais à d'autres égards, que de déceptions, que de douloureuses métamorphoses !

Cette société brillante du siècle de Louis XIV, où la retrouverait-elle aujourd'hui?

Qu'est devenu l'esprit de société alors florissant? Aujourd'hui, la causerie est morte ! De même qu'au lieu d'écrire on télégraphie, on parle au lieu de causer.

Deux choses ont tué la conversation : le journal et le cigare.

Figurez-vous Mme de Sévigné voyant, après un grand dîner, tous ses invités l'abandonner pour le cigare ou la cigarette !

Elle qui détestait le café, quelle haine ne vouerait-elle pas au tabac?

La voyez-vous aussi, cette lectrice assidue de Descartes et de Nicole, la voyez-vous s'initier à notre littérature moderne et, pour ses débuts, tombant sur les livres de Zola, *Pot-Bouille* ou *l'Assommoir*.

Au lieu du *Mercure galant*, le journal à la mode dans ses belles années, la voyez-vous ouvrant *l'Intransigeant*, le *Forçat* ou *la Citoyenne* d'Hubertine Auclerc?

La voyez-vous enfin à l'Élysée ou au Palais du quai d'Orsay, au milieu d'une des fêtes officielles? comme elle sourirait de pitié au souvenir des fêtes grandioses d'autrefois !

Comme elle serait dépaysée au milieu des femmes que les hasards de la politique ont appelées à faire les honneurs de ces palais dont elles ne sont que les fugitives locataires !

De son temps, la France était connue en Europe pour sa courtoisie. L'est-elle encore aujourd'hui?

De son temps, le doge de Gênes venait à Versailles faire réparation à Louis XIV outragé.

De nos jours, la légèreté, l'imprévoyance, le laisser-aller de certains personnages politiques obligent parfois la France à l'humiliation de présenter les excuses qu'elle recevait autrefois.

Mais elle aurait d'autres causes de regrets et de chagrin.

Après avoir vu à l'œuvre Colbert, le restaurateur de nos finances ; Louvois, le ministre de la Guerre ; Vauban, qui avait entouré la France d'une triple rangée de forteresses, que penserait-elle de certains de leurs successeurs?

Elle qui avait vu le grand Condé, le vainqueur de Rocroi et de Lens, que dirait-elle de voir chasser de l'armée française les héritiers de son épée, de son courage et de son génie?

Petite-fille d'une sainte, quelle ne serait pas sa douleur de voir chasser des hôpitaux et des écoles communales ces admirables filles qui ont renoncé à la vie du monde, à ses plaisirs, pour se consacrer à la prière, à la charité et à Dieu? Quel serait son effroi de voir qu'il n'est pas d'institution, si utile, si vénérable, si ancienne qu'elle soit, qui, pour cela même, ne soit battue en brèche, et qu'au premier rang de ses destructeurs marchent souvent les hommes d'État qui veulent nous gouverner.

Que dirait-elle à la pensée qu'au lieu d'un roi comme Louis XIV, nous nous donnons (singulier cadeau) huit cents petits souverains qui reçoivent pour quatre ans l'investiture du suffrage universel, sans grande condition de capacité, ce que certains de leurs actes nous révèlent trop souvent?

De quelle stupeur ne serait-elle pas saisie en assistant à l'une de leurs séances, le jour d'un orage parlementaire, au moment où les épithètes mal sonnantes s'entre-choquent et que les gestes viennent appuyer les menaces qu'échangent nos législateurs.

Quand elle souhaitait vivre deux cents ans, elle s'imaginait retrouver après deux siècles chaque chose à sa place ; elle espérait vivre toujours la même vie.

Elle comptait sans la Révolution, sans les révolutions, car ce mot-là n'a pas de singulier, il n'a malheureusement que le pluriel !

Si elle vivait encore, elle ne reconnaîtrait pas la France, et c'est tout au plus si elle y serait tolérée.

Déjà, elle ne figure plus dans les traités de littérature qui vont être remis à notre jeunesse scolaire.

Dans le dernier traité, son nom a été impitoyablement biffé, car elle a commis un crime inexpiable : elle a dépeint l'ancienne société française sous des couleurs si brillantes qu'elles font tort, par comparaison, à la société contemporaine, quelque athénienne qu'on veuille la rendre.

Son nom seul déplaît ! Que serait-ce de sa personne ?

J'imagine qu'il serait rendu contre elle un arrêté d'expulsion. A supposer qu'elle trouvât grâce, c'est elle qui s'éloignerait volontairement de son pays. Mais avant de franchir pour un temps la frontière, elle prendrait sa meilleure plume, et la faisant courir à bride abattue sur le papier, elle écrirait à sa fille :

« Les Français, qui forment pourtant le peuple le plus spirituel de la terre, perdent en ce moment le sens des choses. Ils se laissent conduire de singulière façon. Toutefois, n'ayons crainte... On a déjà vu des ambitieux s'emparer du pouvoir et s'imaginer qu'il suffit de prendre un masque d'homme d'État pour gouverner la France. Cela n'a duré que le temps d'un feu de paille ! Aux querelles de la Ligue a succédé un grand règne : celui de Henri IV, comme à la Fronde a succédé le règne de Louis XIV. Peut-être en sera-t-il encore de même, car les Français se lassent très vite des mascarades !... »

Voilà, je crois, ce qu'elle écrirait à sa fille et je pense que l'avenir pourrait lui donner raison. A l'heure présente, tout est fait pour effrayer les esprits. Tout est menacé, la fortune privée comme la fortune publique ; la religion, la propriété, la famille sont attaquées chaque jour. La rue menace d'être tumultueuse. Cet effroi est salutaire, car il fera désirer davantage qu'une main ferme, résolue, courageuse, saisisse le gouvernail.

C'est au milieu de la tempête, quand le navire fait eau de toutes parts, que les vagues se dressent furieuses et menaçantes ; c'est alors que les passagers désirent un bon pilote.

Il en est de même pour les peuples : ce sont les agitations stériles, l'impuissance des partis, l'inquiétude des masses qui préparent les époques glorieuses et qui font les meilleurs chefs d'État.

MARCELINE DESBORDES-VALMORE (1).

C'est d'une de nos gloires douaisiennes qui fut une des plus douces étoiles de la poésie française, c'est de Marceline Desbordes-Valmore que je viens vous parler ce soir.

Il n'y a pas de plus attrayante figure, ni de voix plus harmonieuse que celle dont je voudrais, dans cette conférence, vous faire entendre le charmant et mélodieux écho. Jamais non plus, il n'y eut d'âme plus douaisienne ; jamais l'amour de la ville natale n'a été plus vivement senti que par celle qui disait : « Si l'on prend des ailes après la mort, j'irai revoir Douai ! » ce Douai qu'elle a tant aimé et qu'elle a si bien chanté.

Mais avant toutes choses, je tiens à rappeler ici ceux de nos concitoyens qui, avant moi, ont déjà évoqué cette mélancolique figure, autour de laquelle la poésie et le malheur ont fait briller leur double auréole.

C'est d'abord le regretté M. Hyacinthe Corne,

(1) Conférence prononcée au Théâtre municipal de Douai le 1er avril 1889.

dont la nature élevée, l'âme délicate, le talent distingué, étaient certes bien faits pour comprendre et mettre en relief tout ce que les poésies de Mme Desbordes-Valmore ont de sensibilité exquise et passionnée.

C'est ensuite un de nos plus sympathiques collègues, un des mieux initiés à toutes les choses artistiques — qu'il s'agisse de la peinture ou de la poésie, de la musique ou de la littérature — dans une conférence dont le souvenir vit toujours dans la mémoire de ses auditeurs. Ceux d'entre vous qui connaissent M. Albert Duthillœul ou l'ont entendu, ratifieront — et au delà — ce que je viens de dire.

Ils se souviennent qu'ici même, en décembre 1883, il a parlé de Mme Desbordes-Valmore en admirateur, je pourrais dire : en poète ; de sorte qu'il est vraiment bien audacieux et imprudent d'essayer de vous redire ce soir ce qui, par deux fois déjà, a été si bien dit !

Mais, en faveur de cette audace, et comme circonstances atténuantes, à défaut de l'acquittement que je n'ose ni plaider ni espérer, j'ai une double excuse à invoquer.

La première de ces circonstances atténuantes, c'est que, à l'inverse de bien des renommées qui n'ont pu souffrir l'épreuve du temps, à l'inverse de ces gloires surfaites et passagères, qui n'ont vécu que ce que vivent les roses, « l'espace d'un matin », les années n'ont fait qu'affermir et fortifier celle de Mme Desbordes-Valmore.

Et je n'en veux pour preuve que la récente

édition de ses poésies, publiée dernièrement par
l'un des meilleurs éditeurs de la capitale ; cette
édition charmante, si digne de celle à qui elle est
consacrée, comme des lettrés à qui elle s'adresse.
Je vous rappelle aussi cette décision du Conseil
municipal de Paris, qui, bien inspiré cette fois, —
une fois, dit-on, n'est pas coutume, — a ordonné
que le nom de Mme Desbordes-Valmore soit donné
à l'une des rues de la grande ville.

La seconde excuse, c'est que M. Hippolyte
Valmore, le fils de notre poète, a donné à notre
Bibliothèque communale, dans le courant de
l'année dernière, une grande partie de la correspondance de sa mère : lettres intimes adressées par
elle à sa famille, à ses amies, à de hauts personnages près de qui elle intercédait pour la douleur
et les infortunes d'autrui ; lettres qui nous la
révèlent tout entière, et dont Sainte-Beuve a si
bien dit que c'étaient de véritables trésors épis-
tolaires.

C'est à cette source presque inconnue que j'ai
été puiser à votre intention. Ces lettres com-
plètent les poésies de Mme Desbordes-Valmore ;
elles permettent de l'apprécier davantage. Vous
retrouverez, comme moi, dans ces feuillets jaunis
par le temps et dont plusieurs ont été mouillés
de ses larmes, vous y retrouverez, dis-je, toute
sa vie, ses douleurs et ses joies, ses espérances et
ses deuils, ses larmes et ses sourires, les élans de
sa pitié et de son cœur, en un mot, tout ce qui
a été la source de son inspiration et de son
talent.

C'est en 1786 que Marceline Desbordes naquit à Douai dans une maison de la rue de Valenciennes (1). Il est facile de la reconnaître à la plaque de marbre qui décore sa façade, en souvenir de notre muse douaisienne. Qu'ai-je besoin de vous la décrire, à vous qui passez si souvent à côté d'elle? Elle n'a guère changé depuis un siècle, la modeste demeure qui abrita son berceau !

Déjà en 1870, M. Hippolyte Valmore avait donné à la bibliothèque de la ville de Douai les manuscrits des poésies de sa mère, soit une douzaine de cahiers in-4°. Leur splendide reliure prouve de quelle piété filiale il les entourait.

En 1888, M. Valmore s'est décidé à un nouveau sacrifice, car, pour une âme comme la sienne, c'en était un que de se séparer de ce qui rappelait une mère glorieuse et chérie. Qu'il sache au moins que les Douaisiens apprécieront à sa juste valeur ce dépôt sacré, et qu'ils y attacheront autant de prix qu'il y attachait lui-même.

N'est-ce pas Musset qui a dit :

> Le peintre et le poète
> Ont d'immortels enfants qui vivent après eux...

Ce sont ces enfants immortels qui perpétueront dans notre cité la gloire de Mme Desbordes-Valmore, aussi longtemps que la poésie aura le

(1) La maison natale de Marceline Desbordes est celle qui porte le numéro 36. Elle a été longtemps confondue avec une maison voisine assez pittoresque.

pouvoir de faire battre les cœurs et d'élever les âmes vers les cieux du poète.

> ...Maison de la naissance, ô nid, doux coin du monde !
> O premier univers où nos pas ont tourné !
> Chambre ou ciel, dont le cœur garde la mappemonde,
> Au fond du temps, je vois ton seuil abandonné.
> Je m'en irais, aveugle et sans guide à ta porte,
> Toucher le berceau nu qui daigna me nourrir.
> Si je deviens âgée et faible, qu'on m'y porte !
> Je n'y pus vivre enfant, j'y voudrais bien mourir,
> Marcher dans notre cour où croissait un peu d'herbe,
> Où l'oiseau de nos toits descendait boire et puis,
> Pour coucher ses enfants, becquetait l'humble gerbe,
> Entre les cailloux bleus, que mouillait le grand puits !
> De sa fraîcheur lointaine, il lave encor mon âme,
> Du présent qui me brûle, il étanche la flamme,
> Ce puits large et dormeur, au cristal enfermé,
> Où ma mère baignait son enfant bien-aimé,
> Lorsqu'elle berçait l'air avec sa voix rêveuse.
> Qu'elle était calme et blanche et paisible le soir,
> Désaltérant le pauvre assis, comme on croit voir,
> Aux ruisseaux de la Bible, une fraîche laveuse.
> Elle avait des accents d'harmonieux amour,
> Que je buvais du cœur, en jouant dans la cour.

Si la maison n'a pas changé, en revanche ses alentours sont singulièrement modifiés. Là, où s'étend maintenant le square Jemmapes, était l'ancien cimetière de la paroisse Notre-Dame, avec le grand calvaire qui le dominait, avec le vieux puits où, tout enfant, elle mira si souvent son jeune et frais visage. C'est au milieu de ce vieux cimetière, parmi les tombes brisées ou mutilées par la Révolution, à demi caché sous les hautes herbes et les fleurs sauvages qui

l'avaient envahi, que s'écoulèrent ses premiers
jeux, et peut-être faut-il chercher là l'origine de
cette mélancolie qui couvrira plus tard certaines
de ses poésies comme un voile de deuil et de tristesse (1).

> Vous aussi, ma natale, on vous a bien changée !
> Oui, quand mon cœur remonte à vos gothiques tours,
> Qu'il traverse, rêveur, notre absence affligée,
> Qui donnait tant de charme au maternel séjour !
>
> Il voit rire un jardin sur l'étroit cimetière,
> Où la lune souvent me prenait à genoux :
> L'ionie embaumée a remplacé la pierre
> Où j'allais, d'une tombe indigente héritière,
> Redire ma croyance au dernier rendez-vous.
>
> . . . .
>
> Douce église, (2) sans pompe, et sans culte, et sans prêtre !
> Où je faisais dans l'air jouer ma faible voix,
> Où la ronce montait, fière, à chaque fenêtre,
> Près du Christ mutilé, qui m'écoutait peut-être,
> N'irai-je plus rêver du ciel, comme autrefois?
>
> Oh ! n'a-t-on pas détruit cette vigne oubliée,
> Balançant aux vieux murs son fragile réseau?
> Comme l'aile d'un ange, aimante et dépliée,
> L'humble pampre embrassait l'église humiliée,
> De sa pâle verdure, où tremblait un oiseau !
>
> . . . .
>
> Et le puits solitaire, urne sourde et profonde,
> Crédule, où j'allais voir descendre le soleil ;
> Qui faisait, aux enfants, un miroir de son onde :
> Elle est tarie... Hélas ! tout se tarit au monde ;
> Hélas ! la vie et l'onde ont un destin pareil.
>
> . . . .

(1) « Pleurs et pauvres fleurs ». — « Tristesse ».
(2) Il s'agit de l'église Notre-Dame, fermée par la Révolution.

Hélas ! n'irai-je plus dans l'enclos de ma mère?
N'irai-je plus m'asseoir sur les tombes en fleurs?
D'où vient que des beaux ans la mémoire est amère?
D'où vient qu'on aime tant une joie éphémère?
D'où vient que d'en parler, ma voix se fond en pleurs?

Du reste, les années de son enfance furent vite attristées par la gêne de ses parents. Son père était peintre et doreur de blasons. Ai-je besoin de vous dire le coup fatal que les graves événements du temps portèrent à son industrie? Vous devinez sans peine que, pendant les années de la Terreur et du Directoire, la profession de peintre d'armoiries dut subir un chômage forcé et ne rapporter que de bien humbles bénéfices. Aussi, une gêne qui ressemblait de plus en plus à la misère vint-elle s'asseoir à leur foyer, et, en 1799, ils prirent une grande résolution.

Ils avaient à la Guadeloupe des parents qui y avaient fait fortune. Il fut décidé que Mme Desbordes et Marceline, la plus jeune de ses six enfants, s'embarqueraient pour l'Amérique afin d'y chercher secours et protection. C'était une grosse affaire que d'aller aux Antilles ! Nous étions alors en guerre avec les Anglais, dont les flottes couvraient les mers et faisaient main basse sur tout ce qui portait le pavillon français.

La traversée fut longue, difficile, périlleuse. Mais quelle désillusion à l'arrivée, quand elles trouvèrent la colonie révoltée, les plantations incendiées, les parents en fuite ou massacrés ! La malheureuse mère ne se releva pas de ce coup terrible. La fièvre jaune l'emporta en quelques jours, et la pauvre enfant, devenue orpheline, dut retraverser seule, le cœur brisé et vêtue de deuil, cet Océan dont, si peu de temps auparavant, les grandes vagues avaient bercé ses espérances et ses rêves d'avenir.

> Sur notre beau navire, emporté par les vents,
> Entre le ciel et l'onde et nos destins mouvants,
> Un soir que le vaisseau, bondissant sous ses voiles,
> Formait un long sentier tout scintillant d'étoiles,
> En regardant sourire ce sillage éclatant,
> Je disais : Conduit-il au bonheur qui m'attend?
> Je croyais qu'une fée en épurant les ondes,
> Pour tracer au navire un lumineux chemin,
> Brûlait des lampes d'or, sous les vagues profondes,
> Et moi, pour l'en bénir, je lui tendais la main.

Sainte-Beuve (1), qui a consacré à Mme Desbordes-Valmore un volume tout entier, qui est un impérissable monument élevé à son talent et à son cœur, Sainte-Beuve a précisé dans quelques lignes, comme il savait les écrire, l'influence que ce long voyage sous un ciel brûlant, l'effet que cette première et immense douleur, exercèrent sur la vocation poétique de la jeune Marceline.

« Elle accomplit ce lent et cruel retour, noyée de larmes, de mélancolie et abîmée de silence. Elle avait atteint quatorze ans. Désormais, que lui faut-il? Que lui manque-t-il? Sa poésie, ce semble, n'a plus qu'à éclore, elle est toute formée en elle par le malheur ; elle a reçu tour à tour le soleil et les larmes. L'horizon de l'humble cime-

____

(1) SAINTE-BEUVE, *Ames sœurs*.

tière de Douai s'est élargi. Quand la jeune fille ressaisit enfin le sol natal, après tant de souffrances, on pouvait dire d'elle, avec le poète, qu'elle portait :

Un cœur jà mûr, en un sein verdelet !

Quand elle revint au foyer paternel, elle le trouva encore plus pauvre et plus désolé qu'il ne l'était au départ. Il lui fallut songer à gagner sa vie, et, en 1802, elle débutait au théâtre de Douai, puis à celui de Lille, de là à Rouen, où elle remplit l'emploi des ingénuités. C'est là que l'entendirent des acteurs de Paris qui étaient en passage dans cette ville.

Ils en firent un tel rapport à Grétry, le célèbre compositeur de musique, qu'il la fit venir à Paris. Il ne peut s'empêcher d'être touché de sa jeune et douce fierté ; comme elle l'a dit elle-même, il l'appelait : « Un petit roi détrôné. »

Il prit la peine de former sa voix, et c'est ainsi que, sans l'avoir demandé ni même espéré, elle débutait à seize ans au théâtre Feydeau, qui s'appela plus tard : l'Opéra-Comique. C'est l'Opéra qui devait être incendié de nos jours dans de si terribles et dramatiques circonstances.

Elle eut de véritables succès. Par le charme de sa personne, par la pénétrante douceur de sa voix, elle s'y montra ce qu'elle devait être un jour dans la poésie : la personnification de la douleur et des larmes. Et ce ne fut pas l'un de ses moindres succès que d'avoir conquis les éloges de Geoffroy, la terreur des acteurs et des actrices d'alors, et des auteurs eux-mêmes, qu'il exécutait sans pitié dans le feuilleton du *Journal des Débats*, de ce Geoffroy enfin, qui méritait à juste titre d'être appelé : *le Tigre de la critique.*

Et voyez quel contraste : le soir, l'éclat des lumières, les applaudissements du public, les joies enivrantes des triomphes de la scène ; le jour, au contraire, sa petite chambre froide, haute d'étage, à peine meublée !...

Savez-vous ce que gagnait par mois cette jeune étoile du théâtre Feydeau ? Quatre-vingts francs !... Aussi écrivait-elle, à l'époque dont je vous parle, qu'elle se débattait contre une misère qui n'est pas à décrire.

Que les choses ont changé depuis lors, non pas, hélas ! au point de vue de l'art, dont le niveau ne s'est pas toujours élevé, mais au point de vue pécuniaire...

Quelle est aujourd'hui l'étoile de dernière grandeur, non pas d'un théâtre de Paris, ni même de province, mais quelle est la chanteuse de café-concert, ce genre nouveau de théâtre en plein vent, cette contrefaçon de l'art et de la musique que voit fleurir notre dix-neuvième siècle, quelle est, je le répète, la chanteuse, quelque mince que pût être son filet de voix, qui se contenterait de quatre-vingts francs par mois, comme le faisait en 1802 notre glorieuse concitoyenne ?

Et cependant, malgré ses incontestables soucis, jamais elle ne se laissa séduire par cette vie d'artiste aimée et applaudie du public, par cette existence, si brillante en apparence, mais dont le trompeur éclat cache souvent tant de tristesse, de dégoûts et d'amertume.

Elle avait l'âme trop fière et trop douce pour cela, et, à cet égard, je ne puis mieux faire que de citer ces quelques vers. Ils vous révéleront le secret de ses pensées. Elle les adressait à *Délie*, une de ses amies du théâtre, une des plus entourées d'hommages, et dont la nature plus frivole s'était laissé prendre aux riants et séduisants dehors de la vie théâtrale.

> Du goût des vers, pourquoi me faire un crime?
> Leur prestige est si doux pour un cœur attristé !
> Il ôte un poids au malheur qui m'opprime ;
> Comme une erreur plus tendre, il a sa volupté.
> Légère, libre encore, d'hommages entourée,
> Dans les plaisirs, coulent vos heureux jours,
>   Et, paisiblement adorée,
>   Vous riez avec les amours...
> Ah ! loin de la troubler, qu'ils charment votre vie !
> Que pour vous, le printemps soit prodigue de fleurs !
> Que tout prenne à vos yeux ses riantes couleurs !
> Riez, riez toujours, ô volage Délie !
> Abandonnez vos nuits aux songes les plus doux,
> Qu'ils soient, de vos beaux jours, une glace fidèle,
> A force de bonheur, soyez encor plus belle,
> Et, qu'au réveil, l'amour vous le dise à genoux !
> . . . .
>
> Le monde où vous régnez me repoussa toujours,
> Il méconnut mon âme, à la fois douce et fière,
> Et, d'un froid préjugé, l'invincible barrière,
> Au froid isolement, condamna mes beaux jours.
> L'infortune m'ouvrit le Temple de Thalie,
> L'espoir m'y prodigua ses riantes erreurs,
> Mais je sentis parfois couler mes pleurs,
>   Sous le bandeau de la folie.

Dans ces jeux, où l'esprit nous apprend à charmer,
  Le cœur doit apprendre à se taire,
  Et lorsque tout nous ordonne de plaire,
    Tout nous défend d'aimer...

Oh ! des erreurs du monde, inexplicable exemple !
Charmante muse, objet de mépris et d'amour,
    Le soir, on vous honore au Temple,
    Et l'on vous dédaigne au grand jour.
Je n'ai pu supporter ce bizarre mélange
    De triomphe et d'obscurité,
Où l'orgueil insultant nous punit et se venge
    D'un éclair de célébrité.
Trop sensible au mépris, de gloire peu jalouse,
Blessée au cœur, d'un trait dont je ne peux guérir,
Sans prétendre aux doux noms et de mère et d'épouse,
    Il me faut donc mourir ! (1).

Il faut cependant que je relève cette fière indigence et cette profession théâtrale, qu'elle fut obligée de subir.

Il me suffira de rappeler d'un mot le trait que j'ai déjà cité il y a quelques semaines dans une autre réunion.

En 1791, alors que la famille Desbordes était déjà en proie à la gêne, une lettre leur était arrivée d'Amsterdam. Elle venait des arrière-grands-oncles de Marceline, imprimeurs en Hollande. Ils offraient d'instituer comme héritiers les six enfants de M. et Mme Desbordes, à la condition qu'ils embrasseraient la religion protestante. Je vous ai dépeint le conseil de famille qui se tint aussitôt dans leur modeste demeure,

(1) « A Délie ! »

la décision prise le même jour, et, le soir, un refus digne et ferme partant pour Amsterdam. Il fut répondu que les âmes des enfants n'étaient pas à vendre et qu'à ce prix l'on n'accepterait pas l'héritage.

Voilà ce qu'il faut se rappeler en étudiant la vie de Mme Desbordes-Valmore ; voilà ce qui ennoblit cette indigence et cette carrière théâtrale, car elles ne font qu'attester la grandeur et le courage du sacrifice.

Il m'est impossible de la suivre dans tous ses succès à la scène, car cela n'entre pas dans le cadre de mon sujet.

J'arrive, sans transition, à la plus grande douleur de sa vie. Comme si ce n'était pas assez de toutes les tristesses qui avaient déjà assombri sa jeune existence, il fallut qu'il s'en joignît une autre, celle que lui causa la douleur de l'abandon et de la trahison dont elle fut la victime.

> C'est beau, la jeune fille
> Qui laisse aller son cœur
> Et se lève au bonheur (1).

Mais, hélas ! que le réveil est cruel, quand le bonheur rêvé ou entrevu se dissipe comme un songe aux premiers rayons du soleil.

> Malheur à moi ! je ne sais plus lui plaire,
> Je ne suis plus le charme de ses yeux,
> Ma voix n'a plus l'accent qui vient des cieux
> Pour attendrir sa jalouse colère.

(1) *Élégies* : « Pourquoi? »

> Il ne vient plus, saisi d'un vague effroi,
> Me demander des serments ou des larmes,
> Il veille en paix, il s'endort sans alarme.
> Malheur à moi !

C'est cette suprême douleur qui la consacra poète. Elle l'a dit elle-même : « A vingt ans, des peines profondes m'obligèrent à renoncer au chant, parce que ma voix me faisait pleurer. Mais la musique roulait dans ma tête malade, et une mesure toujours égale arrangeait mes idées à l'insu de ma réflexion. Je fus forcée de les écrire pour me délivrer de ce frappement fiévreux, et l'on me dit que c'était une élégie. »

Ainsi, et c'est là le signe distinctif de son talent, c'est presque sans le savoir et le vouloir qu'elle est devenue poète, et c'est ce qui explique l'originalité de son inspiration ; elle chante naturellement, d'instinct, comme fait l'oiseau, ou encore la tourterelle plaintive qui exhale sa douleur au fond des bois.

> Fierté, pardonne-moi,
> Fierté, je t'ai trahie
> Une fois dans ma vie.
> Fierté, j'ai mieux aimé mon pauvre cœur que toi,
> Tue ou pardonne-moi !
>
> Sans souci, sans effroi,
> Comme on est dans l'enfance,
> J'étais là sans défense,
> Rien ne gardait mon cœur, rien ne veillait sur moi !
> Où donc étais-tu, toi?
>
> Fierté, pardonne-moi,
> Fierté, je t'ai trahie
> Une fois dans ma vie.
> Fierté, j'ai mieux aimé mon pauvre cœur que toi,
> Tue ou pardonne-moi !

C'est là encore une de ses élégies, ou plutôt de ces cris passionnés du cœur, comme elle seule en a poussé. Dites-moi si jamais vous en avez entendu de plus sincères?

Bien d'autres cris de douleur et de passion ont vibré dans les *Élégies* de Mme Desbordes-Valmore. Je signalerais pour l'intensité de l'expression, les pièces intitulées : *Ma sœur! Il est parti;* — *Ma sœur! Il m'abandonne;* — *Malheur à moi;* — *l'Absence;* — *Que veux-tu? je l'aimais;* — *Lui seul savait me plaire*, et tant d'autres élégies, dont le souvenir est ineffaçable. Suivant le mot **fort** juste d'un critique, la meilleure épigraphe à leur donner est celle du lyrique latin : *Hic spirat amor.*

Dans un des manuscrits de la bibliothèque communale, sorte de cahier où elle prenait **plaisir** à noter ce qui la frappait le plus dans **ses** lectures, j'ai trouvé cette citation de Mgr **de** Ségur, qui explique le pourquoi de ses révélations :

... « Je ne sais quel triste plaisir ma mémoire trouve à contempler et à reproduire les traces douloureuses que tant d'horreurs lui ont laissées. L'âme aussi est-elle donc fière de ses profondes et nombreuses cicatrices? Se plaît-elle à les montrer? Est-ce une possession dont elle doit s'enorgueillir? Ou plutôt, après le désir de connaître, son premier désir serait-il de faire partager ses sensations? Sentir et faire éprouver, sont-ce là les plus puissants mobiles de mon âme? »

En y inscrivant cette phrase, elle nous a livré

le secret de ses effusions plaintives, où elle met
en pleine lumière le fond même de son âme.

> L'air respiré par lui convient seul à ma vie,
> Je ne peux me souffrir où je sens qu'il n'est pas.
> S'il daignait vers ma tombe un jour tourner ses pas,
> La tombe me ferait envie !

Ce cahier, commencé à Bordeaux vers 1823,
porte de sa main les deux mots : « Pour Pauline ! »
Il s'agit de Pauline Duchambge, sa meilleure
amie.

LES SÉPARÉES

N'écris pas : je suis triste et je voudrais m'éteindre,
Les beaux étés sans toi, c'est l'amour sans flambeau.
J'ai refermé mes bras qui ne peuvent t'atteindre,
Et frapper à mon cœur, c'est frapper au tombeau.
N'écris pas !

N'écris pas ! n'apprenons à mourir qu'à nous-mêmes.
Ne demande qu'à Dieu... qu'à Toi si je t'aimais?
Au fond de ton silence, écouter que tu m'aimes,
C'est entendre le ciel, sans y monter jamais.
N'écris pas !

N'écris pas ! je te crains, j'ai peur de ma mémoire,
Elle a gardé ta voix, qui m'appelle souvent,
Ne montre pas l'eau vive à qui ne peut la boire,
Une chère écriture est un portrait vivant.
N'écris pas !

N'écris pas ces deux mots, que je n'ose plus lire,
Il semble que ta voix les répand sur mon cœur,
Que je les vois briller à travers ton sourire,
Il semble qu'un baiser les empreint sur mon cœur.
N'écris pas !

Ainsi, il a suffi que la douleur vibrât au travers de son âme pour qu'elle devînt poète, tout comme le vent qui souffle à travers les cordes d'une harpe éolienne en tire aussitôt les sons les plus harmonieux.

Et si je n'insiste pas davantage sur le mérite exceptionnel de ces beaux vers, c'est que la chose est inutile devant cet auditoire d'élite, qui, mieux que moi, saura en apprécier les beautés.

Déjà, dans l'éclat de son désespoir, elle s'était écriée :

> Blessée au cœur d'un trait dont je ne puis guérir,
> Sans prétendre aux doux noms et d'épouse et de mère
> Il me faut donc mourir !

Par bonheur, ses tristes pressentiments ne se réalisèrent pas. Dix ans plus tard, le 4 septembre 1817, elle se mariait à Bruxelles avec M. Valmore, un artiste dramatique de réel mérite et qu'appréciait à sa juste valeur Talma, le grand tragédien.

A quelques années de là, elle renonçait définitivement, et avec joie, à la scène, pour se consacrer tout entière à la poésie et à ses doux devoirs et d'épouse et de mère. Avec un infatigable et incessant dévouement, elle accompagna son mari de ville en ville, à Lyon, à Bordeaux, à Milan, à Paris, partout où l'inconstance de la fortune le conduisit, de théâtre en théâtre, et d'engagement en engagement.

Ah ! je vous assure qu'à l'époque où Mme Desbordes-Valmore publia ses premières poésies, de 1818 à 1820, pour une jeune femme sans appui, sans fortune, sans relations, c'était une entreprise qui ressemblait à de la folie, que d'espérer se créer un nom dans les lettres ou dans la poésie.

Ai-je besoin de vous dépeindre cette époque, l'une des plus brillantes de la littérature française? La France, lasse de triomphes et de victoires, avait tourné son activité et son génie vers des travaux plus pacifiques. C'était le temps où Lamartine écrivait ses premières *Méditations*, où Casimir Delavigne composait ses ardentes *Messéniennes*, où la Muse joyeuse, alerte et piquante de Béranger s'exhalait en chansons, où les œuvres posthumes d'André Chénier, publiées pour la première fois, révélaient à la France tout ce qu'elle avait perdu, le jour où le jeune front du poète avait été frappé par la hache du tribunal révolutionnaire.

C'était le temps où la prose elle-même valait bien la poésie quand elle était signée : Chateaubriand. C'était l'époque glorieuse entre toutes dans notre histoire littéraire, où chaque jour voyait éclore de nouvelles renommées : celles de Victor Hugo, d'Alfred de Vigny, de Musset, qui devaient bientôt éclipser toutes les autres.

Ce qui prouve le génie de Mme Desbordes-Valmore, c'est d'avoir, sans fortune, sans protection, sans autre guide que le feu sacré de la poésie, réussi à se faire une place au milieu de toutes ces gloires, d'avoir créé un genre qui est bien à elle et où elle règne sans partage.

Elle est incontestablement la Muse de la douleur et de la passion, du deuil et des larmes, de la pitié et de la miséricorde, et, pour tout résumer d'un mot : elle est la reine de l'Élégie.

C'est en 1818 que, pour la première fois, ses poésies furent publiées en volume. Voici dans quelles circonstances. C'était peu de temps après son mariage. Son beau-père, homme de goût et d'un esprit distingué, lut par hasard, quelques-unes de ses romances. Il en fut frappé et lui demanda si elle en avait d'autres. Avec la simplicité et le naturel qui la caractérisaient à un si haut degré, Mme Desbordes-Valmore répondit « qu'elle avait fait quelques autres petites choses sans le savoir. » Ces quelques petites choses sont les deux volumes de vers qui parurent en 1818 et 1820.

J'insiste encore une fois sur la spontanéité de son talent. A cette époque, elle n'avait presque rien lu, étudié ou appris ; elle n'avait par conséquent aucun modèle. C'est d'elle-même, c'est de son âme qu'ont jailli ses poésies, comme l'eau jaillit d'une source pure et limpide. Elle n'appartient à aucune école, ou, pour mieux dire, elle est le trait d'union entre le passé et l'avenir, entre l'école classique, dont elle a souvent l'irréprochable correction de forme, et l'école romantique, dont elle a les élans impétueux dans ses cris de désespoir ; ou bien encore, pour lui emprunter une des images qu'elle affectionnait : de même que l'hirondelle est la messagère du printemps, l'oiseau précurseur du soleil et des beaux jours,

Mme Desbordes-Valmore, dans ses poésies brûlantes et passionnées, a poussé le cri précurseur de l'école romantique.

D'ailleurs, elle a indiqué plus d'une fois dans ses œuvres l'origine de son inspiration. Et, à cet égard, je ne puis mieux faire que de citer, à peu près en son entier, une de ses plus belles pièces de vers. Elle vous donnera la véritable mesure de son mérite.

LA FILEUSE ET L'ENFANT

J'appris à chanter en allant à l'école,
Les enfants joyeux aiment tant les chansons.
Ils vont les crier au passereau qui vole ;
Au nuage, au vent, ils portent la parole,
Tout légers, tout fiers de savoir des leçons.

La blanche fileuse, à son rouet penchée,
Ouvrait ma jeune âme avec sa vieille voix,
Lorsque j'écoutais, toute lasse et fâchée,
Toute buissonnière en un saule cachée,
Pour mon avenir, ces thèmes d'autrefois.

Elle allait, chantant d'une voix affaiblie,
Mêlant la pensée au lin qu'elle allongeait,
Courbée au travail comme un pommier qui plie,
Oubliant son corps d'où l'âme se délie,
Moi, j'ai retenu tout ce qu'elle songeait.

« Ne passez jamais devant l'humble chapelle
Sans y rafraîchir les rayons de vos yeux,
Pour vous éclairer, c'est Dieu qui vous appelle ;
Son nom dit le monde à l'enfant qui l'épèle,
Et c'est, sans mourir, une visite aux cieux. »

Ce nom, comme un feu, mûrira vos pensées,
Semblable au soleil qui mûrit les blés d'or.
Vous en formerez des gerbes enlacées,
Pour les mettre un jour sur vos têtes lassées,
Comme un faible oiseau qui chante et qui s'endort.

N'ouvrez pas votre aile aux gloires défendues,
De tous les lointains, juge-t-on la couleur?
Les voix sans écho sont les mieux entendues.
Dieu tient dans sa main les clefs qu'on croit perdues,
De tous les secrets, lui seul sait la valeur.

. . . .

Si vous avez peur, lorsque la nuit est noire,
Vous direz : « Mon Dieu, je vois clair avec vous,
Vous êtes la lampe au fond de ma mémoire,
Vous êtes la nuit, voilé dans votre gloire,
Vous êtes le jour, et vous brillez pour nous. »

Si vous rencontrez un pauvre sans baptême,
Donnez-lui le pain que l'on vous a donné,
Parlez-lui d'amour, comme on fait à vous-même,
Dieu dira : « C'est bien ! Voilà l'enfant que j'aime.
S'il s'égare un jour, il sera pardonné ! »

Voyez-vous passer dans vos tristesses amères,
Une femme seule et lente à son chemin.
Regardez-là bien, et dites : « C'est ma mère,
Ma mère qui souffre. » Honorez sa misère,
Et soutenez-la du cœur et de la main.

Enfin, faites tant et si souvent l'aumône,
Qu'à ce doux travail, ardemment occupé,
Quand vous vieillirez, tout vieillit, Dieu l'ordonne,
Quelque ange, en passant, vous touche et vous moissonne,
Comme un lys d'argent, pour la Vierge coupé.

Les ramiers s'en vont où l'été les emmène,
L'eau court après l'eau, qui court sans s'égarer,
Le chêne grandit sous le bras du grand chêne,
L'homme revient seul où son cœur le ramène,
Où les vieux tombeaux l'attirent pour pleurer.

J'appris tous ces chants en allant à l'école.
Les enfants joyeux aiment tant les chansons !
Ils vont les crier au passereau qui vole ;
Au nuage, au vent, ils portent la parole,
Tout légers, tout fiers de savoir des leçons.

Cette pièce de vers est, à mon avis, une des plus belles de Mme Desbordes-Valmore, et les applaudissements par lesquels vous venez d'en saluer la lecture, me prouvent éloquemment que vous partagez mon impression. Il y a des strophes admirables et des vers qui font image, comme ceux-ci :

Mêlant la pensée au lin qu'elle allongeait...
Courbée au travail, comme un pommier qui plie...
Oubliant son corps d'où l'âme se délie...

Comme aussi :

Une femme seule et lente à son chemin...

il y a là comme un tableau qui parle aux yeux, et des images vraiment dignes d'un grand poète.

Dans les pièces que je viens de citer, Mme Desbordes-Valmore apparaît comme la Muse de la Douleur et du Désespoir. J'aurais pu multiplier les citations, seule l'heure qui s'avance m'a interdit de le faire, à mon grand regret, car je ne puis trop m'élever contre le reproche que certains critiques ont dirigé contre notre poète.

Ils lui ont fait un crime de la monotonie de son inspiration, et de n'avoir fait entendre qu'une seule note : celle de la plainte sans cesse renouvelée. Reproche aussi ingrat qu'il est cruel, comme s'il ne devait pas être plutôt adressé à la destinée qui lui a infligé, pendant toute sa vie, une continuité de chagrins et de deuils !

J'ai dit que le reproche était immérité : il y a autre chose dans l'œuvre de Mme Desbordes-Valmore que des larmes et des sanglots.

Nous allons y trouver successivement trois choses : l'amour du clocher natal, la pitié, et enfin le Livre des mères et des enfants.

Je commence par ce que j'appelle les *Poésies douaisiennes* car Douai et les Douaisiens ont tenu dans ces strophes la place qu'ils ont toujours occupée dans ses souvenirs et dans son cœur.

Dans cet ordre d'idées, il est une pièce que je ne puis passer sous silence, car elle était adressée à l'un de nos meilleurs concitoyens dont le nom est si dignement porté par son fils, M. Romain Duthillœul, le sympathique auteur de tant de monographies locales, comme la bibliographie et la biographie douaisiennes.

M. Duthillœul avait eu la délicate pensée d'envoyer à Mme Desbordes-Valmore, qui était alors à Lyon, un panier de fleurs, cueillies aux environs de Douai, là où, tout enfant, elle avait eu tant de plaisir à courir et à jouer. Je ne saurais vous dépeindre l'émotion qui envahit l'âme du poète quand, à deux cents lieues de sa ville natale, elle reçut ces fleurs qui lui rappelaient tant de souvenirs.

Quelques-unes de ses strophes vaudront mieux pour cela que tout ce que je pourrais vous dire :

O fleurs du sol natal ! O verdure sauvage !
Par quelle main cachée, arrives-tu vers moi?
O mon pays, quelle âme aimante, à ton rivage,
A compris qu'une fleur me parlerait de toi?

Quel charme m'environne, et quel Dieu rompt ma chaîne,
La vie est libre encor... je lui pardonne tout.
Sol natal ! Sol natal ! dans ta suave haleine,
Dans tes parfums, la vie a comme un autre goût !

Voilà le souvenir au pénétrant silence ;
Sans filtre, sans breuvage, il endort la douleur :
Sur mes jours fatigués son aile se balance ;
        C'est une halte au malheur.

Le voilà ce beau lac dont l'eau n'est point amère :
Ma nacelle dormeuse y flotte seule en paix.
Le voilà le doux chaume où m'enfanta ma mère,
Où, cachée au malheur, je ne pleurais jamais.

Cette jeune Albertine, à nos foyers restée,
Ce lilas embaumé que je croyais perdu,
O fleur sauvage, fleur de ma rive enchantée !
Transfuge de nos bois ! tu m'as donc tout rendu !
. . . .

Qu'il est frais, qu'il est doux, l'air de l'indépendance.
Au cœur épanoui sur un sol libre et pur.
O mon pays ! ton nom, qui m'offre un ciel d'azur,
Rend à mes traits souffrants le rire de l'enfance.

. . . .

Sur l'invisible ami qui devina mon âme,
Dieu ! versez les trésors qui germent dans vos mains.
Liez ses jours heureux à d'heureux lendemains.
Et de soie et de fleurs, formez leur longue trame !

Ce qui caractérise, en effet, Mme Desbordes-
Valmore, ce qui doit nous rendre plus précieuses

encore ses poésies, c'est son profond amour pour la ville natale. Sans cesse, par la pensée, elle revient à Douai, comme on revient à ses premières amours.

Dans cette pièce, dont je viens de citer des extraits elle s'écrie :

> Emporte-moi, souffle errant, doux génie,
> Sur mon rempart, tant chanté, tant aimé !...

Ailleurs, elle s'écrie :

> De nos verts remparts, la calme profondeur !...

Ailleurs encore, elle parle :

> Des frais ombrages qui leur font
> Comme une élégante couronne...

Elle ne se doutait pas qu'un jour viendrait où cette couronne disparaîtrait, comme tant d'autres.

Si la mort n'avait rendu sa lyre muette pour toujours, j'imagine qu'à propos du démantèlement elle eût composé une touchante élégie. Elle n'eût pas manqué d'intercéder en faveur de ces « verts remparts, tant chéris, tant aimés », ni d'insister pour qu'une partie tout au moins fût transformée en jardin ou en promenade, à titre de souvenir !

Mais elle ne s'est pas bornée à célébrer nos vieux remparts, c'est Douai tout entier qu'elle a chanté : son beffroi gothique, l'église Notre-Dame, son ancien cimetière, et la haute tourelle qui dominait la porte de la ville. Elle a fait fleurir dans ses strophes la vallée de la Scarpe,

avec plus de splendeur et d'éclat que ne lui en a
jamais donné le soleil de mai :

> Mon beau pays, mon frais berceau,
> Air pur de ma verte contrée,
> Lieux où mon enfance ignorée
> Coulait comme un humble ruisseau !
> S'il me reste des jours, m'en irai-je attendrie,
> Errer sur vos chemins qui jettent tant de fleurs?
> Replonger tous mes ans dans une rêverie,
> Où l'âme n'entend plus que ce seul mot : « Patrie ! »
> Et ne répond que par des pleurs?
> Ciel !... un peu de ma vie ira-t-elle, paisible,
> Se perdre sur la Scarpe au cristal argenté?
> Cette eau qui m'a portée, innocente et sensible,
> Frémira-t-elle un jour sous mon sort agité?
> Entendrai-je au rivage encor cette harmonie?
> Ce bruit de l'univers, cette voix infinie,
> Qui parlait sur ma tête et chantait à la fois,
> Comme un peuple lointain répondant à ma voix !...

Il y a dans ces beaux vers quelque chose de
plus que la mesure et la cadence, c'est une véritable mélodie. C'est plus que du rythme, c'est
presque de la musique.

Et avec Douai, que de vieux noms douaisiens
reviennent dans ses poésies ! C'est le docteur
Taranget, le recteur de notre académie, l'un des
plus anciens amis de sa famille ; tantôt Rose
Dassonville, que la mort moissonna dans sa fleur ;
tantôt encore Mme Henriette Favier, Isaure Par-
tarrieu, Albertine Gantier, Pauline Duchambge,
sa meilleure amie, qui mettait en musique ses
romances et ses élégies, enfin, M. Désiré Dubois,
le dévoué trésorier des hospices, qui adoucit les

derniers jours de son malheureux frère, Félix Desbordes.

J'ai dit, en second lieu, que Mme Desbordes-Valmore fut la muse de la pitié. C'est ce sentiment qui a inspiré beaucoup de ses plus remarquables poésies. Il me suffira d'en rappeler les titres : *A Béranger captif;* — *Au poète prolétaire, Lebreton;* — *A M. de Peyronnet, détenu au fort de Ham;* — *A un autre prisonnier de Ham;* — *Au prince Louis-Napoléon.*

Toute sa vie, comme l'a dit Sainte-Beuve, elle eut la vocation de délivrer les prisonniers. Elle l'eut dès sa plus tendre enfance, comme le jour où, sans prévenir ses parents jetés dans l'anxiété par son inexplicable disparition, elle s'était mise en route pour Paris, afin d'intercéder en faveur du vieux prisonnier qui gémissait dans l'antique tourelle de la porte Notre-Dame.

> On m'arrêta fuyante et craintive, à ma mère
> Je fus à jointes mains conduite vers le soir.
> O mère, trop heureuse encore de me revoir !
> Sa tremblante leçon ne me fut point amère,
> Car, de mon front coupable, en détachant les fleurs,
> Pour cacher son sourire, elle baisa mes pleurs !

Sa pitié n'eut pas moins de vaillance lors des soulèvements socialistes qui éclatèrent à Lyon en 1836. Pendant ces terribles journées, on se battit à Lyon, comme plus tard à Paris en juin 1848 ou en mai 1871. Elle fut le témoin attristé de ces luttes fratricides, et avec un courage vraiment viril, au lieu de rester à l'abri chez elle, elle n'hésita pas à risquer sa vie pour porter des secours aux mourants et aux blessés.

Elle a condensé les souvenirs de ces jours de deuil dans des vers qu'il importe de citer, car ils révéleront un nouvel aspect de son talent.

> J'étais là, je voyais mourir la ville en flamme,
> J'assistais, vive et morte, au départ de ces âmes
> Que le plomb déchirait et séparait du corps.
> Fête affreuse où vibraient de funèbres accords !
> Les clochers haletants, les tambours et les balles,
> Les derniers cris du sang répandu sur les dalles !
> C'était hideux à voir, et cependant mes yeux
> Regardaient à la vitre, et cherchaient par les cieux,
> Si quelque âme invisible, en quittant sa demeure,
> Planait, sanglante encor, sur ce monde qui pleure.
> J'écoutais si mon nom vibrant dans quelque adieu,
> N'excitait point mon âme à se sauver vers Dieu !

Dans une autre pièce, consacrée au même sujet, Sainte-Beuve a relevé ce vers vraiment sublime :

> L'air n'a pu balayer tant d'âmes courroucées...

qui rappelle la manière et le style d'Agrippa d'Aubigné dans ses *Tragiques* quand il s'écrie :

> A l'heure que le ciel fume de sang et d'âmes !...

Il ne faudrait pas croire, qu'à un degré quelconque, Mme Desbordes-Valmore eût la moindre sympathie pour les fauteurs de guerre civile, mais le fond de sa nature était la pitié. Elle a toujours été le mobile, et, je puis le dire, la consolation de sa vie. Voici comment s'exprime à cet égard son fils, M. Hippolyte Valmore, un littérateur distingué, le généreux donateur qui a comblé notre Bibliothèque communale. J'extrais ces quelques lignes de la touchante notice qu'il a consacrée à sa mère, dans l'édition qu'a récemment publiée l'éditeur Lemerre :

« La pitié fut, chez Marceline, le premier mobile de la pensée. Dans les moments les plus douloureux de sa vie « Où l'espoir lui-même oubliait « ses jours » une voix avait le don de la faire sortir de son abattement et de relever son front consterné : c'était celle d'un autre malheureux. Il semblait que le ciel répondît à ses plaintes en lui confiant un infortuné à consoler. »

Y a-t-il rien de plus délicat, ni qui trouve mieux le chemin de l'âme, que cet éloge donné par un tel fils à une chère et glorieuse mémoire? Rien n'est plus facile de multiplier les preuves. Ils sont nombreux ceux qu'elle a encouragés, relevés, poussés vers la renommée et la fortune.

Dans sa correspondance qui est à la Bibliothèque communale, et qui est en grande partie inédite, dans ces lettres qui, il faut l'espérer, trouveront un jour un éditeur, il y a tant de bonnes actions à signaler, tant de curieux détails sur sa vie, que tout cela pour ainsi dire, appelle la publicité.

Tenez, voici au hasard la jolie lettre qu'elle écrivait à une de ses meilleures amies, Mlle Mars, la grande actrice.

1er mars.

« Que le beau nom de ce mois vous porte bonheur !

« J'ai encore à vous demander un de vos gracieux accueils pour un homme distingué dans la littérature, qui veut se livrer au théâtre. Je connais son talent et son caractère, et c'est ce qui me donne assez de hardiesse pour vous offrir sa prière, mais je ne connais nullement son drame où le grand rôle vous est destiné. Il désire ne lire qu'à vous-même ce premier élan d'imagination qui est peut-être du génie. Votre avis, dit-il, ouvrira ou fermera sa carrière. Je vous assure que c'était trop difficile de lui dire que je n'osais vous causer ce trouble.

« Pardonnez-le-moi et croyez que je résiste souvent à de pareilles instances. J'ai trop peur d'abuser de tout ce que je connais d'adorable bonté, sous une gloire que tout le monde ne vous pardonne pas. Elle me rend, moi, si heureuse et si fière de me dire votre attachée. »

Et ce post-scriptum qui la peint tout entière :

« Ressouvenez-vous, du moins, que dans cette foule vous avez beaucoup d'amis sur lesquels votre nom est toujours magique, et puis une fourmi, qui mordrait au talon tous les croquants du monde pour vous prouver sa fidèle affection. Cette fourmi-là s'appelle : Marceline Valmore. »

Est-il possible d'intercéder avec plus de charme, de cœur et d'éloquence ? Et quelle joie, quelle effusion de bonheur quand elle a obtenu l'objet de ses charitables sollicitations ! Témoin ce qu'elle écrivait de Lyon, le 21 décembre 1835, à

une sœur en poésie, Mme Mélanie Waldor, après
avoi obtenu d'Alexandre Dumas père la promesse d'écrire sa biographie.

« J'ai vu M. Dumas lui-même, hier, Mélanie !
« Il descendait de l'Italie. Il nous a donné tout
ce jour de repos, passé dans notre grenier. J'étouffe
de joie d'avoir à vous dire qu'il fera votre biographie. Un vœu de votre cœur malade sera donc
rempli ! J'ai mieux parlé que ma froide lettre.
Faites-la-lui remettre toutefois, tandis que la
promesse est encore sur ses lèvres. Je vous con-
jure de ne pas parler de la mienne à personne.
Qu'ai-je besoin de biographie, moi, qui vis dans
une armoire? »

Et cette modestie, si rare de nos jours, je la
retrouve dans une autre lettre de la même
année :

« Je ne conçois rien à ces biographies que l'on
veut faire comme du contrat, et vous? Moi, personne ne me connaît. Que peut-on dire sur moi?
Cela me semble bien inutile dans des temps si
graves. »

Son inépuisable bonté met à contribution ceux
qu'elle a obligés, pour de nouveaux protégés,
tant elle aime à se prodiguer pour rendre service.

C'est ainsi qu'elle recommande à son amie,
Mme Mélanie Waldor, un jeune avocat de Lyon,
alors obscur et inconnu, Jules Favre, qui partait
pour Paris à la conquête de la célébrité. Voici

un extrait de cette lettre qui ne laisse pas que d'être assez curieuse. Elle est du 1er avril 1836.

« Je vous donne le bonheur de connaître M. Jules Favre, l'éloquent et pur défenseur de nos malheureux accusés d'avril. Cette jeune gloire du barreau lyonnais, dont la voix a ému les tristes échos du Luxembourg, s'en va où vont toutes choses, les belles choses, Mélanie : à Paris, au foyer des gloires durables. Recevez bien la sienne, et montrez-lui les vôtres, qu'il ne connaît encore que de loin et par l'amour qu'il leur porte. Vous avez, avec votre cœur, parfait l'heureux moyen d'être utile à ceux qui aiment les lettres, les arts et les cherchent. Faites donc voir à ce nouvel habitant de votre monde tout ce qui, après vous, est à aimer, beau et bon à connaître, et faites pour lui comme vous feriez pour moi, si j'allais vous demander tout ce que vous pouvez en bienveillance de l'âme. »

N'est-ce point chose vraiment curieuse de voir Mme Desbordes-Valmore aplanir, devant Jules Favre, cette route qui devait être pour lui si brillante, et si fatale, hélas ! pour la France?

Dans cette précieuse correspondance, il me faut signaler les lettres qu'elle a écrites à l'un de nos illustres concitoyens, à M. Martin du Nord, alors ministre de la Justice, et dans tout l'éclat de son talent et de sa renommée.

Elle n'a cessé d'intercéder auprès de lui en faveur des condamnés, et elle l'a fait souvent avec une véritable éloquence. Pour toucher plus sûrement le cœur du ministre, elle ne craignait pas, au besoin, d'employer quelques mots de vieux patois douaisien. Le moyen était bon, car en marge de ces lettres, vous pourrez lire ce seul mot, bien significatif malgré son laconisme : « Accordé. »

Plus d'une fois d'ailleurs, elle eut comme porte-parole, auprès de M. Martin du Nord, un de nos concitoyens dont le souvenir vit encore parmi nous. Je veux parler du regretté sénateur M. Hamille, dont souvent elle mit à contribution la bienveillance et la bonté, toujours prêtes à obliger.

Il me faut laisser de côté ses lettres à Dumas père, à Charles Blanc, au ministre de l'Instruction publique, M. Fortoul, à beaucoup d'autres encore. De celui-ci elle sollicite un rôle pour un acteur méconnu, la commande d'un tableau pour un jeune peintre d'avenir, une pension pour un poète en détresse, ce qui est plus fréquent qu'un poète dans l'opulence, l'indulgence de Mlle Mars pour une jeune fille se destinant au théâtre ; elle demande pour tous, excepté pour elle-même, et cela est d'autant plus touchant, qu'au moment même où elle se prodiguait ainsi pour autrui, il lui arrive plus d'une fois de commencer la semaine en n'ayant que vingt sous devant elle.

Elle s'est d'ailleurs fidèlement dépeinte dans ces deux vers :

> Je suis la prière qui passe,
> Dans ce monde où rien n'est à moi...

C'est ce qu'elle disait encore dans une lettre du 5 octobre 1836 :

« Je prie Dieu pour tout ce qui souffre, car j'ai appris toutes les douleurs. »

Et ce n'est pas là une exagération, témoin ce qu'elle écrivait, à peu près vers la même époque, à son amie Mme Mélanie Waldor :

« J'ai été malade, plus qu'à l'ordinaire, et ma chère fille aînée l'a été plus que moi, pour grandir et se soumettre à ce climat, tour à tour humide et dévorant. C'est le plus malsain pour les organisations nerveuses, et si l'on pouvait se trouver heureux comparativement je vous dirais : « Bénissez Dieu ! vous n'habitez pas Lyon. » Ce sera une des tristes réalités de ma vie, qui s'abrège ainsi de tout ce qui lui est imposé par force, mais je sais bien que les chagrins des autres ne peuvent consoler des âmes vraiment bonnes, et la vôtre, j'en suis sûre, est de ce nombre. »

« Nous sommes toujours dans le désastre d'une grande faillite théâtrale, dont le directeur est en fuite. Le théâtre est fermé, les appointements de trois mois perdus, la profonde infortune enfin, tout ce que je pressentais en vous disant : adieu ! Si mon sort changeait, par une pitié du ciel, je me ferais un devoir de vous l'écrire pour vous donner un peu de joie, car il y a longtemps que vous êtes triste en pensant à moi. Ne croyez pas pourtant que je sois sans courage et sans consolation. Mes trois enfants sont près de moi et s'aiment bien ; vous savez l'attachement de mon mari pour moi, et j'ai des heures d'oubli sur le fond de notre position. Dieu ne m'a pas encore laissé tomber, mais je ne tomberai, je l'espère, que dans ses bras.

« Vous présumez que, dans ce coin où m'a cherchée votre lettre, remise par un médecin fort distingué, je n'ai pas le moyen de répandre les souscriptions de votre joli volume.

« Jamais je ne vais dans le monde de cette province, où tout ce qui tient au théâtre demeure étranger, comme les Juifs. »

Hélas ! ni les éditions successives de ses œuvres, ni sa renommée chaque jour grandissante, ne lui avaient donné la fortune. Croiriez-vous que, toute sa vie, elle rêva de loger au second étage, « première richesse, disait-elle, des ambitions raisonnables. » Ce modeste souhait resta toujours à l'état de rêve. Elle eut sans cesse à défaire et refaire son nid. Il lui fallut changer quatorze fois de logement en vingt ans. A Lyon, en 1834, elle était installée au cinquième étage et, comme elle le disait avec une gaieté qui est le courage de l'infortune, son escalier lui rappelait les Pyrénées, moins les fleurs. C'est là qu'elle reçut la visite de Barbier, l'auteur des *Iambes*, et de Brizeux, le poète breton,

> Frère, attardant son pas pour rencontrer ma main...

L'un d'eux, Barbier, a écrit le récit de cette visite, et rien n'a vraiment plus de charme.

... Quand ils eurent gravi l'interminable escalier, notre Muse douaisienne leur fit les honneurs de son grenier. « Qu'il est aimable à vous, leur

dit-elle, d'être venus voir une pauvre hirondelle
sous sa tuile. » Et Brizeux de lui répondre avec
autant d'à-propos que de délicatesse :

« Chère madame, nous n'avons eu garde d'oublier l'hirondelle ! L'hirondelle ne porte-t-elle pas
toujours bonheur au voyageur? »

C'est alors que dans l'humble logis, peu habitué
d'ailleurs à recevoir de pareils hôtes, Mme Desbordes-Valmore leur lut la magnifique épître
qu'elle venait de recevoir de Lamartine, épître
qui compte parmi ce qu'il a fait de meilleur et
de plus sublime.

Je voudrais vous conter en deux mots l'histoire
de cette épître, elle est curieuse et ne manque
pas de piquant.

Lamartine, le grand poète, l'orateur, l'historien, alors dans toute la splendeur de son talent,
Lamartine, alors l'enfant chéri de la renommée
et de la fortune, lut un jour, par hasard, dans un
album, une pièce de vers de Mme Desbordes-
Valmore. Elle était adressée à un poète dont le
nom n'était indiqué que par les initiales : A. D. L.
Le grand poète n'hésita pas un instant. De la
meilleure foi du monde, il s'imagine que ces initiales A. D. L. visaient Alphonse de Lamartine.
Et aussitôt, il s'échappe de son cœur une nuée
de strophes ailées, un chant admirable et sublime
à la louange de sa sœur en poésie. C'est ce chant
que, sous sa tuile, la pauvre hirondelle lut à
Brizeux et au poète des *Iambes*.

Je voudrais pouvoir vous lire cette pièce superbe
entre toutes, où après avoir montré « le vaisseau

de haut bord qui se rit de la tempête » et qui
renvoie les vagues en poussière comme un coursier sème en arrière la blanche écume de son
mors, en regard, il met la pauvre barque, « le
foyer flottant du pêcheur, la seule demeure qu'il
ait au monde pour lui, sa femme et ses enfants. »

> Cette pauvre barque, ô Valmore,
> Est l'image de ton destin.
> La vague, d'aurore en aurore,
> Comme elle, te ballotte encore
> Sur un Océan incertain.
>
> Tu ne bâtis ton nid d'argile
> Que sous le toit du passager.
> Et comme l'oiseau sans asile
> Tu vas, glanant de ville en ville,
> Les miettes du pain étranger.
>
> Mais l'oiseau que ta voix imite,
> T'a prêté sa plainte et ses chants
> Et plus le vent du Nord agite
> La branche où ton malheur s'abrite,
> Plus ton âme a de cris touchants.
>
> Ainsi le cœur n'a de murmures
> Que brisé sous le poids du sort.
> L'âme chante dans les tortures,
> Et chacune de ses blessures
> Lui donne un plus sublime accord.
>
> Sur la lyre où ton front s'appuie,
> Laisse donc résonner tes pleurs.
> L'avenir du barde est la vie,
> Et les pleurs que la gloire essuie
> Sont le seul baume à ses douleurs.

Je n'ai pas besoin de vous dire que, venant de
Lamartine, de celui qui tenait alors le sceptre

de la poésie, ces beaux vers étaient pour Mme Desbordes-Valmore le plus glorieux hommage qui
pût être rendu à son talent.

Touchée jusqu'au fond du cœur, elle répondit
à l'instant même sur la même mesure et sur le
même rythme.

Ici encore j'ai à vous lire quelques strophes.
Dans le passage où elle répond à ce mot de gloire
qui lui avait été si magnifiquement jeté par le
grand poète, il semble vraiment qu'elle ait su
s'élever à la même hauteur que Lamartine.

> Mais dans ce chant que ma mémoire
> Et mon cœur s'apprennent tout bas,
> Doux à lire, plus doux à croire,
> Oh ! n'as-tu pas dit le mot : gloire?
> Et ce mot je ne l'entends pas.
>
> Car je suis une faible femme,
> Je n'ai su qu'aimer et souffrir.
> Ma pauvre lyre, c'est mon âme,
> Et toi seul découvres la flamme
> D'une lampe qui va mourir.
>
> Je suis l'indigente glaneuse
> Qui, d'un peu d'épis oubliés,
> A paré sa gerbe épineuse,
> Quand ta charité lumineuse
> Verse du blé pur à mes pieds.
>
> Oui, toi seul auras dit : « Vit-elle? »
> Tant mon cœur est mort avant moi.
> Et sur ma tombe, l'hirondelle
> Frappera, seule, d'un coup d'aile
> L'air harmonieux comme toi.

Dites-moi, n'y a-t-il pas dans ces deux pièces
de vers, en dehors de l'analogie de rythme et de

mesure, un air de parenté, de famille? Toutes proportions gardées, cela va sans dire, d'un côté comme de l'autre : le même souffle lyrique, la même inspiration.

> Car je ne suis qu'une faible femme,
> Je n'ai su qu'aimer et souffrir,
> Ma pauvre lyre, c'est mon âme...

C'est parce qu'elle a su aimer et souffrir, c'est parce que son âme a inspiré sa lyre qu'elle est vraiment poète, qu'elle a le feu sacré qui fera que ses vers échapperont aux oublis et aux injures du temps !

Je voudrais pouvoir la suivre dans sa course vagabonde, vous la montrer ne sachant où poser la tête, allant de ville en ville, voire même en Italie, où elle alla en 1841 ; vous lire l'*Invocation au soleil*, dans laquelle elle a résumé toutes ses impressions de voyage, cette belle pièce qui semble tout imprégnée des parfums de l'Italie et radieuse comme le soleil qu'elle chantait.

Hélas ! ce ne fut qu'une éclaircie dans sa vie. Malgré tous ses efforts, malgré la toute-puissante protection de Mlle Mars, jamais elle ne put obtenir que son mari fût reçu à la Comédie-Française. Il ne put entrer qu'à l'Odéon, et c'est alors qu'elle revint à Paris, qu'elle ne devait plus quitter.

Mais la coupe des douleurs n'était pas épuisée pour elle. Coup sur coup, la mort lui enleva deux filles charmantes, toutes les deux dans l'aurore de la jeunesse, du talent et de la beauté.

Elles s'appelaient Inès et Ondine. Cette dernière avait épousé M. Langlais, député de la Sarthe, conseiller d'État, qui mourut ministre du malheureux empereur Maximilien. Ondine avait hérité du talent de sa mère. J'ai vu d'elle des lettres charmantes, pleines de grâce, d'esprit et d'abandon.

La source des douleurs fut donc ouverte pour Mme Desbordes-Valmore et, sans la foi profonde qui l'a soutenue dans les nombreuses épreuves de sa vie, elle eût succombé sous le dernier coup.

Une seule chose l'aida à supporter ce fardeau de douleurs, c'est, comme elle l'écrivait si poétiquement, c'est l'éternelle espérance qui vole incessamment du ciel à nous, et de nous au ciel.

Ces morts cruelles ravivèrent la source de ses inspirations ; elle a écrit tout un volume intitulé : *le Livre des enfants et le Livre des mères*.

Jamais elle n'a trouvé des accents plus éloquents que pour chanter ces deuils de jeunes filles ou de jeunes femmes, car c'est sa propre histoire, ce sont ses douleurs qu'elle se trouvait chanter.

Et voici quelques vers, où la pensée le dispute à la pureté et à la beauté de la forme :

Légère on la portait. C'était comme une fête,
Chaque fleur pour la voir semblait lever la tête,
Le soleil à pleins feux ruisselait dans les champs,
Une église allumait ses flambeaux et ses chants.
Les cieux resplendissaient sans nuage, sans blâme,
De la morte charmante ils laissaient passer l'âme,
Et les hommes en bas marchaient silencieux,
La rêverie au cœur et l'espérance aux yeux.
Plus loin, les moissonneurs penchés sur la faucille,
Devinaient et plaignaient ce poids de jeune fille

Au deuil blanc : car pressé de vivre et de souffrir
L'homme, partout, s'attarde à regarder mourir.
Pourtant, l'atome ailé dont le vol se déploie
Traçait au fond de l'air mille cercles de joie,
L'hirondelle au bec noir acclamait son retour,
Le cri des coqs lointains sonnait l'heure de l'amour.
Là-bas, des ramiers blancs flottaient à longues voiles,
Et semblaient, en plein jour, de filantes étoiles.
L'arrêt n'avait frappé que sur un jeune sort,
Qui, soumis, s'éteignait sous les doigts de la mort.
Au fond des bois ombreux, mille oiseaux s'ébattaient,
Et l'on eût dit au loin que les arbres chantaient...
Quand la nuit s'étendit sur l'ardent paysage,
Quand tout bruit s'effaça, l'astre au tendre visage,
Vers une croix nouvelle allongea ses fils d'or,
Comme un baiser de mère à son enfant qui dort.

J'en ai fini, et cependant je ne veux pas quitter Mme Desbordes-Valmore sur cette note triste et mélancolique. Je veux vous laisser sous le coup d'une impression toute différente. Cela complétera d'ailleurs mon étude, en vous la faisant connaître sous un jour tout nouveau.

La pièce n'a que quelques vers, et elle a pour titre :

INVITATION A LA VALSE

L'air est brûlant, la valse tourne et vole,
Le cercle fuit et s'agrandit là-bas,
Allons, madame, on a votre parole,
On vous attend !... Ne valserez-vous pas ?

En paraissant, vous êtes invitée,
Tous les regards ont besoin de vos yeux.
On a saisi votre main agitée,
Et vous voilà jointe à l'essaim joyeux.

L'air est brûlant, la valse tourne et vole,
Le cercle fuit et s'agrandit là-bas,
Allons, madame, on a votre parole,
On vous attend !... Ne valserez-vous pas?

Valsez, tournez, comme les tourterelles
Planent le soir dans l'azur sombre et doux.
A votre essor, on vous prendrait pour elles,
A leur blancheur, on les prendrait pour vous.

L'air est brûlant, la valse tourne et vole,
Le cercle fuit et s'agrandit là-bas,
Allons, madame, on a votre parole,
On vous attend !... Ne valserez-vous pas?

Je ne pouvais mieux finir mes lectures qu'en vous lisant cette pièce qui réveillera le souvenir des bals de cet hiver, en attendant ceux de l'année prochaine.

Voilà ce que j'avais à vous dire de Mme Desbordes-Valmore, et je m'excuse de m'être laissé entraîner au delà des limites que je m'étais fixées.

Je n'ai pas voulu me livrer à une étude littéraire sur ses œuvres, et qu'en est-il besoin? Ne vous ai-je pas fourni tous les éléments pour vous former une appréciation personnelle et pour conclure vous-mêmes?

J'espère vous avoir prouvé que notre chère ville de Douai peut s'enorgueillir d'avoir donné le jour à un véritable poète, à une belle âme au timbre d'or, comme l'appelait poétiquement Brizeux.

Il n'a pas été le seul à lui rendre justice.

Aux vers de Lamartine j'aurais pu joindre les hommages de Chateaubriand, de Béranger, d'Auguste Barbier, de Michelet, de Victor Hugo, qui disait qu' « elle était la poésie même ».

Le temps, qui détruit tout, n'a fait que consacrer sa gloire littéraire. Ai-je besoin de rappeler ici le mouvement d'opinion qui s'est fait à Douai?

Le vœu unanime de la Cité a réclamé, en faveur de Mme Desbordes-Valmore, l'érection d'une statue !

C'est sur l'emplacement de l'ancien cimetière, là où dorment ses ancêtres de leur dernier sommeil, c'est dans le square Jemmapes, au milieu de la verdure et des fleurs du sol natal, en face de l'église Notre-Dame, tout près de la maison qui abrita son enfance, que se dressera bientôt, je l'espère, sa blanche statue. C'est la poésie elle-même qui, avec Mme Desbordes-Valmore, montera sur le piédestal de marbre que lui élèvera l'admiration de ses concitoyens.

LA TERREUR DANS LE PAS-DE-CALAIS (1).

Le 1ᵉʳ novembre 1793 revenait à Arras un jeune homme. Il portait le costume de représentant du peuple en mission : son chapeau était surmonté d'un panache tricolore, une écharpe flottait à sa ceinture, son sabre traînait bruyamment par terre, il avait des pistolets aux côtés. Joignez à cela un regard dur, un visage impassible, une démarche orgueilleuse. C'était le conventionnel Joseph Le Bon, et l'on peut dire qu'avec lui, la Terreur faisait son entrée dans la ville d'Arras, pour de là envahir tout le Pas-de-Calais.

Je dis qu'il revenait à Arras, car il était l'un de ses enfants. Il y était né en 1768 et y avait fait de brillantes études chez les prêtres de l'Oratoire. Il fut ordonné prêtre en 1789 ; il rêvait alors la vie de missionnaire, mais l'ambition le mordit au cœur et lui fit prendre le parti de la Révolution.

A la suite d'une éclatante apostasie, il avait été nommé maire d'Arras, puis président du dis-

(1) Conférence prononcée pour la première fois au Cercle catholique de Douai, le 29 janvier 1883. Elle fut prononcée ensuite à Lille, salle Ozanam, le 14 mars 1883 et à Boulogne-sur-Mer le 8 juillet de la même année.

trict. Le Pas-de-Calais l'avait envoyé comme député supplémentaire à la Convention. C'était l'homme de confiance de Robespierre qui l'avait désigné au Comité de Salut public pour révolutionner le Pas-de-Calais. Le même homme qui, dans les années de sa studieuse et fervente jeunesse, avait rêvé d'être missionnaire de la foi aux régions lointaines, allait être, dans son pays natal, le missionnaire de l'échafaud, de la Terreur et de la Révolution.

Voici d'ailleurs l'arrêté par lequel le Comité de Salut public lui confère ses redoutables fonctions :

« Le Comité de Salut public, instruit que des mouvements contre-révolutionnaires s'élèvent dans plusieurs endroits du Pas-de-Calais,

« Arrête que le citoyen Le Bon se transportera sur-le-champ dans ce département pour étouffer ce complot dangereux par les mesures les plus efficaces et les plus actives. »

Ai-je besoin de vous dire qu'il n'y avait pas le moindre complot dans tout le département du Pas-de-Calais ; les lois et décrets de la Convention étaient obéis sans résistance, mais il était alors de mode de supposer des complots. Il y en avait pour tous les goûts.

Il ne se passait pas de jour que fût dénoncée à grand fracas quelque conjuration royaliste, quelque trame ourdie contre la liberté, quelque coalition entre les ennemis du dehors et ceux du dedans. Et cela se comprenait à merveille ! Comment voulez-vous que des hommes qui, pour arriver au jour, avaient sans cesse conspiré, qui, depuis quatre ans, avaient trempé dans toutes les émeutes et les insurrections, ne jugent pas les autres d'après eux-mêmes?

Les complots supposés étaient alors un des ressorts du gouvernement révolutionnaire. C'est si commode, un complot imaginaire! cela ne fait courir aucun danger au gouvernement; en revanche, cela autorise tant de choses! Comme le disait Tacite : *C'est le crime des gens qui n'en ont pas commis.*

Les complots supposés! mais ils justifiaient ce droit supérieur de légitime défense, et la tyrannie populaire est toujours prête à invoquer ce droit; ils servaient de prétexte aux visites domiciliaires, aux lois de proscription, à toutes les mesures violentes.

Le complot imaginaire visé par l'arrêté du Comité de Salut public avait pour but de motiver la mission de Le Bon dans le Pas-de-Calais et la création d'un tribunal révolutionnaire à Arras.

Ainsi mis en demeure d'étouffer un complot, Le Bon ne perdit pas de temps. Le plus difficile était d'en découvrir. N'y réussissant pas à Arras, il se met à courir le département. Le 9 novembre, il est à Calais, et là il est plus heureux. Il saisit à la douane une caisse renfermant quatre douzaines de couteaux venant d'Angleterre!... Son imagination travaille. Grâce à elle, ces couteaux se transforment en poignards préparés pour l'assassinat des membres de la Convention.

13

Il saisit en même temps cinquante mille lettres à destination d'Angleterre, il les fait ouvrir, et les phrases les plus insignifiantes deviennent une cause d'arrestation dans toute la région.

Jugez de sa joie lorsque, quelques jours plus tard, il découvre une nouvelle caisse de quatre mille poignards ! Ces armes redoutables étaient simplement de vulgaires couteaux de cuisine restés en souffrance à la douane de Calais et destinés à un coutelier de Paris...

Mais dans l'effervescence de sa joie, Le Bon écrit au comité de Salut public :

« Vous frémissez d'horreur au récit de cette découverte (il n'y avait pas de quoi frémir d'horreur pour des couteaux de cuisine, fussent-ils au nombre de quatre mille). J'attends vos ordres ; si vous voulez que j'agisse par moi-même, lâchez-moi la bride. Songez aux cinquante mille lettres, aux prisons qui regorgent et que je voudrais débarrasser par le tribunal révolutionnaire... »

Sans attendre la réponse, il quitte Calais pour Hesdin, traverse Saint-Omer, se rend de là à Saint-Pol, puis à Montreuil, et partout où il va les arrestations se succèdent sans interruption, les épurations de fonctionnaires se multiplient. Ces méthodes sont, paraît-il, de rigueur en pareil cas !

Le 16 novembre, il reçoit les pouvoirs qu'il avait demandés. Voici dans quels termes ils sont conçus :

« Le Comité de Salut public, citoyen collègue, vous observe qu'investi de pouvoirs illimités,

vous devez prendre dans votre énergie toutes
les mesures commandées par le salut de la chose
publique. Déjà les conspirations s'arment contre
la Nation. Secouez sur les traîtres le flambeau et
le glaive. Marchez toujours sur cette ligne révolutionnaire que vous décrivez avec énergie. Le
Comité applaudit à vos travaux. Salut et Fraternité. »

Comme la fraternité cadre bien avec le flambeau et le glaive qu'il faut secouer sur une population paisible ! Il ne faut pas s'en étonner, c'est
le langage hypocrite et menteur de l'époque ;
c'est au nom de l'égalité que toutes les lois d'exception sont édictées, comme c'est au nom de la
liberté que va être exercée la plus atroce des
tyrannies.

C'était si bien un complot imaginaire, qu'aussitôt investi de pouvoirs illimités, le représentant
du peuple rejette dans l'ombre l'affaire des poignards. Il a atteint son but, et dans tout le Pas-
de-Calais, à tous les degrés de la hiérarchie, civile,
administrative, militaire, le pouvoir va passer
de ceux qui avaient la naïveté d'allier la Révolution et la Justice, à ceux qui veulent exter-
miner tout ce qui, de près ou de loin, touche à
l'ancien régime et fait obstacle au nouveau.

Voilà le système que Le Bon, encouragé par le
Comité de Salut public, va partout appliquer
dans sa course rapide à travers le Pas-de-Calais.
Il procède avec méthode.

Parmi ceux qui sont impitoyablement traqués,

je place au premier rang les hommes que leurs vertus, leurs bienfaits, le signe indélébile de leur caractère, ont de tous temps désignés à l'ingratitude du peuple et à la fureur des révolutions.

J'ai nommé les prêtres et les religieux ! N'est-ce pas toujours par eux qu'on commence?

Dans le Pas-de-Calais, comme dans la France entière, ils furent admirables. Rien qu'à Arras, quarante d'entre eux montent sur l'échafaud, trente-huit meurent dans les prisons, quatre-vingt-dix-huit sont exilés ou déportés. C'est vous dire avec quelle rage ils sont poursuivis, et cela se comprend, car pour le prêtre renégat, devenu représentant du peuple, la vue seule de ceux qui sont restés inébranlables dans leur foi constitue un vivant et cruel reproche.

Après eux, je placerai les nobles, à qui l'on n'a d'autre acte criminel à imputer que leur acte de naissance. Tous ceux à qui leur nom crée une situation exceptionnelle sont en un seul jour décrétés d'arrestation, depuis les septuagénaires jusqu'aux enfants. Il y a des villes, comme Boulogne, où quarante d'entre eux sont jetés en prison dans la même journée.

Le cercle de la Terreur s'étend encore : sont suspects tous ceux qui ont l'aristocratie du talent ou de la naissance. Du talent, car c'est une supériorité ; elle offusque même plus que les autres, car celle-là vient de Dieu et il n'y a pas de décret au monde qui puisse la donner ou la retirer.

En voulez-vous des exemples? A Arras, l'avocat Dauchez est arrêté, parce qu'il « a de l'esprit

par-dessus le beffroi de la ville ». Ce sont les termes
mêmes dont Le Bon s'est servi. Le président de
Madre est jeté en prison, parce qu'il « a des
talents ». On sait que ce n'est généralement pas
le fait d'un révolutionnaire. Impossible de mieux
le reconnaître.

Il en est d'ailleurs ainsi dans toute la France !
Est-ce qu'à Paris le grand poète André Chénier
ne va pas expier son génie sous le couteau de la
guillotine, comme le grand chimiste Lavoisier
ira y expier sa science?

A Lavoisier, qui sollicite un délai de quinze
jours pour résoudre un grand problème scienti-
fique, il est répondu avec dédain que « la République n'a pas besoin de chimistes »...

Après le talent, la fortune devient un crime !
Dans les villes, les riches commerçants ; dans les
campagnes, les gros fermiers sont arrêtés « afin
de tuer l'aristocratie mercantile comme celle de
la culture »... Ce sont les termes mêmes que
j'extrais des pièces officielles. Pour ne laisser
échapper aucun riche, Le Bon fait dresser la liste
officielle de tous ceux qui paient annuellement
plus de cinquante francs de contributions. En
même temps, il surexcite le zèle de tous ses agents
en doublant leur traitement, y compris celui du
bourreau dont les services vont bientôt être mis
en réquisition. Il encourage également le zèle
des délateurs par l'appât des récompenses.

S'adressant aux indigents de la ville d'Arras,
il leur dit : « Il y a assez longtemps que vous
vivez dans des caves ! Elles sont pour vous, ces

belles demeures des aristocrates emprisonnés. »

Et de fait, il installe plusieurs dénonciateurs dans les hôtels de leurs victimes.

A Neuville, après l'arrestation de toute une famille, il assemble les habitants dans l'église, et du haut de la chaire il s'écrie : « C'est pour vous, ces beaux chevaux gris et les quatre cents mesures de terre de la famille Payen. »

Jugez de la libre carrière donnée ainsi aux dénonciateurs qui trouvent, sans péril, le moyen de satisfaire leurs rancunes sous le masque du patriotisme.

Le Bon en donne l'exemple tout le premier. Il fait arrêter, condamner à mort et exécuter le juge de paix Maniez qui, deux ans plus tôt, lui a donné tort dans un procès de simple police. A Saint-Pol, Darthe, le bras droit de Le Bon, fait, sous un prétexte futile, arrêter trente-trois personnes dont le véritable crime avait été de voter contre lui aux élections de 1791, et vingt-trois d'entre elles expieront sur l'échafaud la naïveté d'avoir cru que les élections étaient libres !

Mais pourquoi s'attaquer à la richesse, sous toutes ses formes? La raison en est bien simple. Il y a des gens qui assassinent pour voler ; c'est pour le même motif que la Terreur condamne. Les biens des condamnés sont confisqués au profit de la République. C'est un moyen de battre monnaie et de payer une faible partie des dépenses colossales qui grandissent chaque jour.

Les frais de mission des représentants du peuple

sont couverts de cette façon. Et ne croyez pas que j'exagère. Voici ce que Le Bon écrit au Comité de Salut public, en parlant de ses dépenses :

« Au surplus, les coquins dont je fais confisquer la tête et les biens par les tribunaux dédommagent amplement la Patrie... »

Et pour qu'il en soit ainsi, il prend l'arrêté suivant :

« Considérant surtout qu'il importe de faire tomber les têtes des riches coupables, arrête que les prévenus distingués par leurs talents et leurs richesses seront jugés tout d'abord, et que les autres seront ajournés jusqu'après le jugement des premiers. »

Il ne faudrait pas croire cependant que les artisans, les ouvriers, les indigents eux-mêmes soient à l'abri. La Terreur est universelle et elle descend jusqu'à eux. La moindre peccadille suffit pour qu'ils soient arrêtés comme suspects et l'arrestation précède souvent de bien peu le supplice. Malheur à ceux qui oublient de porter une cocarde tricolore, ou dont le bonnet rouge est agrémenté de rubans et de broderies. Ils sont jetés en prison « pour avoir déshonoré ce signe auguste (le bonnet rouge) par des ornements « de « l'ancien régime ».

Malheur à ceux et à celles qui, le dimanche, revêtiront leurs habits de fête, chez qui l'on saisira un livre de prières, une gravure, une statuette, une brochure royaliste ! Ce sont des « fanatiques » et le fanatisme est poursuivi à l'égal de la richesse, du talent et de la science.

Dans une seule des prisons d'Arras, il y a soixante-trois personnes prévenues « d'opinions religieuses » ! Accusation plus dangereuse alors que celle d'avoir volé ou assassiné.

Ainsi, Le Bon continue sa course rapide à travers le Pas-de-Calais, faisant partout sa récolte de prisonniers, et celle-ci terminée, il les entasse sur des charrettes et les expédie d'urgence à Arras, où il annonce leur arrivée au district par cette phrase significative : « Je vous envoie du gibier de guillotine. »

Voilà pour les mesures contre les personnes. Un mot seulement des ruines matérielles.

Dans le livre de l'historien écossais Carlyle sur la *Révolution française*, il y a un chapitre intitulé : « Destruction » ! Je m'approprie ce mot pour le mettre en tête des quelques détails que je vais vous donner.

Ces superbes églises qu'avait élevées et décorées la piété de tant de générations successives, ces magnifiques monastères, asiles de la science, de la charité et de la foi, sont détruits ou aliénés. Sur les quelques édifices restés debout, les scellés sont apposés ; ces scellés que le siècle suivant devait revoir, Le Bon les fait enlever, et alors les monastères sont transformés en prisons, les églises en salles de bal, de théâtre, d'audience, en clubs pour les sociétés populaires, en Temples de la Raison.

Une invasion de barbares aurait causé moins de ravages ; les chefs-d'œuvre de toute nature sont détruits ou mutilés, les confessionnaux sont changés en guérites, les ex-voto pillés, les statues des saints brûlées, les vases sacrés envoyés à la Monnaie pour être fondus, l'airain des cloches transformé en canons, les tableaux lacérés ou employés à faire des caisses, les manuscrits que l'art chrétien avait couverts de précieuses enluminures, les livres de liturgie, servent à faire des cartouches ou des gargousses pour l'artillerie. Les calvaires sont sciés au pied, les cimetières dépouillés de leurs croix et de leurs tombes : on les remplace par la statue du sommeil.

Dans le cimetière d'Arras, les croix et monuments funèbres sont vendus en bloc pour quatre mille livres.

Vous le voyez, ce n'est pas d'hier que la Révolution triomphante envahit jusqu'au séjour des morts et qu'elle trouble leur éternel repos au profit de ses haines ou de ses craintes.

Des excès plus grands encore sont commis : les reliques sont profanées, les hosties foulées aux pieds, et comme résumé de tout ceci, je ne puis mieux faire que de vous citer le passage suivant, dans lequel le conventionnel André Dumon, en mission dans les départements du Nord et du Pas-de-Calais, raconte lui-même ses exploits :

« Je fais disparaître les croix et les crucifix, je suis dans l'ivresse ; partout on ferme les églises, on brûle les confessionnaux et les saints, on fait des gargousses de canon avec les livres de liturgie sacrée ; tous les citoyens crient : « Plus de prêtres ! « l'Égalité et la Raison. »

Voilà pour le culte et les édifices religieux. Un mot pour les fortunes privées.

Ce ne sont pas seulement les maisons des condamnés qui deviennent *Propriétés nationales*, celles des prisonniers sont envahies et livrées au pillage organisé. Toutes les provisions de linge, vêtements, chauffage, comestibles, sont enlevées et vendues, à vil prix, aux membres des Sociétés populaires. Les jardins sont dévastés, les arbres coupés au pied, le terrain remué de fond en comble dans l'espoir d'y découvrir des trésors ; on y a semé des légumes, car la famine se fait sentir. En un mot, les fortunes des malheureux prisonniers sont traitées comme si déjà leurs successions s'étaient ouvertes au profit de la République.

Et voici ce qu'écrit un témoin, le conventionnel Florent Guyot :

« Il est heureux pour la chose publique que les habitants du Nord tiennent de la nature une tête froide et une imagination calme, sans cela, on aurait fait de ce pays-ci une nouvelle Vendée ; et je ne doute pas que ce fût l'intention du Comité de Salut public. »

Mais bientôt Le Bon est obligé de déléguer à des agents de confiance le soin de révolutionner le Pas-de-Calais. Il exprime au Comité de Salut public son regret de ne pouvoir visiter sinon jusqu'au moindre hameau, au moins tous les chefs-lieux de canton.

Deux choses l'appellent à Arras : c'est l'organisation des prisons et celle du tribunal révolutionnaire. Ce n'est pas tout que d'arrêter ses adversaires politiques. Ils sont parfois plus dangereux en prison qu'ils ne sont en liberté.

Les prisons ! Elles sont depuis longtemps insuffisantes. On a beau transformer en maisons d'arrêt la plupart des communautés religieuses, comme les Capucins, les Ursulines, l'Hôtel-Dieu, voire même les hôtels des victimes de la justice révolutionnaire, la place manquera toujours, grâce aux arrestations qui se succèdent sans relâche.

Rien qu'à la Providence, où il n'y a place que pour deux cent cinquante prévenus, il y en a cinq cents, et la même proportion existe partout ailleurs.

Pour se faire une idée des souffrances endurées par les malheureux prisonniers, il faut lire les ouvrages du temps. Parmi ces livres vengeurs, il en est un qui porte un titre caractéristique. Il est intitulé : *les Angoisses de la mort ou Idées des horreurs des prisons d'Arras.*

Il semble en le lisant qu'on entende les plaintes déchirantes de ces malheureux prisonniers entassés les uns sur les autres, à qui on prodigue toutes les souffrances.

Ici, un geôlier prend plaisir à leur faire boire de l'eau corrompue alors qu'il y en a d'excellente dans la prison ; là, ils sont laissés pendant plus de vingt-quatre heures sans la moindre nourriture. Le Bon avait, il est vrai, ordonné que la nourriture des ennemis de la patrie fût frugale. Ailleurs, de pauvres prêtres septuagénaires sont privés du peu de bois qu'ils avaient acheté pour se chauffer pendant un hiver des plus rigoureux.

Aussi, dans de pareilles conditions, la mortalité se développe d'une façon effrayante, et quand elle est connue de Le Bon, il écrit au Comité de Salut public :

« La guillotine perd ses droits, attendu que plusieurs des grands coupables meurent entre les bras des geôliers. »

Mais il s'arrange de manière à ce que cette proie ne soit pas totalement perdue, et pour cela, il organise le tribunal révolutionnaire d'Arras sur le modèle de celui de Paris. Il fait dresser pour tout le département une liste de soixante jurés. C'était sur cette liste qu'étaient non pas tirés au sort pour chaque affaire, mais soigneusement triés en l'absence des accusés et de leurs défenseurs, les noms des douze jurés appelés à se prononcer sur l'existence ou la non-existence du fait.

Les juges avaient une double mission : celle d'embarrasser les prévenus par des questions captieuses, et d'appliquer la peine au fait déclaré constant par le jury.

Les juges étaient des fonctionnaires qui avaient donné des preuves de leur fanatisme révolutionnaire. Les jurés avaient été choisis dans les villes et principalement à Arras. C'étaient des habitués des Sociétés populaires, connus par leur exaltation et leurs violences. Illettrés pour la plupart, beaucoup n'apprirent à signer qu'après avoir été choisis comme jurés ; sans moralité, sans conscience, leur vote n'avait pour mobile que le fanatisme ou la crainte.

J'aurai tout dit en ce qui les concerne, quand j'aurai ajouté qu'au milieu d'eux siégeait un voleur de grand chemin qui, deux ans plus tôt, demandait la bourse ou la vie dans le bois de Vaux près d'Arras. En devenant juré au tribunal révolutionnaire, il n'avait changé de métier qu'en un sens : c'est qu'il prenait l'une et l'autre.

Voici d'ailleurs le portrait que fait de ces juges et jurés un témoin qui ne sera pas suspect : c'est le conventionnel Florent Guyot, représentant du peuple à l'armée du Nord :

« J'ai vu des membres de ce tribunal, ils ont plutôt l'air de bourreaux que de juges ; ils se promènent dans les rues avec un sabre traînant toujours à terre. Enfin, ils montent au tribunal en annonçant que l'affaire de tel ou tel va être expédiée et que tantôt on les verra passer pour aller à l'échafaud. J'ai été moi-même témoin auriculaire de ces propos. »

Voilà la flétrissure indélébile infligée par un membre de la Convention au tribunal révolutionnaire d'Arras. Ce n'est pas la seule.

Il y a à Saint-Omer, au greffe de la Cour d'assises du Pas-de-Calais, un registre dont les pages jaunies par le temps ont fait verser des flots de larmes et de sang. C'est le registre des minutes du tribunal révolutionnaire. Il contient près de quatre cents condamnations à mort prononcées en moins de neuf mois par le tribunal.

Voilà la sanglante histoire de ces juges et de ces jurés. Voilà ce qui les poursuivra à jamais à travers les siècles, car ceux qui ont apposé leurs noms au bas de ces arrêts ont signé et paraphé leur éternel déshonneur.

Ce que m'ont appris ces minutes, je vais vous le dire. Sans témoins, sans débats, sans défense, la peine de mort était appliquée comme une peine de simple police. Un jour, en moins de cinq heures, vingt et une personnes sont jugées, condamnées et exécutées pour avoir signé une liste de charité. Des familles entières sont immolées ; celle des Thellier de la Neuville perd neuf des siens ; la famille Payen quatorze (1) ; celle des Lallart de Berlette compte quinze victimes. Pour monter sur l'échafaud, il suffisait d'une parole, d'un geste, d'un soupir, il suffisait d'un portrait fleurdelisé, d'un livre de prières, d'un journal ou d'une brochure royaliste. Ainsi les pensées, les affections, la fidélité, en un mot tout ce qu'il y a de plus pur et de plus élevé dans l'âme humaine, devenaient nature de crime et de châtiment.

Voulez-vous un exemple de ces assassinats juridiques? Toute la famille de Neuville est traduite devant le tribunal révolutionnaire. Maîtres et domestiques sont accusés de trahison envers la patrie et d'avoir tenté de provoquer le rétablissement de la royauté parce qu'ils avaient conservé un perroquet qui criait : « Vive le roi. »

L'unique témoin à charge, le perroquet, est apporté par le gendarme sur le bureau du tribunal

(1) Charles-Marie Payen (1738-1793), député d'Artois aux États généraux de 1789, fut une des dernières victimes de la Terreur. Il fut exécuté à Cambrai en même temps que les Bienheureuses Filles de la Charité d'Arras.

révolutionnaire. Juges et jurés lui prodiguent friandises et agaceries pour le décider à pousser le cri fatal qui entraînera la condamnation de ses maîtres. Mais il semble que l'intelligent animal devine le piège, et il se contente de siffler ses interrogateurs comme ils le méritent.

Et pourtant, malgré le silence de ce témoin d'un nouveau genre, trois des accusés sont condamnés à mort pour avoir enseigné au perroquet à proférer les mots odieux de : « Vive le roi » et provoqué le rétablissement de la royauté et de la tyrannie ! N'avais-je pas raison de dire que c'était un triple assassinat?

Seule une domestique est acquittée. C'en était assez pour que le représentant du peuple taxât de mollesse ce jury qu'il avait mis tant de soin à composer. Pour frapper de terreur les jurés eux-mêmes, il destituait le président du tribunal révolutionnaire et l'accusateur public qui avaient faibli dans cette affaire. Il faisait emprisonner les avocats Dauchez et Leducq dont l'éloquence avait sauvé un accusé.

Quant au perroquet, cause de ces exécutions, il fut donné le lendemain à la femme du représentant du peuple, pour lui apprendre à crier : « Vive la République ! »

Voulez-vous d'autres exemples? Je vous citerais cette jeune fille de seize ans exécutée parce que, sans le savoir, elle avait touché du piano le jour d'une défaite essuyée par les armées de la République, défaite dont la nouvelle n'arriva à Arras que quelques jours plus tard ; cette femme du peuple conduite à l'échafaud pour avoir dit qu'on exécutait journellement à Arras des gens aussi innocents que le nouveau-né qu'elle tenait dans les bras.

Et cependant, quelque dociles que fussent ces juges et ces jurés, leur servilité n'était pas encore assez grande aux yeux du représentant du peuple. Ah ! c'est qu'en pareil cas, la servilité de la veille ne compte pour rien si elle ne garantit pas celle du lendemain. Au théâtre, à l'association populaire, au milieu des banquets, il invectivait les jurés assez audacieux pour acquitter un accusé.

Quand on a étudié l'histoire du tribunal révolutionnaire, on voit toute la vérité de cette phrase de Tacite : *la pire des tyrannies est celle qui s'exerce avec des juges* et cette parole vengeresse du grand historien flétrit ceux qui voudraient faire de notre magistrature française, non plus la gardienne de nos lois, mais un instrument de servitude.

Ai-je besoin de vous dire que grâce à la délation partout organisée et récompensée, grâce aux arrestations journalières, à l'activité du tribunal, Arras ressemble à une ville prise d'assaut et occupée par l'ennemi?

Pour être un chroniqueur fidèle de cette lamentable époque, je voudrais vous faire parcourir rapidement, avec moi, par la pensée, cette ville devenue presque déserte, où les passants osent à peine échanger quelques furtives paroles, par crainte des espions.

Je voudrais vous montrer la moitié des habitants renfermés dans leurs demeures, tressaillant au moindre coup de marteau ou de sonnette, comme pouvant être l'annonce d'un ordre d'arrestation.

Je voudrais vous montrer à la porte de chaque maison des écriteaux indiquant les noms, prénoms, âge de chacun de ses habitants, afin de savoir où saisir ceux d'entre eux qui seraient *suspectés d'être suspects*.

Je voudrais faire passer devant vos yeux comme le panorama des places, des marchés et des rues de cette ville infortunée.

Places et marchés sont depuis longtemps déserts. La guillotine en a éloigné les cultivateurs, aussi la famine se fait-elle cruellement sentir.

Pour ramener à Arras les cultivateurs d'Achicourt (village qui approvisionnait la ville en 1793) il faut la menace de raser les maisons des Notables de la commune.

Le commerce local est depuis longtemps ruiné par la loi du maximum. Les négociants sont obligés, au nom de la liberté, à vendre leurs denrées bien au-dessous de ce qu'elles ont coûté, et à recevoir en paiement des assignats dont la valeur ne dépasse guère celle du papier. Malheur à ceux d'entre eux qui voudraient cesser le commerce, ou enfreindraient ces prohibitions, ils seraient emprisonnés comme suspects ou comme accapareurs.

La vie privée est pour ainsi dire suspendue ; plus d'ouvriers depuis que vingt-deux sous par jour sont assurés aux habitués des clubs, du tribunal révolutionnaire et de la guillotine.

Le vide se fait au dehors comme au dedans de la ville. Sur vingt-deux voitures publiques qui traversaient Arras dans les premiers mois de 1793, il n'en vient plus une seule. Voituriers et voyageurs font un détour de dix à douze lieues pour n'avoir pas à se hasarder dans cette atmosphère de mort et de supplices.

Voilà pour l'aspect général de la ville; voici maintenant quelques détails.

Des onze églises que possédait Arras en 1790, trois seulement sont restées debout; mais comme elles sont changées! L'église Saint-Jean-Ronville est devenue le siège de la Société populaire; c'est là que chaque soir Le Bon vient annoncer les condamnations du lendemain, tant il est sûr de ses juges et de ses jurés. C'est dans celle de Saint-Jean-Baptiste que tous les décadis ou dimanches républicains se donnent les bals populaires. Celle de Saint-Géry a été plus malheureuse encore : elle a été érigée en *Temple de la Raison* et souillée par toutes les saturnales de la religion nouvelle.

Mais les églises ont beau être détruites ou profanées, la prière ne s'élève pas moins ardente vers Dieu.

C'est au milieu de la mort, dans des maisons écartées, au prix de mille peines, sur une commode ou un bahut comme autel, qu'est célébré le saint sacrifice de la messe !

Que de fois cette scène, rendue populaire par

le tableau de Muller, ne s'est-elle pas reproduite à Arras pendant la Terreur? Il y a même des épisodes plus touchants et plus émouvants encore qui sollicitent le pinceau du maître. Je vous citerais le mariage religieux, célébré le 23 juin 1793, chez la dame Bataille : bénédiction nuptiale qui fut presque une bénédiction funèbre, car elle entraîna dans la mort les témoins, les mariés et le prêtre qui les avait unis, non pas pour la terre, mais pour le ciel !

Mais quel est le lugubre cortège qui est précédé par l'huissier du tribunal révolutionnaire? Sur son bonnet rouge sont inscrits ces mots : *la Liberté ou la Mort!* La mort ! je la vois partout, mais la liberté ! où est-elle? Au milieu de la force armée on voit apparaître les victimes du jour ! Ah ! saluons-les avec respect, car dans cette affreuse histoire de la Terreur à Arras, il n'y a qu'un seul point radieux : c'est l'héroïsme des victimes, à tous les degrés de l'échelle sociale. Héroïsme qui console de la lâcheté des juges.

Voici seize prêtres et religieux condamnés le même jour et par le même arrêt pour avoir confessé leur foi inébranlable ; ils vont ensemble au supplice en chantant l'office des morts, comme hymne de leur glorieux martyre.

Voilà les nobles, et pour les personnifier, le maréchal de Mailly allant à l'échafaud comme jadis à la bataille en poussant le cri de : « Vive le Roi, » que la mort seule pourra glacer sur ses lèvres !

Voilà maintenant des gens du peuple, de

simples ouvriers, des artisans, comme pour attester l'égalité de tous devant le supplice ; mais ils attestent autre chose : c'est leur courage et leur foi. Ils auraient pu s'allier au bourreau, ils ont préféré prendre place à côté des victimes. Ah ! laissez-moi vous citer les noms des Dumetz, des Roland, des Lefebvre, des Delrue. Ils ont, ce qui vaut mieux que la noblesse de la naissance, ils ont la noblesse du cœur.

Et enfin les femmes et les jeunes filles qui là, comme partout, sont les plus héroïques. Elles déconcertent leurs juges par la sublimité de leurs réponses, et une fois condamnées elles vont à la mort le sourire aux lèvres, le pardon dans le cœur et dans les yeux le rayonnant espoir du ciel et de l'éternelle récompense.

Entouré des principaux fonctionnaires, ayant pour lui faire cortège les femmes des juges et des jurés, Le Bon assiste à la mort de ses victimes. Il est sur le balcon du théâtre qui se trouve de plain-pied avec la guillotine dressée sur l'ancienne place de la Comédie, devenue la place de la Révolution.

Aussi le peuple appelle la guillotine le *Théâtre Rouge*. Une galerie a été installée pour les specta-teurs, ainsi qu'une buvette où se vendent des rafraîchissements. Et la lâcheté publique est telle que, par crainte d'une dénonciation, la foule afflue chaque jour à ces exécutions ; les femmes portent même au cou, en guise de bijoux, de minus-cules guillotines d'or ou d'argent, et les enfants en ont de petites en bois, avec lesquelles ils s'amusent à guillotiner des oiseaux.

Il me faudrait aussi vous dépeindre l'effarement des modérantistes ; ce sont les centres gauches de l'époque. Depuis qu'ils craignent pour leur fortune et pour leur vie, ils trouvent qu'on va trop loin, et, éternelle histoire de ce parti, ils voudraient enrayer le mouvement auquel ils ont donné l'impulsion première ; mais comme toujours, il est trop tard et c'est là leur châtiment.

Mais reprenons notre course à travers la ville, et malgré nos répugnances, entrons chez le représentant du peuple.

La première chose qui frappera nos regards, ce sera sur la porte de sa demeure, cette inscription menaçante : « Ceux qui solliciteront l'élargissement des détenus seront mis eux-mêmes en état d'arrestation ! » Impossible de mieux proclamer que la pitié est proscrite de cette maison comme elle l'est du cœur de celui qui l'habite.

Pénétrons plus avant, nous le trouverons à table avec les juges, avec les jurés, avec le bourreau. La table est chargée des mets, des vins, des liqueurs les plus rares. Les caves des condamnés ont été mises à contribution et il y est largement puisé.

Suivons-le au théâtre ; là encore la Terreur va l'accompagner. Et pourtant l'on y joue une pièce républicaine ! C'est *Gracchus et la loi agraire*. Au cours de la représentation, il s'élance sur la scène, et le sabre en main, il se précipite sur les acteurs, parce que l'un d'eux, jouant son rôle a dit : « Il faut des lois, et non pas du sang ! » Plusieurs femmes s'évanouissent de frayeur. Voilà comment on se distrait au **théâtre**, à **Arras**, en 1793 !

Car il faut s'amuser. La Convention a **décrété** la satisfaction universelle. Les fêtes se **succèdent**. Elles ont toutes pour objet de régénérer l'esprit public.

Des bals populaires ont lieu chaque **décadi** au Temple de la Raison. Malheur aux **jeunes filles** qui refusent d'y assister ; elles sont **arrêtées** comme suspectes.

Comme l'a dit M. Paris, l'éminent **historien** de la Terreur à Arras, ce qu'il y a de plus **effrayant** dans cette période, c'est l'inertie de la **population**, c'est le spectacle d'une ville de vingt-cinq **mille** âmes opprimée par une poignée de scélérats **sans** qu'une tentative de résistance se soit **produite**.

Voilà, à grands traits, quelle a été **pendant** neuf mois, du 1er novembre 1793 au 19 juillet **1794**, la situation d'Arras et du Pas-de-Calais. **Voilà** toutes les horreurs qui ont eu pour point de départ le complot imaginaire dont je **vous ai** parlé tout à l'heure.

Mais ma tâche serait incomplètement **remplie** si je ne vous disais comment finit l'ère de la Ter- reur dans le Pas-de-Calais.

Quelques jours avant la révolution de Ther- midor, le tribunal révolutionnaire **d'Arras fut** supprimé et Joseph Le Bon rappelé à **Paris pour** se justifier d'avoir fait emprisonner **quelques-uns** des modérantistes d'Arras, qui, ayant peur **pour** eux-mêmes, avaient voulu ralentir les **exécu-** tions. Mais ce rappel n'était pas la **délivrance, car**

les prévenus de contre-révolution devaient être
envoyés à Paris et déférés au tribunal révolutionnaire de la capitale.

Le coup d'État du 9 thermidor, la mort de
Robespierre, celle de ses complices devaient mar-
quer la fin de la Terreur.

C'est le 13 thermidor que la grande nouvelle
fut connue à Arras. « On ne peut se faire idée
d'une pareille ivresse, écrit un contemporain ; les
passants s'embrassent dans la rue comme de
vieux amis. Chacun comprend que la Révolution
va retourner en arrière. »

Il y a des morts imprévues qui sonnent le glas
d'un régime ou d'un gouvernement.

La gazette qui annonçait la mort de Robespierre fut vendue jusqu'à trente francs ! Les
geôliers des nombreuses prisons d'Arras faisaient
murer en toute hâte toutes les portes et fenêtres
donnant sur la rue. Ils craignaient un soulève-
ment des prisonniers ; mais, en dépit de leurs
efforts, la grande nouvelle pénétrait à l'intérieur
et venait réconforter toutes les âmes. Ce fut un
véritable délire. Pour les malheureux prisonniers,
le 9 Thermidor c'était la liberté et la vie !

Pour leurs bourreaux, ce fut le châtiment, le
châtiment parfois si lent à venir, mais qui, au
jour marqué par la justice divine, éclate comme
un coup de foudre sur la tête de ces grands
révoltés qui, dans l'orgueil de leur toute-puis-
sance d'un jour, osent s'attaquer, non seulement
aux hommes, mais à Dieu lui-même.

Ce fut le sort de Le Bon. Il n'avait pas trente

ans quand les malédictions d'un peuple immense l'escortèrent à l'échafaud, où il avait fait périr tant d'innocents. Il ne montra pas leur force et leur courage. C'est à demi-mort qu'on fut obligé de le porter sur la guillotine. Il avait pour ainsi dire perdu connaissance au moment d'être exécuté. Une de ses victimes le lui avait prédit : « Je meurs courageux, tu mourras en lâche ! »

C'est à Amiens qu'il fut exécuté. La place comme les toits des maisons environnantes étaient couverts de spectateurs qui applaudirent à sa mort... Et quand, dix ans plus tard, on fouilla le cimetière abandonné où il avait été enterré, on reconnut ses ossements à l'énorme quantité de pierres jetées dans sa fosse par le peuple indigné.

J'en ai fini avec le tableau que je voulais vous faire de la Terreur dans la ville d'Arras et dans le Pas-de-Calais.

Il m'a fallu vous faire entendre des gémissements, des cris d'angoisse et de mort ; il m'a fallu vous faire contempler des ruines.

Pourquoi ai-je essayé de reproduire les péripéties de cette lamentable époque? Ce n'est pas seulement pour pleurer sur nos morts, c'est aussi pour tirer une conclusion de tout ce que je viens de dire, et cette conclusion est tellement évidente qu'elle a frappé jusqu'aux historiens les plus prévenus et les plus partiaux.

Je me bornerai à vous en citer un, qui ne saurait être suspect, car il aimait les révolutions, il avait pris part à plusieurs d'entre elles. C'est la conclusion de Louis Blanc. Je ne saurais lui trouver de formule plus vraie et plus saisissante que celle-ci :

« Dans un État, tout ce qu'on enlève à la souveraineté de Dieu, on le donne à la souveraineté du bourreau. » Et si maintenant à côté du mal, vous voulez bien m'autoriser à placer le remède, je vous dirai avec ce grand penseur, ce profond philosophe qui s'appelle Joseph de Maistre :

« La Révolution, qui a commencé par la déclaration des droits de l'homme, ne finira que par la proclamation des droits de Dieu. »

C'est à la religion que la Révolution a déclaré la guerre. Catholiques, nous saurons la soutenir. Au cri de guerre officiel : « Le cléricalisme, voilà l'ennemi ! » nous répondrons par le nôtre : « La Révolution, voilà l'ennemi ! »

D'autres, plus grands, plus puissants, ayant le génie comme auxiliaire, ont tenté cette lutte impie, la main de Dieu les a brisés ; elle saura les briser encore.

En dépit de tous les efforts, la France restera chrétienne par le cœur ; un sang généreux coule toujours dans ses veines. Il ne faut pas désespérer, car l'histoire est pleine de ces revirements imprévus, de ces soudains retours par lesquels, dans le cours des siècles, s'est si souvent affirmée l'intervention divine dans les affaires humaines, et la race qui a fait la France si glorieuse et si grande n'est, Dieu merci, pas éteinte.

Donc, il nous faut lutter ; lutter sans repos et sans trêve, non pas seulement sur le terrain politique où, par malheur, nous sommes divisés, mais surtout sur le terrain religieux, où, entre catholiques, il ne peut y avoir de division. Je dis qu'il y va du salut public que les générations nouvelles soient élevées de manière à réparer les faiblesses et les crimes dont nous portons aujourd'hui le poids.

Que les difficultés de l'heure présente n'affaiblissent pas les courages. A ceux qui, voyant la Révolution triomphante aujourd'hui, maîtresse de tous les emplois, de tous les moyens de propagande officielle, se déchaîner sur la France, sentiraient leur cœur s'énerver ou leurs résolutions faiblir, je dirai : la Révolution est comme la tempête, plus elle est violente et moins elle dure.

Et en terminant, permettez-moi d'évoquer un souvenir : à l'exposition de peinture de cette année, il y avait un tableau qui attirait tous les regards ; c'était l'œuvre d'un maître. Jamais il n'y eut de sujet plus simple : une mère et son enfant sont surpris par l'orage loin de tout abri. La mère presse son chemin, la main sur les yeux pour les garantir des éclairs qui l'ont éblouie et menacée ; mais l'enfant qui marche à côté d'elle la tire par ses vêtements, elle retourne la tête, et du doigt, il lui montre l'arc-en-ciel.

Vous avez tous compris : cette femme à la fière démarche, au noble visage qui garde le souvenir des grandeurs d'autrefois et l'indomptable espérance des destinées glorieuses, cette femme, c'est notre mère à tous : c'est la France ! Oui, son horizon est comme le nôtre chargé de nuages,

les éclairs meurtriers jaillissent de toutes parts ;
elle se voile la face, comme si l'orage devait durer
longtemps encore, mais à côté d'elle est l'enfant,
l'enfant dans le cœur duquel nous conserverons
vivante la foi, qui rend capable de grandes
choses, l'enfant qui est l'avenir de la Patrie
française se perpétuant à travers les âges.

D'un geste, il dit à sa mère, à la France, à nous-
mêmes : l'orage ne peut durer toujours, après
lui vient l'arc-en-ciel.

DOUAI ET SON UNIVERSITÉ
AU SEIZIÈME SIÈCLE
D'APRÈS LE JOURNAL D'UN ÉTUDIANT (1)

L'un des critiques les plus autorisés de *la Revue des Deux Mondes* écrivait dernièrement, à propos de je ne sais plus quels vieux mémoires, cette phrase, qui résume à merveille le but de la conférence de ce soir :

« Nous autres, disait-il, qui venons si longtemps après, quel saisissant intérêt ne trouvons-nous pas à voir renaître dans la vérité de leurs attitudes, de leurs physionomies, de leurs costumes, ceux qui nous ont précédés sur la terre où nous passons à notre tour. Le reflet du passé que nous apercevons dans ces pages jaunies par le temps nous permet d'exercer une sorte de reprise sur le néant de tant de choses disparues sans laisser de traces, et c'est de cela qu'est faite l'espèce de curiosité attendrie avec laquelle nous rêvons aujourd'hui à travers ces pages, pareilles à autant d'estampes naïves, et dont toute la valeur est celle d'un document fidèle. »

C'est bien là ce que je me propose de faire avec

(1) Conférence prononcée à l'Hôtel de ville de Douai, le 12 mars 1908, avec présentation de projections photographiques : vues de Douai, d'après un plan en relief du dix-septième siècle.

le journal inédit d'un étudiant de notre vieille Université douaisienne.

Je veux exercer une sorte de reprise sur ses florissants débuts, vous montrer professeurs, étudiants, suppôts de l'Université, échevins et bourgeois, libraires, logeurs et hôteliers dans la vérité de leurs physionomies et de leurs costumes, et avec eux la ville telle qu'elle était alors, avec ses édifices, ses hôtelleries, ses tavernes, ses boutiques, ses rues trop souvent boueuses et au fâcheux pavé, avec ses réjouissances, ses fêtes publiques, ses usages oubliés ou disparus, les vastes jardins, les fermes même qu'elle contenait dans sa vaste enceinte ; je veux, à travers ces pages jaunies par plus de trois siècles, vous montrer comme autant d'estampes naïves, mais fidèles, notre vieille cité. Mon seul but est de signaler dans son passé littéraire et artistique de nouvelles raisons de l'aimer et de la priser davantage et c'est là-dessus que je compte pour obtenir votre sympathique attention.

Et tout d'abord le journal et son auteur.

Le journal est celui d'un étudiant hollandais, Arnold van Buchell, venu d'Utrecht en Douai pour y apprendre la langue française et la science du droit. Il y est resté seize mois, du 11 mars 1584 au 28 juin 1585 ; il y a aujourd'hui trois cent vingt-trois ans. C'était sous le règne de Henri III, au plus fort des guerres civiles qui désolaient la France. Il eut la très heureuse pensée de tenir le journal (je traduis son titre) de ses nombreux voyages, des villes qu'il a visitées, des antiquités, institutions, mœurs, avec les événements importants de son existence, dans l'espoir, dit-il, que chacun selon ses goûts et son humeur y trouvera utilité ou attrait.

Le journal est en latin — c'est le revers de la médaille — mais que voulez-vous? au seizième siècle, et sous la plume d'un Hollandais, il ne faut pas espérer trouver du français.

Le manuscrit figure avec honneur parmi les plus précieux de l'Université d'Utrecht. J'ai eu la bonne fortune de découvrir qu'il renfermait le récit détaillé du séjour d'Arnold à Douai et, comme un bonheur ne vient jamais seul, j'ai eu la chance de trouver à l'Université d'Utrecht des savants d'une obligeance sans égale, qui l'ont poussée jusqu'à envoyer leur précieux manuscrit à l'Université de Lille où j'ai pu en prendre copie tout à loisir.

Mon premier devoir, il ne m'en coûte pas, bien au contraire, est donc d'adresser ici aux docteurs Brom et van Langeraad l'expression de ma profonde reconnaissance, d'autant plus vive que l'auteur de ce curieux journal a fait grand honneur à l'Université de Douai et à son enseignement. De retour en Hollande, après de longs voyages en Italie et en Allemagne, il se fit inscrire au barreau d'Utrecht où il brilla pendant vingt ans. A la mort de son fils âgé de seize ans, il renonça à la situation qu'il s'était acquise pour revenir à l'étude des belles-lettres et de l'histoire qui avait charmé sa jeunesse. Très lettré, il entendait le grec, écrivait le latin et parlait l'italien, l'allemand et le français. Toute sa vie, il fut en relation d'études avec les savants les plus éminents de l'époque, qui le tenaient en très haute estime.

Il composa de nombreux ouvrages qu'il laissa à sa mort à l'Université d'Utrecht avec son curieux journal qui vient d'avoir en partie les honneurs tardifs de l'impression.

La Société de Rome a publié son *Voyage à Rome*, avec un luxe que nous voudrions égaler.

La Société de l'histoire de Paris a fait de même pour son séjour dans la capitale. Plusieurs de ses manuscrits ont été mis en vente cette année à Amsterdam.

Son *Voyage archéologique dans les provinces des Pays-Bas* a été adjugé pour plus de huit cents florins, près de deux mille francs ; d'autres ont atteint des prix encore plus élevés. C'est vous dire que l'auteur de ce journal n'est pas le premier venu : c'est une intelligence d'élite, un observateur attentif, curieux, perspicace ; un futur savant déjà en quête de tout ce qui est digne d'attention, d'études et de recherches.

C'est le 15 février 1584 qu'Arnold dit adieu à ses amis d'Utrecht. Il avait alors vingt ans. Il avait fait ses premières études à Utrecht, puis à Leyde, sous des maîtres éminents. Le soir du même jour, il arrive à Dordrecht, où il trouve Henri Laplace, le messager, l'envoyé de l'Université de Douai, déjà entouré de jeunes étudiants qu'il avait charge et mission de conduire à Douai. Il donne les noms de ses futurs camarades, au nombre d'une douzaine, presque tous Hollandais de Haarlem, de Zutphen, d'Utrecht. A la troupe s'était joint un Italien, Flavinius Palio, un spéculateur sur le blé qui venait pour ses affaires à Douai, l'un des marchés les plus connus pour les céréales.

Tous s'embarquent pour Flessingue et Calais et aussitôt Arnold s'empresse de consigner dans son journal l'itinéraire et les menus faits du voyage.

Dans son portrait, j'ai oublié un détail caractéristique : il est poète, tous les étudiants du seizième siècle étaient poètes ; les uns en latin, les autres en français et à tout instant, et sous les plus futiles prétextes, ils invoquaient les Muses et Apollon. Arnold ne laissa pas échapper l'occasion et voici comment il chante sur sa lyre les débuts de son voyage :

Nous quittons la terre si douce et si féconde de Hollande !
Puissions-nous, Dieu aidant, voyager sous une heureuse étoile.
Ce ne sont pas des vœux téméraires qui nous entraînent au loin.
Nous savons que le vent et les flots de la mer manquent souvent de charmes.
Le seul amour de la science nous décide à quitter Utrecht.
Apollon et le chœur des Muses nous appellent ainsi loin de nos demeures.
Déjà la barque qui nous emmène sillonne le Rhin sous l'effort de deux rameurs et sa vitesse égale celle d'un agile coursier.
Je ne puis m'empêcher de jeter un regard en arrière, car mon âme s'attache aux murs de ma ville natale ; elle veut parcourir encore les sites qui lui sont chers.
Oui, à peine éloigné d'elle, l'image d'Utrecht voltige autour

de moi; à peine suis-je en route qu'elle revient souvent devant mes yeux.

Enfin au moment d'abandonner les miens sur le sable du rivage de tristes pensées m'assiègent.

Que faire ! Mais trêve aux hésitations, il faut partir.

Adieu donc, chers et fidèles amis.

A ce moment précis, le vent enfla les voiles du navire et tous mes amis me souhaitèrent longue vie d'un seul cri !

Tel est son état d'âme à l'heure du départ.

Je voudrais pouvoir suivre cette jeune, joyeuse et bruyante caravane pendant toute la durée du voyage, « décrire la tempête essuyée en vue de Calais ; les tortures du roulis, l'ancre brisée, tout espoir de salut pour ainsi dire perdu ! Enfin la tempête s'apaisant au moment où le soleil précipitait sa course pour éclairer l'autre hémisphère et que la lune commençait sa carrière à travers l'obscurité du ciel ».

Mais il faut que je me hâte ; impossible de m'attarder avec eux pour visiter Calais et passer la nuit à l'hôtel des *Trois Rois*, dans les faubourgs, où leur hôtesse les met, en leur qualité d'étrangers, à très forte contribution. A cet égard, les choses n'ont pas changé depuis le seizième siècle ; elles se sont plutôt aggravées. Que ce soit en Hollande ou en Angleterre, en Italie, en Espagne ou ailleurs, le sort du voyageur est toujours le même : c'est d'être fortement exploité.

Arnold se plaint non seulement de son hôtesse, mais des marins de Calais, qui, en véritables barbares, extorquent à chacun d'eux trois sous pour les mener en barque, du bateau sur le rivage.

Trois sous ! une extorsion se bornant là ! Ah ! que nous avons fait de progrès depuis lors !...

En débarquant à Calais, le premier soin d'Arnold est de corriger son calendrier et de l'avancer de dix jours en vertu de la correction grégorienne appliquée en France depuis deux ans.

Il remarque que les femmes sont vêtues de robes garnies de fourrures et qu'elles sortent dans les rues en bonnet. A travers les dunes ils gagnent Gravelines où Henri Laplace, leur guide, est obligé de prendre un passeport du duc de Parme. A Gravelines, ils louent une barque qui les mène lentement à Saint-Omer dont ils admirent la cathédrale.

Elle a un dallage de marbre d'une légèreté et d'une propreté admirables, avec bon nombre de tableaux en marbre et d'épitaphes, « mais comme je n'avais pas encore de goût pour ce genre de curiosités, je n'en ai décrit aucune. »

De Saint-Omer, ils gagnent Béthune où Arnold consigne que les fromages de Béthune sont recommandables par-dessus tous les autres. Quel hommage de la part d'un Hollandais ! Puis, de Béthune, un cocher mal habile les conduit tant bien que mal, au pas lent de ses quatre chevaux, à travers les calcaires de la plaine de Lens.

« C'est ainsi, dit-il, qu'au coucher du soleil nous entrons enfin à Douai, heureux d'en finir avec les longs ennuis d'une route si ingrate. »

Pendant qu'ils prennent à l'auberge de la *Nef Dorée* un repos bien mérité après les fatigues d'un voyage qui n'a pas duré moins de quinze jours, jetons, si vous le voulez bien, un rapide coup d'œil sur le Douai de 1584.

Douai était déjà, au dire des historiens, « une ville de grande spaciosité et ample circuit et néanmoins petitement peuplée selon sa grandeur et compréhension avec ce compétamment douée de rivières, églises, collèges, collégiales et richesses pour pouvoir supporter les frais requis et nécessaires d'une Université ».

Sa situation géographique n'avait pas peu contribué à lui faire obtenir cette fondation. En 1562, Douai occupait « le milieu de cette terre plantureuse, fromenteuse et fructueuse contenant ces trois belles et riches provinces de Flandre, d'Artois et de Hainaut, au centre desquelles elle apparaissait comme l'œil entre les fleurons de la rose ». Et je n'ai pas besoin d'insister sur ces trois épithètes, qui mettent si bien en lumière la fertilité des terres environnantes, *plantureuses, fromenteuses* et *fructueuses!*

Elles font image et il est inutile de vous dire qu'elles vont droit au cœur du membre de la Société d'Agriculture.

Le but de Philippe II était d'opposer par cette fondation une digue aux progrès menaçants de la Réforme. Pour cela, il voulait retenir dans ses États les étudiants de Flandre, Zélande, Brabant, Hainaut que le désir d'apprendre le français entraînait jusque-là dans les Universités étrangères, celles de Paris et d'Orléans de préférence.

C'est ainsi que de 1519 à 1552, cinquante-neuf étudiants du diocèse d'Utrecht avaient suivi les cours de l'Université de Paris ; pendant la même période cent trois avaient fréquenté ceux de l'Université d'Orléans, soit cent soixante-deux étudiants en trente-trois ans, rien que pour le diocèse d'Utrecht. Je l'ai choisi comme exemple, parce qu'Arnold était d'Utrecht.

Pour l'ensemble des Pays-Bas, les chiffres étaient bien plus élevés. De 1533 à 1553, deux cent soixante-trois étudiants avaient pris le chemin de Paris, quatre cent cinquante-cinq celui d'Orléans ; et je laisse de côté Poitiers, Lyon, Montpellier, Toulouse.

Philippe II voulait entraver cette émigration scolaire et prévenir toutes ses conséquences au point de vue de la propagation, de la contagion dans ses États des idées nouvelles au retour de ces jeunes gens appelés à y exercer une très grande influence, par leurs fonctions et leurs lumières.

Quant aux Douaisiens, leur unique ambition était d'accroître la prospérité de leur ville par la création d'une Université fameuse où serait endoctrinée toute la jeunesse studieuse des Provinces-Unies et de retenir ainsi par devers eux des deniers qui sans cela auraient enrichi les Universités étrangères.

Vous voyez qu'avant tout nos concitoyens du seizième siècle étaient gens pratiques.

En 1584, l'Université de Douai avait vingt-deux ans d'existence ; elle était dans sa période la plus florissante.

Les étudiants y étaient arrivés de toutes parts en nombre inespéré. Ils étaient plus de six cents.

On venait à Douai « pour vaquer aux estudes et hanter avec gens savants. D'aulcuns y prenaient un grade au passage, pour aller ensuite à une autre Université », comme notre étudiant d'Utrecht.

Ce qui avait attiré cette foule d'étudiants, c'était la renommée et le talent des nouveaux professeurs, belles lumières de l'Académie nouvelle. Ils avaient été appelés à grands frais de Louvain et d'ailleurs, par les échevins de la ville, au prix de lourds sacrifices, afin d'avancer les sciences et accroître la splendeur de Douai.

La seconde raison, c'est qu'à Douai tout le monde parlait le français, à tel point que porte-faix et charretiers s'y injuriaient dans cette langue ! Voilà qui prouve, sinon la correction et l'élégance du langage, au moins sa popularité. Et cependant cette pureté de la langue était aussi grande à Douai que dans n'importe quelle ville de France et la preuve c'est qu'Arnold se perfectionna si bien en français que, non seulement il l'écrivait très correctement en prose et en vers, mais que pendant son séjour à Paris, au sortir de l'Université de Douai, il se vantait de le parler plus élégamment que les Parisiens, ce qui n'était pas sans provoquer quelques sourires.

Et si maintenant vous voulez avoir une idée exacte de la ville au seizième siècle, il faut vous la figurer telle que vous la verrez tout à l'heure dans les photographies qui clôtureront la conférence, avec son vieux beffroi, le cœur vivant de la commune, avec tout à l'entour ses trois églises paroissiales dont deux, Saint-Pierre et Saint-Amé, sont églises collégiales ; avec ses trois collèges, les nombreux refuges appartenant aux abbayes, avec le quartier des écoles séparé pour ainsi dire des tumultes de la ville, et relégué dans une de ses parties jusqu'alors presque déserte afin de pré-server les paisibles bourgeois et les honnêtes marchands de l'insolence des écoliers. Et puis, pour lui donner l'aspect militaire, sa ceinture de tours, son double fossé, sa rivière portant de nombreux bateaux ; « c'était une bonne et forte ville ayant plusieurs fontaines et beaux édifices de maisons ». Certes si Douai avait été conservée avec le cachet qu'elle avait au seizième siècle, elle serait aujourd'hui aussi recherchée des curieux que Louvain, Leyde ou Utrecht ou les vieux quartiers d'Heidelberg ; c'est ainsi que la décrivent Guichardin et Buzelin et notre jeune étudiant d'Utrecht. « Douai est aujourd'hui une ville assez grande et fortifiée avec beaucoup d'art. Elle est traversée par la Scarpe qui est ici navigable. Elle a pour église la collégiale de Saint-Amé dont le prévôt est Mathias Bossémius, d'Amsterdam, chan-celier de l'Université, notre maître ; homme fan-tasque, avare, orgueilleux, trois défauts qui semblent héréditaires dans sa profession. »

Vous voyez qu'il n'y va pas de main morte et qu'il a la plume acérée. Et dire qu'il s'agit d'un Hollandais comme lui ! C'est peut-être la raison de son impartialité vraiment sévère, car nul n'a jamais été prophète pour les gens de son pays. « Il y a de plus les églises de Saint-Jacques, de Notre-Dame et des Dominicains. Les beaux édi-

fices sont rares à l'exception de l'Hôtel de Ville
et du Palais des collèges.

« La ville a six portes ; celles de Notre-Dame, de
Cantin, d'Arras, d'Ocre, des Eaux et du Marais,
c'est la porte Morel qui conduit à Frais-Marais.

« Le principal trafic des Douaisiens est le blé
dont les terres environnantes produisent d'abon-
dantes moissons ; c'est pour Douai une source de
grandes richesses. »

Et voici l'archéologue qui va se révéler :

« Certains auteurs pensent que le nom de Douai
vient des Aduatiques. D'autres estiment que son
origine est plus récente et font dériver l'étymologie de son nom du mot *douaire* qui signifie dot. »

Cette étymologie n'est assurément pas banale,
mais elle semble un peu risquée !

« Douai fut autrefois bien étendu, comme le
montrent les anciennes murailles auprès des Franciscains et la nouvelle place de l'Université ; la
première enceinte de Douai coupait la rue des
Blancs-Mouchons un peu au delà de la rue Jean-
de-Gouy. »

Sur l'ancien fossé de la forteresse, se trouvait
le fameux pont de la Planche amoureuse, on disait
la Planke amoureuse, au seizième siècle, appelé
plus tard le pont des Amourettes, parce qu'il
était d'usage de s'embrasser quand on s'y ren-
contrait. J'imagine, à tort ou à raison, que ce
pont devait être assez fréquenté par MM. les
étudiants.

Mais van Buchell poursuit de la sorte :

« La rue des Blancs-Mouchons doit son nom à

l'enseigne d'un cabaret : *Au Blanc Mouchon* (le moineau blanc), situé à l'angle de cette rue et du carré Saint-Pierre ; en face de la taverne se trouvait le *Puich Philory*. La paroisse Saint-Albin, lors de sa fondation, fut aménagée en dehors des murs primitifs. En plusieurs endroits il y a des terres cultivées dans l'intérieur de Douai et des jardins qui ressemblent à des fermes.

« Certains auteurs font remonter Douai à l'époque des Goths dont le camp aurait été établi à l'endroit qui domine le collège royal ; d'autres affirment que son origine est moins ancienne et font remonter sa fondation aux Normands. Selon Guichardin, l'église Notre-Dame a été bâtie à l'époque de Clovis, roi des Francs, par Arcanaldus (Erkinoald), maître de la cavalerie franque, ou connétable, selon l'appellation française... »

C'est le résumé fidèle des origines de Douai, d'après les érudits du seizième siècle.

Dans ces quelques lignes van Buchell se révèle tel qu'il est, à Douai, à l'âge de vingt ans, et tel qu'il sera dans l'âge mûr, avec plus d'acquis, de science, d'esprit critique.

Il est grand amateur d'antiquités, et il s'est épris pour l'archéologie d'un bel amour qui est bien rare à l'aurore de la vingtième année. Il écrit à un ami :

« Me voici devenu antiquaire ; ne ris pas de moi. J'aime ces bagatelles, comme les appellent les gens austères ; je recueille épitaphes, dessins, monuments, vieilleries de toutes natures. Dieux excellents, quel labeur ! mais qu'il est agréable. »

Vous le voyez, c'est fini : l'archéologie a exercé sur lui sa mainmise et pour sa vie tout entière.

Ce n'est pas seulement en vers latins qu'il affirme son goût pour les antiquités, mais en vers français qui vous donneront la mesure de ses rapides progrès :

> A rechercher les nouveautés
> La plupart du monde s'applique,
> Pour moi, touché d'autres beautés,
> Je n'ai de goût que pour l'antique...

La vérité m'oblige ici à contredire van Buchell. A dire vrai, il fut sensible à d'autres beautés que celles de l'antique.

Cependant, avant son embarquement pour la France, l'hôtelier du *Lion rouge* à Dordrecht, un véritable Cyclope, dit-il (c'est une façon poétique de dire qu'il était borgne et forgeron), l'avait mis en garde contre les Françaises et tout ce qui attire en elles. Et au moment de toucher terre, il se répétait les vers d'un poète du temps à son fils : « Ah ! cher enfant, garde-toi des écueils de la vie ! Fuis les sociétés féminines et la danse, véritable poison de l'âme. Garde-toi du vin qui produit l'ivresse, l'ivresse qui a causé la ruine et la mort de tant de malheureux ! »

Hélas, comme tant d'excellents conseils, celui-ci est entré par une oreille et sorti aussitôt par l'autre.

A peine à Calais, il s'intéresse à la toilette et au décolleté des Françaises ; à Saint-Omer, son infidélité s'aggrave, il s'extasie sur les grâces des jeunes Audomaroises dont les yeux brillent comme autant d'astres, et qui lui font oublier le teint éblouissant, mais trop marmoréen des Hollandaises. Enfin, voici à l'adresse de nos compatriotes un compliment aussi mérité que délicat : l'esprit, dit-il, ajoute à l'éclat de leur beauté, car vous le devinez, c'est à Douai qu'il eut surtout à veiller sur son cœur et cela, ici, ne surprendra personne. Et quand un jour d'indignes sourires, à la sortie de l'église Saint-Jacques, poursuivent une jolie Douaisienne, dont le seul tort était d'être trop coquettement attifée, comme il s'indigne et comme il regrette qu'elle soit déjà mariée, car sans cela, dit-il, sa beauté lui eût trouvé facilement un défenseur. L'aveu n'est-il pas charmant et n'est-ce pas dire qu'il se fût fait tout de suite le chevalier servant de la belle offensée?

Vous le voyez, il a le cœur jeune et ardent, cet antiquaire de vingt ans ; nous en trouverons plus d'une preuve au cours de son journal, et c'est par là qu'il nous est sympathique.

Le 23 mars, six jours après son arrivée, il prend pension chez un bon bourgeois, âgé de soixante ans, Antoine Pinchon, qui, depuis vingt-deux ans, se glorifiait d'avoir comme pensionnaires les étudiants de l'Université. Antoine Pinchon était membre de la confrérie poétique des Clercs Parisiens qui, il y a quelques années, a été célébrée en vers dans la jolie pièce de M. Henri Potez dont tous les amis des lettres et de l'art de bien dire regrettent encore le départ. Et c'est ce qui explique que, sous ce toit si protégé des Muses,

Arnold ait conquis rapidement la maîtrise du français en prose et en vers.

Il a comme camarades de pension un étudiant d'Amsterdam et un autre de Haarlem. Il paraît d'ailleurs n'avoir eu qu'à se féliciter de son séjour dans cette hospitalière demeure, sauf sur un point de détail. La servante appelée Catherine était, dit-il, et je traduis à la lettre, — j'ai le latin sous les yeux, — « elle était d'une laideur exceptionnelle, et à ce point que tout ce qui peut s'imaginer de difformité féminine se trouvait réuni en elle ». Il est parfois un peu sévère, comme pour Bossémius tout à l'heure. Et il ajoute : « Nous aurions bien voulu la faire remplacer par une autre, d'aspect plus avenant, mais Antoine Pinchon s'y refusait formellement en invoquant l'autorité d'Érasme qui écrit je ne sais où qu'une bonne servante doit réunir trois conditions. Il faut qu'elle soit grincheuse, fidèle et très laide ; grincheuse pour mieux défendre les intérêts de son maître, fidèle pour ne pas le voler et très laide pour qu'on ne lui fasse pas la cour. » Vous voyez qu'Antoine Pinchon ne manquait ni de littérature, puisqu'il citait Érasme, l'un des hommes les plus spirituels de son temps, ni de prudence ; aussi toutes les réclamations de van Buchell et de ses co-pensionnaires furent-elles inutiles et la grincheuse et fidèle Catherine continua à faire le service de la maison.

Le 20 mars, Arnold se fait inscrire sur les registres de l'Université moyennant trente gros pour droits d'inscription, puis il prête serment

chez le chancelier — c'est Mathias Bossémius —
de se conduire comme appartient à bons écoliers,
suppôts et sujets de l'Université, dont il s'empresse de donner la description. « Le Palais académique s'élève, dit-il, aux bords de la Scarpe
aux flots pressés et rapides, là où s'épanouit la
ville de Douai si chère aux Muses et à Apollon » ;
c'est le poète qui parle. Il est situé rue des Corbeaux, aujourd'hui la rue des Écoles qui s'appelait au quinzième siècle la rue des Claquendoires,
c'est-à-dire la rue des femmes bavardes ; il paraît
qu'il y en avait dans ce temps-là. Tout près sont
les collèges d'Anchin et de Marchiennes. Le collège d'Anchin occupait l'emplacement du lycée
et il en subsiste encore aujourd'hui quelques vestiges, dont la chapelle.

« Le collège, poursuit-il, est fort beau. La chapelle qu'on est en train de bâtir est d'une architecture parfaite. Quant au collège de Marchiennes,
sa construction est presque royale. La cour est
carrée ; elle est entourée d'arcades. A l'étage
sont les dortoirs ; j'y ai vu les belles peintures
d'Antoine Morus, d'Utrecht. Ce collège n'est surpassé par aucun autre dans l'art d'instruire la
jeunesse. Il y a aussi le collège royal fondé en
même temps que l'Université, mais il a déjà
perdu beaucoup de son éclat. Les professeurs de
théologie sont Bossémius, chancelier, notre maître.
C'est un être fantasque et hypocrite, portant
l'épomine au cou et la toque sur la tête. Voilà le
portrait de notre maître, puisqu'il faut l'appeler
ainsi, bien qu'il ne le mérite guère, car il est aussi

incapable de commander aux autres qu'à lui-même. » Il faut que notre étudiant ait eu maille à partir avec le chancelier pour l'accabler ainsi, car Bossémius a laissé le souvenir incontesté d'un réel talent et d'une générosité qui s'est traduite par le legs de toute sa fortune au profit d'œuvres charitables. Il continue la revue générale du professorat : « Les meilleurs et les plus instruits sont loin d'être en majorité : Thomas Stapleton d'Angleterre, qui est de noble race, très savant et déjà célèbre par de nombreux ouvrages. Les jurisconsultes sont : Boëtius de Frise, premier professeur de droit pontifical, auteur de nombreux traités juridiques français ; Goethals de Louvain, Charles Lalain de Douai », voilà un nom qui nous est familier, et bien d'autres ! car il donne le tableau complet des professeurs de l'Université.

Sans vouloir entrer dans le détail, son journal contient le récit de la vie intérieure de la Faculté de droit pendant près d'un an et demi. C'est une révélation, car il ne reste pas grand'chose des archives de notre vieille Université. Les listes des étudiants, celles des licenciés, des docteurs, tout a disparu lors de la Révolution ; les noms des premiers professeurs ne nous sont parvenus qu'en partie. La plus ancienne thèse était de 1689, et voici que le journal d'Arnold en indique vingt-cinq. Il en donne les sujets, le nom des professeurs, des candidats, leur soutenance plus ou moins brillante. C'est ainsi qu'il a relevé que Guillaume de Couture de Lille a été plutôt faible, et qu'au dire de tous il fut admis plutôt à titre

précaire qu'à juste titre. Il fait de l'esprit avec le
Digeste et il faut en avoir à revendre pour arriver
à ce résultat que n'avait certainement pas voulu
Justinien.

Il analyse les cours des professeurs ; il signale
qu'ils les faisaient parfois à domicile, de même
qu'ils y faisaient passer les examens ; c'est ainsi
que le 8 juin, Jacques Bennynck, d'Utrecht, leur
fit chez lui un cours sur le premier livre des Ins-
titutes. Comme il avait à expliquer un certain
point obscur des antiquités romaines, dont il
ignorait les plus vulgaires notions, il dut se retran-
cher, pour cacher son insuffisance, derrière la
maxime banale des jurisconsultes ignorants, à
savoir « que cela ne servait à rien pour faire fortune ».

Van Buchell ajoute : « J'ai honte et je regrette
de vivre dans un siècle où l'on n'apprend seulement que ce qui peut donner du pain, et permet
de satisfaire l'ambition et l'avarice. » Voilà qui
révèle une nature généreuse et désintéressée.

Ce n'est pas de la pose ; il était sincère et
l'avenir l'a bien prouvé : malgré sa science et
son talent, il n'est jamais parvenu aux honneurs
et à la fortune. Il n'en a pas été moins heureux
pour cela. Il écrivait au déclin de la vie : « Si le
vulgaire me jugeait selon les idées du jour, il me
dirait pauvre et presque dans l'indigence alors
que je m'estime plus riche que Crésus ! Ma maison
est trop grande pour mes besoins, ma bibliothèque
me suffit amplement pour satisfaire mon esprit
et ma curiosité, et quand je me réfugie dans la

solitude, je me ris des soucis de l'ambitieux, de l'avidité de l'avare et de toutes les passions humaines. » Non, ce n'est pas de la pose, et son indignation contre Jacques Bennynck est de bon aloi ; ce qu'il dit, il le prouve, et il s'y conformera toute sa vie, dût-il pour cela renoncer aux honneurs et à la fortune. Aussi est-ce avec une complaisance marquée qu'il insiste sur les associations d'étudiants qui groupaient tous ceux d'une même province. Il reproduit en leur entier les statuts des étudiants du diocèse d'Utrecht, qui étaient au nombre d'une vingtaine, à la tête desquels se trouvaient un doyen, un trésorier et un bedeau désignés par la majorité des suffrages. Ces statuts règlent de la façon la plus touchante les soins à donner aux malades et aux mourants, et il le fallait bien, car avec la longueur et l'insécurité des routes, en cas de maladie grave, bien souvent les parents arrivaient trop tard. Le malade sera visité tous les jours par un membre de l'association ; il sera veillé la nuit par un camarade ; s'il manque d'argent, la caisse commune lui fera des avances ; s'il succombe, l'association lui assurera une sépulture honorable. Il est impossible de pousser plus loin l'esprit de solidarité et de prévoyance et tout cela est d'autant plus curieux que c'est une véritable société de secours mutuels du seizième siècle et les mutualités d'aujourd'hui pourraient y reconnaître leur origine.

C'était d'ailleurs une nécessité. En moins de dix-huit mois trois étudiants d'Utrecht furent enlevés : l'un par la phtisie, l'autre par une fièvre hépathique, le troisième par la peste ; sur vingt, c'est à peu près le sixième. Arnold lui-même fut pris par la fièvre, qui ne se calma qu'au bout de huit jours après qu'il eut été soigné par une ordonnance du docteur Rhodius.

Deux de ses meilleurs amis, les frères Jean et Clément Verspulius, eurent la santé ruinée par l'abus des médicaments. Qui l'eût cru? Les malades étaient déjà trop drogués au seizième siècle.

Il suivit aussi les cours de Sylvius, professeur à la Faculté de médecine, qui était l'auteur d'un traité sur l'hygiène des étudiants et les moyens de conserver la santé. Il préconisait fortement les exercices physiques et c'est sans doute sur ses conseils qu'avec deux de ses camarades, il prit des leçons d'escrime chez le maître d'armes, Mathias.

Mais il nous faut passer maintenant à un autre ordre d'idées. Le journal d'Arnold étudie les mœurs, les coutumes ; il a eu soin de noter celles des Douaisiens et ses critiques ne sont pas toujours exemptes de sévérité. Il nous a parfois maltraités — ou plutôt nos ancêtres — comme Bossémius et la pauvre Catherine. Je n'aborderais pas sans appréhension ce côté assez piquant du journal, si je ne me souvenais de ce vers du poète :

Aimez qu'on vous conseille, et non pas qu'on vous loue !

La première critique, je puis l'aborder sans crainte, car si les Douaisiens du seizième siècle donnaient dans ce travers, il n'en est plus question aujourd'hui : la génération présente en est tout à fait guérie. Arnold reproche aux Douaisiens de trop aimer les banquets. Au seizième siècle, on en organisait à tout propos.

La moindre inauguration suffisait comme prétexte ; à défaut de souscriptions en espèces, il y avait des cotisations en victuailles et en liquides. C'est ainsi que le 7 septembre il y eut un de ces banquets pour la consécration de l'hôpital des Gisantes. C'est aujourd'hui la rue Gambetta, autrefois la rue des Procureurs, et plus autrefois encore la rue des Gisantes. C'est là qu'en 1518 habitait Jacques Le Saige, le pèlerin de Jérusalem, l'auteur du premier ouvrage imprimé dans le département du Nord.

L'Université était bien aussi pour quelque chose dans cette profusion de banquets. Chaque thèse de licence était un sujet de réjouissances qui se terminaient autour de tables bien garnies. Rien que pour le droit, vingt-cinq licenciés ont été reçus pendant le séjour de van Buchell. En y joignant la théologie, la médecine, jugez du nombre des banquets ! Les choses en étaient venues à ce point que les doctorats en droit et en médecine étaient devenus très rares à cause des frais considérables qui en étaient la conséquence.

D'illustres personnages honoraient de leur présence le « pas doctoral ».

C'était une véritable fête où se donnaient rendez-vous tous les parents et amis du récipien-

daire, et la ville, toujours généreuse, car elle
était fidèlement restée à ses traditions de large
hospitalité, offrait à tous des lots de vin en grande
abondance, aux dignitaires de l'Université et
aux candidats. Les comptes de la ville en four-
nissent des preuves fréquentes.

La quantité, la qualité, la couleur et le prix
du vin variaient suivant le rang du personnage.
Plus il était de haute marque, meilleure était
celle du vin ! L'un recevait du vin blanc, l'autre
du vin rouge, le troisième du vin d'Espagne, le
quatrième du vin du Rhin.

On ne prodiguait pas les deux derniers. C'est
ainsi qu'à cette même époque les comptes de la
ville mentionnent une « feuillette » offerte au procureur général, le jour du mariage de sa fille.

Mais pour plus de précision, je laisse la parole à
notre étudiant :

« Au début de mon séjour, dit-il, je m'étonnais
du nombre des naissances, mais étant donné le
nombre des mariages, tout s'explique. Comme
les maisons ne sont pas assez vastes, les repas
de noces ont lieu dans les hôtelleries et là les dan-
seurs ont beau jeu. Ce genre de fêtes est si aimé
des Douaisiens qu'ils préféreraient mourir de
faim le reste de l'année plutôt que d'y renoncer. »
Vous le voyez, il a la critique facile, mais sans
insister à cet égard.

C'est au *Dolphin*, sur la grand'place, hôtellerie
renommée tenue par Jérôme Doby, qu'avaient
lieu les meilleurs banquets. Les archives de la
ville ont d'ailleurs conservé trace de la défense

d'inviter plus de vingt personnes aux repas de noces. L'échevinage s'était inspiré de la législation athénienne qui, dans une réglementation qui paraîtrait intolérable aujourd'hui, fixait le nombre des convives dans les banquets privés, et réprimait les prodigalités gastronomiques. Rassurez-vous ; nous n'avons pas à craindre qu'un arrêté municipal fasse revivre cette vieille prohibition qui remonte aux Grecs ! Quant au *Pot d'Étain*, l'hôtellerie concurrente, elle était située rue des Ferronniers. Enfin, il y avait une taverne, célèbre par son excellente bière, la taverne du *Grand Haoquebart*, rue des Minimes.

Mais revenons aux usages douaisiens. Van Buchell n'en oublie aucun : les jeux de ballon sur la place du Barlet (il l'appelle le Barlu) dont la description rappelle le football, rien n'est nouveau sous le soleil ; les feux de joie de la Saint-Jean ; la fête des orfèvres dont la corporation prétendait posséder le manteau de saint Éloi, les guérisons opérées par ce manteau ; la Saint-Martin et les courses des enfants à travers la ville avec des torches allumées ; les fortifications du Pont-à-Râches ; le gibet du Raquet en forme de tour ; la plantation du Banniban sur la grand'-place, c'était le signe que pendant le franc marché nul ne pouvait être arrêté pour dettes et que les bannis pouvaient rentrer en ville ; les pièces de circonstance jouées aux collèges d'Anchin et de Marchiennes ; enfin les processions se déroulant à travers la ville et tout autour des remparts avec les corporations en tête et leurs emblèmes aux couleurs variées, puis les arbalétriers, les archers, les membres de l'Université, docteurs, professeurs, étudiants, suppôts de l'Université, tous en costume universitaire, en bel ordre et gravité, ce qui était assez rare d'ailleurs pour messieurs les étudiants, toujours prêts à susciter les bruyantes querelles de préséance. Vous le voyez, rien n'est oublié et il y a là un recueil complet et parfois inédit de nos vieilles coutumes douaisiennes. Il cite avec éloge tous ceux qui ont fait honneur à Douai dans les lettres et les arts, et, parmi ceux qu'il glorifie, je n'en citerai qu'un : c'est Jean Bologne, le célèbre sculpteur qui fut en très grand honneur auprès de Ferdinand de Médicis et de son frère François à Florence, Jean Bologne, dont la renommée, vieille de plus de trois siècles, n'a fait que grandir et à qui sa ville natale prépare une fête commémorative dont l'éclat dépassera celui de l'apothéose qui vient de lui être décernée sur la terre italienne. Mais il faut en finir avec ces extraits, quel que soit leur attrait. Encore un cependant dont vous apprécierez l'intérêt. Il s'agit de notre blason. Voici ce qu'il en dit :

« Les armoiries de la ville sont couleur de sang ; aucun emblème ne les orne. Les Douaisiens assurent que leurs aïeux les leur ont transmises comme insigne de leur valeur parce que souvent ils ont teint les murs de leur ville du sang des ennemis qui voulaient les envahir. » Voilà qui touche une controverse qui a fort occupé les journaux de la localité il y a quelques années. Mais l'explication est incomplète ; ce n'est pas seulement parce qu'ils ont teint les murs de la cité du sang de leurs ennemis que le blason des Douaisiens est rouge, c'est parce qu'en toute occasion ils ont su et sauront verser le leur pour la défense de la Patrie.

Tel est, dans ses grandes lignes, le résumé du journal de van Buchell. C'est assurément un document de premier ordre pour l'histoire de notre vieille Université à l'époque où elle était dans la première fleur de sa jeunesse et de son éclat. Et ce qui ajoute encore à la saveur, au piquant de ce journal, c'est que son auteur était protestant d'origine et de tendances lors de son arrivée à Douai. Si son journal était tombé entre les mains de Bossémius, le chancelier de l'Université, Arnold eût passé un très vilain quart d'heure. Il aurait été certainement exclu de l'Université. Personne n'échappe à son indépendante critique : chancelier, professeurs, candidats à la licence, il juge tout le monde en pleine et entière liberté ; il fait de même pour les traditions et les usages. Quand il revient des sermons et quand Antoine Surius, doyen de l'église paroissiale, se plaint de son peu d'assiduité aux offices, il feuillette les Décrétales et avec quelle joie il relève un texte pour soutenir qu'en qualité d'étudiant, d'écolier, il échappe à l'autorité du doyen.

Voilà le côté tout à fait nouveau et intéressant du journal parce qu'il permet de pénétrer l'état d'âme de ces jeunes étudiants venus de Hollande pour faire étude à l'Université de Douai fondée par Philippe II. Il n'était évidemment pas le

seul et, parmi les étudiants d'Utrecht, il devait
s'en trouver plus d'un à partager ses sentiments.
Voilà ce qui fait la très grande et très rare originalité de ce journal, qui lui donne un cachet très
personnel et pourquoi il garde un mouvement et
une vie qu'on chercherait vainement ailleurs. Il est
prudent d'ailleurs de se mettre en garde contre
certaines de ses anecdotes et de ses appréciations,
car, dans des temps aussi troublés par tout ce que
les guerres civiles ont connu de plus atroce, il ne
restait pas beaucoup de place pour la juste
mesure et l'impartialité ; en revanche, pour les
descriptions, il est d'une exactitude rigoureuse.
A Rome, j'ai visité les monuments qu'il décrit,
avec la partie de son ouvrage qui a été imprimée
par la Société de l'histoire de l'Italie ; comme description, c'est irréprochable ; pour les coutumes
et les usages, on peut s'en rapporter à lui d'une
façon absolue.

J'en ai fini, et je m'excuse d'avoir été d'une
longueur presque impardonnable, mais auparavant, il me reste un aveu à faire : c'est que je
ne suis presque pour rien dans la conférence de
ce soir. A vrai dire, je n'ai été qu'un simple met-
teur en scène.

Permettez-moi donc, comme au théâtre le soir
d'une première, d'en proclamer les auteurs afin
que vous les applaudissiez, si vous y avez trouvé
quelque attrait.

Le premier en date, c'est Arnold van Buchell ;
c'est le jeune étudiant de 1584, dont le premier
journal, exhumé de la lointaine bibliothèque

d'Utrecht, vous a donné ce soir une rapide et fidèle vision de Douai au seizième siècle. Vos bravos ne parviennent pas jusqu'à lui ! Et cependant il a consigné à cet égard une pensée bien étrange.

. Relevant un jour, dans je ne sais plus quelle église de Paris, l'épitaphe à demi effacée d'un compatriote, Arnold écrivait cette pensée singulière : « Les mânes du défunt s'en réjouiront », et il ajoutait : « J'espère après ma mort être l'objet de pareil bon office ! »

. Ce bon office qu'il souhaitait et demandait en retour de tant d'autres du même genre, il lui a été rendu ce soir dans cet Hôtel de Ville qu'il a connu et admiré.

- Et si, comme il le disait en quittant Utrecht, quelque chose de son âme est resté attaché pour toujours aux sites qui lui furent chers, ses mânes, comme il l'écrivait, se seront réjouis du sympathique accueil que vous avez fait à sa mémoire et aux fragments du journal, dont les premiers feuillets ont été écrits à Douai, et lui sont consacrés. Mais il n'est pas le seul à qui doivent en toute justice aller vos remerciements et les miens.

C'est à M. Rivière, le savant bibliothécaire de la ville, qui m'a prêté à tout instant l'infatigable concours de son érudition et d'une obligeance sans égale.

A M. Collinet, le distingué professeur de l'Université de Lille, dont la spirituelle conférence sur les mœurs des étudiants vit encore dans vos souvenirs. Il a collationné avec moi le manuscrit de van Buchell dans les passages les plus difficiles.

Ce sont les éminents savants de l'Université d'Utrecht qui ont bien voulu se dessaisir, en votre faveur, de leur précieux manuscrit.

Et enfin à MM. André et Gosselin dont vous allez admirer les projections photographiques. Elles vous donneront la vision du vieux Douai, telle qu'elle ressort du plan en relief qui était enseveli au musée des Invalides. C'est de là que la municipalité l'en a tiré à force d'instances et de démarches au grand bénéfice du musée de Douai, et je l'en remercie au nom de la cité tout entière.

Voilà les auteurs de la conférence que vous venez d'entendre et mon seul regret est qu'ils aient eu un interprète aussi malhabile. Mais en revanche, il se dégage de cette collaboration commune une pensée réconfortante entre toutes : c'est que lorsqu'il s'agit d'une œuvre douaisienne, toutes les bonnes volontés, tous les concours s'empressent et se prodiguent à l'envi pour accroître l'honneur et le renom de la ville de Douai.

LA POÉSIE A DOUAI
AUX SEIZIÈME ET DIX-SEPTIÈME SIÈCLES
JACQUES LOYS (1585-1610) (1)

A la fin des longs mois d'hiver, il semble que, tout à coup, la nature se mette en fête. Le ciel devient plus bleu, les rayons du soleil brillent d'un plus chaud et plus vif éclat, l'herbe partout reverdit et la terre, jusque-là stérile, s'entr'ouvre pour faire place à ce qui bientôt sera l'abondante et jaunissante moisson.

Sur les branches dénudées des arbres apparaissent des bourgeons ; c'est la feuille qui se fait pressentir et qui va s'échapper de sa prison. Les oiseaux, si longtemps muets et blottis dans les lierres, voltigent gaiement, de branche en branche, avec leurs plus douces chansons.

C'est la nature qui s'éveille ; c'est le printemps qui revient, avec son brillant cortège de fleurs aux fraîches couleurs et aux délicieux parfums.

Eh bien, vers la fin du seizième siècle, il y eut à Douai, pour la poésie, quelque chose de semblable à cette soudaine et radieuse apparition du

(1) Conférence prononcée au Théâtre municipal de Douai, le 10 juillet 1899.

printemps ! La poésie n'y était ni une inconnue ni une étrangère ; de tout temps, le culte des lettres et des arts y fut en honneur. De tout temps, elle fut la docte Cité — des Lettres l'Arsenal — l'Athènes du Nord, comme l'ont appelée ses poètes.

Déjà au moyen âge, Douai avait eu ses trouvères, qui ne le cèdent en rien à Raoul de Cambrai ou Adam de La Halle, dont se glorifient des cités voisines. A ces noms illustres, nous opposons avec fierté ceux d'Andrieu, de Gandor, de Durant ; Durant, l'auteur de ce joli fabliau qui s'appelle le *Conte des trois bossus*, piquant mélange de naïveté et de verve malicieuse, où la saveur archaïque du langage est relevée par celle du vieil esprit gaulois ; Durant, que nous avons proposé comme sujet du concours de poésie et dont nos poètes Laurés viennent de rajeunir le vieux fabliau avec un talent plein d'espérances et de promesses pour l'avenir littéraire de la Cité !

Après la disparition des trouvères, ces aimables et gracieux poètes, ces premiers vulgarisateurs de la langue française, dont les récits firent le charme et du castel et de la chaumière, et de la riche abbaye et de l'opulente cité, le silence se fait à Douai ; c'est l'hiver de la poésie qui commence, et il durera plusieurs siècles !

Ah ! je sais bien que dans cet intervalle, Douai eut une Chambre de rhétorique, plus connue sous le nom de Confrérie des Clercs Parisiens, ainsi nommée à cause des études faites à Paris par plusieurs d'entre eux. Ces confrères faisaient profession de belles-lettres et poésie en langue vulgaire, et tout à l'heure vous les verrez sur la scène où les évoquera un poète douaisien du dix-neuvième siècle, dont l'Académie française vient tout récemment de couronner le beau livre sur *l'Elégie en France*. Chaque année, cette confrérie organisait des concours de poésie religieuse. Des couronnes d'argent étaient décernées à l'auteur du meilleur chant royal en l'église Notre-Dame, le jour de l'Assomption.

Et voici ce qu'en dit le poète Jacques Loys, le plus célèbre de ses lauréats :

« En la ville et Université de Douai est instituée une honorable et très ancienne Société, nommée Confrérie des Clercs Parisiens, ayant de temps, esté composée de vénérables, illustres et rares personnages, tant ecclésiastiques que nobles et populaires dont le chef ou prince, se renouvelant chaque année, doit exposer pour prix aux poètes jadis y appelés rhétoriciens, une couronne, chapeau et affiquet, ou image d'argent pour distribuer les deux premiers aux meilleurs ouvriers d'un chant royal, au jour et sur le subject de la glorieuse Assomption de leur Patrone immaculée. Présage évident que les muses avaient dès lors choisi ce lieu pour séjour et établissement de toutes sciences qui, maintenant, éternisent sa renommée. » Et il ajoute : « On voulait, par ce louable et annuel exercice, ranimer audit Douai la poésie française. »

Fondée vers 1249, cette confrérie se perpétua parmi nous jusqu'en 1778 ! Cinq siècles d'existence pour une association poétique ! Ah ! le bel exemple pour notre Société qui n'en est aujour-d'hui qu'à fêter son premier centenaire ! Mais voilà surtout qui démontre combien l'amour de la poésie était vif à Douai, car le chant royal était peut-être de tous les genres poétiques le plus diffi-cile, ses règles par trop rigoureuses ayant pour résultat d'enchaîner et de glacer l'inspiration.

C'est vers le milieu du seizième siècle que se produisit tout à coup ce renouveau, cette éclosion féconde, cette floraison de la poésie française à Douai, que je comparais tout à l'heure au retour du printemps. Tout à coup un essaim de rimes bourdonnantes prit son vol à Douai, de même qu'aux premiers rayons du soleil d'avril reviennent les hirondelles.

> Avril,
> C'est ton retour si gentil,
> Qui d'exil
> Retire ces passagères :
> Ces hirondelles qui vont
> Et qui sont
> Du printemps les messagères.

Dans les courts instants qui me sont réservés, il m'est impossible de vous faire connaître toutes ces rimes et tous ces rimeurs douaisiens. J'en-tends au moins les personnifier dans le plus inté-ressant de nos poètes : Jacques Loys, que « l'en-vieuse mort » (pour employer le langage de l'époque) moissonna dans la fleur de son vingt-cinquième printemps.

> A peine ouverte au jour sa rose fut fanée !...

Mais avant de faire vibrer cette lyre depuis si longtemps muette, je voudrais ressusciter, pour ainsi dire, le vieux Douai du seizième siècle : celui que le poète a chanté et aimé, afin de replacer dans leur véritable cadre ces vers et ces poèmes dont quelques-uns méritent bien d'être sauvés de l'oubli.

C'est en 1562 qu'avait été fondée l'Université de Douai.

Le Magistrat n'épargna rien pour y attirer de Louvain et d'ailleurs les maîtres les plus éminents « afin d'avancer les sciences, en abreuver la jeunesse et accroître la splendeur de Douai ». Dès les premiers jours, la renommée de ces docteurs, « belles lumières de l'Académie nouvelle », avait groupé autour d'eux plus de six cents étudiants, et leur talent les y avait fixés. Douai était devenu comme une sorte d'oasis littéraire qui n'avait point sa pareille dans toute la région. Ni la « mutine Tournai », ni la « forte Cambrai », ni la « trafiqueuse et argenteuse Lille, » ni « Béthune la polie et autres lieux insignes » (ce sont les épithètes de nos poètes), n'offraient rien de comparable. Douai était le rendez-vous des intelligences d'élite dans tous les genres.

> Qui veut des saints lauriers du Parnasse, l'odeur,
> Qui la douce fraîcheur des ondes de Permesse
> Et des neuf doctes sœurs la très plaisante adresse,
> Il prend, pour séjour, de Douai la grandeur !

C'est à Douai que venaient chercher un asile ou le repos : *Otium cum litteris*, le repos avec les belles-lettres pour compagnes, les poètes que les discordes civiles éloignaient de leur patrie, ou fatigués du bruit et des plaisirs mondains.

Et voici ce qu'écrivait un de nos hôtes, poète parisien, à Jean Loys, poète de Douai :

> Lorsque, plein de souci, j'abandonnai la France
> Et mêmement Paris, des muses le séjour,
> Telle douleur saisit mon âme que ce jour,
> L'on vit mes yeux pleuvoir larmes en abondance.
> Car pauvret, je pensai que sorti de ce lieu
> Je ne jouirai plus des faveurs de ce dieu
> Qui de sainte fureur nos poitrines enflamme.
> Mais, si j'eusse pensé, Loys, trouver ici
> Tels poètes que toi, j'eusse été sans souci,
> Et sans larmes mes yeux, et sans douleur mon âme.

A l'exemple de Sailly, c'était avec joie que Simon Ogier, la gloire poétique de Saint-Omer, venait se retremper dans la florissante Académie douaisienne. Ce fut près de la fontaine Saint-Maurand dont l'eau lui paraissait plus douce que du lait — un poète est toujours de bonne foi, même lorsqu'il exagère le plus — qu'il composa ses sylves et ses plus mélodieuses élégies.

C'est à Douai que Michel d'Esne, l'ancien page de Philippe II, le vétéran des guerres de Flandre et d'Espagne, venait se fixer, en 1589, avant d'être appelé à l'évêché de Tournai. Et ce qui motivait son choix, c'était le désir de « vaquer aux estudes », de « hanter avec gens sçavants » et d'être leur émule et leur rival en belles-lettres et en poésie. Les Muses le consolaient des chagrins et des épreuves de la vie. Ainsi encore du Lillois Pierre de Croix, seigneur de Triètre, qui publiait à Douai, en 1608, *le Miroir de l'amour divin*, recueil d'odes et de sonnets attestant un réel talent. Tout ce monde de professeurs, de docteurs, d'érudits, de lettrés, d'étudiants même se piquait d'être poète ; et, parmi ces derniers, Claude de Bassecourt l'a prouvé par plusieurs milliers de vers. A Douai, comme dans les environs, ce fut alors comme une sorte d'épidémie aimable, dont on peut dire :

> Ils n'en mouraient pas tous, mais tous étaient frappés ;
> Il n'en était point d'épargnés.

Les ecclésiastiques les plus rigides rimaient à qui mieux mieux, comme Michel d'Esne, Jean Rosier ou Étienne Langlet, prêtre douaisien ; ainsi que les plus graves professeurs tels : Jean Dubois, l'une des lumières de la Faculté de médecine et qui signait ses vers latins du nom poétique de « Sylvius ». Son collègue, Louis du Gardin, prenait le pseudonyme non moins galant d' « Hortensius ». Il composa les *Adresses du chemin du Parnasse* et répondait hardiment à qui lui reprochait son goût pour la poésie :

> Tel me dira : tu t'escartes
> Et tu perds ainsi ton temps,
> Qui souvent en perd autant,
> A boire, aux dés ou aux cartes !

Les avocats suivaient l'irrésistible courant :

tels Jean et Jacques Loys, « ces deux soleils du droit » ; et, avec eux, Jean Bertoult :

> Bertoult, fils d'Appollon, des Muses le souci,
> L'honneur de la justice et de Thémis aussi,
> Bertoult, plein de faconde et de diserte grâce.

Le docteur Cordouan, les chirurgiens Jean d'Arnem et Jérôme de La Rue, les peintres Jacques Vallois et Jean Bellegambe, jusqu'au procureur Toussaint du Pré et au greffier criminel Mathieu Salé, tous étaient poètes ; les musiciens leur prêtaient le concours de leur talent et c'est ainsi que le Douaisien François Régnart, maître de chapelle à Tournai, puis à Anvers (le frère de ce Jacques Régnart, dont vous entendrez, tout à l'heure, le motet et les chansons à la manière des villanelles italiennes), mit en musique d'une suave harmonie, les plus ravissantes chansons de Ronsard.

Aux portes mêmes de Douai, sous les beaux ombrages de Cuincy, dans le voisinage de grands étangs clairs et de murmurantes fontaines, Antoine de Blondel avait fondé une Académie, le banc poétique de Cuincy, où venaient, dans la belle saison, siéger tous les poètes de la contrée.

Là, sur la mousse verte d'un bois séculaire, Antoine de Blondel chantait « sur son luth doux sonneur » quelque amoureuse chanson, et tour à tour chacun de ses hôtes, les Loys, les Dubois, les Desprets, les Dumont imitaient son exemple et c'est ainsi que fuyaient légères et charmantes les heures trop courtes de la journée.

Restons, si vous le voulez bien, quelques instants à Cuincy pour jouir de ces enchantements
et entendre quelques-unes de ces chansons :

> Ma colombelle, ma belle,
> Ma fâcheuse, ma rebelle,
> Ma mignonne, de qui l'œil
> Ravit mon aise et mon deuil,
> Ma délicate ambroisie,
> Ma grâce, ma chère amie,
> Prends égard à la langueur
> De ton loyal serviteur !

N'y a-t-il pas là une très heureuse imitation
de la gracieuse chanson du doux poète angevin,
Joachim du Bellay :

> Sus, ma petite colombelle,
> Ma petite belle rebelle.

En voici une autre qui n'est pas non plus sans
mérite :

> Tu t'en vas, mignonne,
> Emportant mon cœur ;
> La mort m'aiguillonne
> Voyant ce malheur,
> Car avecque toi
> S'en va mon soutien :
> Vivre m'est émoi,
> Tu le prévois bien.

J'en dis autant de cette strophe qui ne manque
pas de caractère :

> Comme un roch, près le rivage,
> Qui a les pieds outragés
> Par l'effort d'un grand orage
> De mille flots enragés ;

17

Ma confiance,
Ma fiance
Sera immuable ainsi :
Contre envie
Et furie
De l'adversité aussi,
Qu'en amour faut endurer
Avant content demeurer.

Et enfin cette chanson où vous retrouverez le lointain écho des martyres plus imaginaires que réels, dont c'était alors la mode, en France comme en Italie, de faire avec force soupirs,

Pleurer les monts, les plaines et les bois !

CHANSON

Dieu ! je meurs d'un rude martyre
Et d'une muette douleur.
Heureux qui librement soupire :
La complainte est l'heur du malheur !

Hélas, quand heureux on me nome,
L'on ne sait pas ce que je sens,
Je resamble à la belle pome
Qu'un ver ronge par dedans.

Je suis à l'agneau comparable,
Destiné pour sacrifier,
Qui dedans sa gorge incoulpable
Reçoit le couteau sans crier.

O respect, ô crainte discrète,
Vous tyrannisez votre loi ;
Mais en vain ma langue est muette,
Mes yeux parlent assez pour moy.

Mes yeux, il est bien raisonnable
Que vous racomptez mes douleurs,
Car par vous je suis misérable,
C'est pour avoir vu que je meurs !

Ainsi, à la fin du seizième siècle, la poésie faisait fureur à Douai, comme dans les environs.
Il semblait, a dit un auteur contemporain, pris
d'ailleurs du même vertige, « que ce temps-là
fût tout entier consacré aux Muses. » Ce fut le
plus brillant moment de la vie littéraire de Douai.
J'ai voulu le saisir et le fixer, non pour un stérile
et vain motif d'érudition, mais parce que nous en
aimerons davantage la cité qui nous a vus naître.
Oui ! tout ce qui l'a rendue glorieuse dans son
passé nous est cher et précieux, comme faisant
partie intégrante de ce patrimoine d'honneur et
de renommée que nous gardons et garderons toujours avec une légitime fierté.

C'est dans ce milieu si littéraire et artistique,
où les Muses régnaient en souveraines, que naquit
Jacques Loys, en 1585.

Il eut, pour ainsi dire, la poésie comme mar-
raine et il la trouva assise à son berceau. Son père,
Jean Loys (1), était prince de la Confrérie des
Clercs Parisiens. Par trois fois, il avait obtenu la
couronne d'argent, et cette triple victoire lui
avait valu le titre de poète lauré. Il passait pour
le Ronsard de la contrée. Des membres de l'Académie poétique de Cuincy, il était le plus aimé

(1) Jeanne Loys, sœur de Jean, avait épousé, vers 1530, Jean
d'Aghenet, de Douai. C'est une lointaine aïeule de la famille de
Warenghien.

et le plus applaudi. Excellent avocat, il était aussi échevin de la ville de Douai et l'on disait de lui :

> Advocat prudent et sage,
> Au Sénat des plus estimés.

Et l'on ajoutait :

> L'honneur des poètes Belgeois
> Et l'ornement de la Jurisprudence !

La sœur de Jacques Loys, damoiselle Marie Loys, s'adonnait elle aussi à la poésie. Ainsi entouré, et au contact de ce foyer si intense de vie littéraire, la vocation poétique de Jacques Loys devait être irrésistible, et elle le fut.

Il nous a donné une très jolie description de la chambre qui abrita son enfance, et nous avons ainsi la vision rétrospective d'un intérieur douaisien à la fin du seizième siècle. La voici, elle est adressée

A Mademoiselle Marie Loys, sa sœur.

> La chambre en laquelle je suis
> Porte dedans une verrière,
> Dépainct au vif, un saint Loys.
> Et puis on voit dans la dossière
> De mon chalit, un cygne en l'eau
> Qui des poètes est l'oiseau.
> Tout y est verd et même l'huis :
> Était-ce pas un vrai présage
> Qu'un poète nommé Loys
> S'y logerait en son jeune âge?

Dans cet intérieur douaisien, faut-il que je relève la fraîcheur du coloris, la finesse du détail, l'intensité de la vie?

Tout reluit et se détache, avec un merveilleux relief, dans cette description de la chambre où

> Le poète nommé Loys
> *Vint se loger* en son jeune âge !

Comme il est « dépainct au vif » ce saint Louis dont l'auréole illumine la verrière ; on touche, pour ainsi dire « ce cygne en l'eau ».

> Qui des poètes est l'oiseau !...

Et comme cette couleur vert tendre des boiseries symbolise bien la jeunesse et les espérances du poète : c'est un petit chef-d'œuvre de coloris, de fraîcheur et de grâce !

Comme son père, Jacques Loys voulut être « advocat et poète ». Advocat, le jour ; poète, la nuit, comme il le dit lui-même. A vingt-trois ans, il fut licencié ; à vingt-cinq, docteur en droit et l'un des meilleurs poètes douaisiens. Il n'avait pas attendu la fin de ses études juridiques pour se livrer à la poésie. Dès 1605, il remportait la couronne au concours des Clercs Parisiens. Il l'eut encore, en 1608, 1609 et 1610, de sorte que, comme son père, il eut le titre de poète lauré, ce qui lui valut, selon l'usage, une exemption complète des droits d'octroi. Je le dis tout bas... tout bas, car il ne faudrait pas que nos lauréats d'aujourd'hui songent à se prévaloir du précédent pour prétendre à la même faveur. Hélas ! voilà tantôt deux siècles et demi que l'octroi de Douai est brouillé avec la poésie et qu'il traite les poètes comme de simples mortels !

Aussitôt « poète lauré », Jacques Loys réunit tous les membres du Puy douaisien, dans un grand banquet destiné à célébrer sa victoire, et voici le toast qu'il leur adressa :

SONNET

Aux poètes du Puy douaisien.

Poètes Scarpéans, beaux esprits dont la gloire
Heureuse volera un jour par l'univers,
Vous m'honorez par trop en vos chants, en vos vers,
Votre éclat, non le mien, j'engrave à la mémoire.

Votre docte faconde est beaucoup plus notoire,
Votre rare science et vos projets divers,
Vos œuvres relevés et vos plus mignards airs
De vie sont suivis, qui n'est pas transitoire.

Soyez les bienvenus avec tout votre chœur
Et puisqu'il plaît à Dieu que je sois empereur,
Attendans un relief, faites or bonne chère.

Je désire vous être à toujours bon ami,
Célébrer les neuf sœurs, haïr leur ennemi,
Et vous montrer le feu de mon amitié chère.

Voilà donc Jacques Loys « empereur de la poésie en Douai ». Pour vous faire apprécier sa valeur, je voudrais tirer du volume de ses œuvres ses vers les mieux polis et les plus finement ciselés. Tel un collectionneur s'empresse de tirer de leurs écrins les bijoux de prix, les rares médailles, les objets précieux pour les faire admirer à ses amis, tels aujourd'hui nous sommes heureux et fiers de montrer dans l'Hôtel de Ville, aux étrangers, à nos hôtes qui viennent nous visiter, les plus beaux fleurons des collections douaisiennes !

Voici les divers aspects du talent de Jacques Loys : d'abord, ses poésies religieuses, celles qui lui ont valu ses quatre couronnes ; puis les vers destinés à « magnifier » les succès de ses amis à l'École de Droit, à celle de Médecine ; les épithalames où il célèbre les mérites de l'époux, la beauté non pareille de l'épouse ; enfin ceux où il chante les plus belles fleurs des jardins de Douai.

Je m'attacherai, de préférence, à celles de ses poésies qui perpétuent de vieux souvenirs douaisiens. Elles offrent un intérêt que deux siècles et demi n'ont pas amoindri, et dans plusieurs d'entre elles, trop rares hélas, vous verrez que la poussière du temps n'a pu en ternir ni en effacer les couleurs.

Dans toutes les facultés, le doctorat, le grade supérieur, se conférait à la suite de cérémonies solennelles destinées à célébrer plutôt la promotion du nouveau docteur qu'à constater sa science. Chaque doctorat attirait à Douai de nombreux invités. C'est ainsi que Simon Ogier venait tout exprès en Douai pour le pas doctoral d'un de ses amis. La cérémonie commençait par un superbe et très ennuyeux (les deux choses vont souvent de compagnie) discours latin du Président sur *la dignité du doctorat*. Puis il présentait en grande pompe, au récipiendaire, la toque, l'épomine, l'anneau et le collier.

Chacun de ces insignes était un emblème, et il y avait pour sa collation une formule spéciale.

La forme ronde de la toque symbolisait la science universelle du nouveau docteur ; la couleur pourpre de l'épomine (c'est l'ornement rouge que les docteurs en droit portent sur l'épaule), l'ardeur qu'il fallait mettre à expliquer et débrouiller les lois les plus obscures, et il n'en manquait pas dans ce temps-là, ni dans d'autres d'ailleurs, plus voisins de nous. L'anneau était l'emblème d'une inviolable fidélité jurée à la science ; la fidélité due par l'époux à l'épouse : *quam ut sponsam habeto.*

Un doctorat était une fête pour la ville entière, et une fête assez rare, car, en trente-huit ans, de 1562 à 1600, il n'y eut à la Faculté de droit de Douai que sept promotions pour quinze docteurs. Comme toujours, la ville distribuait largement les vins d'honneur au récipiendaire et aux personnages venus à Douai pour « solenniser ledit doctorat » .Un grand banquet suivait la réception ; car déjà en 1610, il n'y avait pas, à Douai, de belle fête sans banquet.

Voici d'ailleurs celles qui marquèrent le doctorat en droit du poète, le 25 octobre 1610 ; c'est le docteur en médecine Cordouan qui nous en a conservé le souvenir :

Quoy, ne voyez-vous pas en quelle magnificence
Les sages se vont rendre, en ce temple sacré,
Du vulgaire suivis dont la grande affluence
Monstre combien ce jour au peuple vient à gré.

Les roses et les lys naissent sur la chaussée ;
L'automne se transforme en printemps gracieux ;
Et pour voir ce Loys dans la rue jonchée,
Se range, par milliers, un monde curieux !

Les murailles on voit richement tapissées,
Les toicts couverts de gens ainsi que de pigeons !
Les fenestres en sont grosses à leurs croisées,
De mille accords nombreux on entend les chansons.

Les cors retentissants, la trompette entonnée,
Et les clairons qu'on oit bruire de tout costé.
Les poètes sur tous, cette sainte journée
Engravent dans l'airain de l'immortalité.

Voilà les honneurs rendus aux docteurs en droit. Quant aux licenciés en médecine, ils étaient plus fêtés encore si c'est possible, et je vais vous en dire la raison :

Avant 1608, la peste (le choléra de l'époque) avait fait d'affreux ravages à Douai. Comme toujours, en cas pareil, il était mort beaucoup plus de monde de la peur que de la peste. Nos concitoyens avaient gardé du fléau un si effrayant souvenir, qu'à chaque licence en médecine prise à Douai, c'était une véritable fête publique à laquelle s'associait la ville entière. A tort ou à raison, les Douaisiens s'imaginaient avoir un défenseur de plus contre les maladies et contre la mort.

C'est à ce titre que Jacques Loys célébra le Triomphe de la médecine, dans une pièce de vers adressée : *A Monsieur maître Mathieu Cordouan, au jour de sa licence en médecine, prise à Douai le 14 octobre 1608.*

Comme presque tous les médecins douaisiens du seizième siècle, Mathieu Cordouan était poète. C'était, pour Jacques Loys, un second motif de chanter le succès de son ami.

Voici le début de la pièce :

Peu devant que parut l'aurore renaissante
Peinte d'or, de safran, et d'écarlate encor,
Je vis, par la faveur d'un songe aux ailes d'or
Le triomphe pompeux d'une vierge savante.

Sur un char d'or, d'ophir, parsemé d'étincelles,
Cloué de diamans, de rubis, de saphirs,
Marche la Médecine, et les humains désirs
Ne souhaitront un char ni des roues plus belles.

Partout volent aux vents, maintes vertes bannières
Où est la médecine en lettres d'or escrit,
Et par l'artiste main d'un véritable esprit
Y sont paintes aussi ses victoires guerrières.

Près d'elle, sont la Muse et la riante Santé qui se tiennent par la main. Au milieu d'Hippocrate, de Galien, d'Esculape, de toutes les célébrités médicales des temps anciens et modernes, s'avance Maître Mathieu Cordouan ; devant lui marche une troupe d'esclaves.

Muse, ne sont-ce pas toutes les maladies,
Dépitées de se voir avec les fers aux mains,
Dis-moi, ne sont-ce pas ces monstres inhumains,
Qui contre les mortels exercent leurs furies?
Ce les sont, je les vois, c'est la troupe méchante
De ces monstres hideux, ministres de la mort,
Qui jà, nous feraient voir l'Achérontide bord
Sans le combat guerrier de la vierge savante.
Mais qui est cette vieille, ah! vraiment, c'est la goutte :
De ses doigts renoués, elle lève un bâton
Et bien qu'elle ait trois pieds, va comme à pas de plomb
Redoutant de marcher en cette belle route.

Puis, c'est la carie, l'apoplexie, la léthargie, la pleurésie, la fièvre, ou tierce, ou quarte, ou lente ; c'est la boulimie, l'anorexie ; il est plus facile d'énumérer les maladies que de les guérir.

Pour le moment, toutes sont là frémissantes mais domptées, aux pieds de Maître Mathieu Cordouan.

Emporté par son lyrisme, Jacques Loys s'écrie :

Douay, docte séjour des beaux esprits Belgeois,
Où tout le monde accourt ainsi comme en Athènes,
Qui nourris dans tes murs d'éloquents Desmosthènes,
Des Homères encor, plus grands que les Grégeois,
Je te dis aujourd'hui, heureuse mille fois !
Et grand'joie à bon droit gaillarde tu démeines,
Car or ton fils tiendra de ta santé les rênes
Et toujours Cordouan rendra sains tes bourgeois.
Quoy ! n'a-t-il pas déjà bien combattu la Parque
Et Charon qui chargeait de tes enfants sa barque?
Ah ! que tu en auras de secours et d'appui !
Non, Douai, ne crains plus les tristes funérailles ;
Vray est que tu en as d'autres dans tes murailles,
Mais tu en as bien peu d'aussi rares que lui !

Hélas, ce jeune homme de vingt-trois ans qui chantait le succès de son ami et le triomphe de la médecine sur les maladies et infirmités de la nature humaine, devait bientôt faire la triste expérience qu'elles n'étaient pas toutes enchaînées aux pieds de Mathieu Cordouan.

Lui-même nous apprend dans l'une de ses dernières poésies qu'il fut frappé d'une soudaine cécité. Il attribue son mal à un châtiment céleste, pour des vers trop légers qu'il avait composés.

Pardonnez-moi, Seigneur, j'ai tort, je le confesse.
Je ne devais ainsi parler impurement :
Non, je ne devais point donner enseignement
Aux jeunes trop lascifs, scandale à la vieillesse.
J'ai tort, je le connais et de deuil tout transi,
Je requiers humblement à ta bonté, merci.

Il supplie le Dieu de miséricorde d'oublier la faute commise et lui adresse cette supplication désespérée :

Retire donc de moi les fouets de ta vengeance
Déchassant les brouillards qui me couvrent les yeux
Et m'ôtent l'usufruit de la terre et des cieux,
Car, je connais ma faute et en ai repentance.

Qu'y a-t-il de plus touchant que cette prière qui ne devait pas être exaucée ! Bien peu de temps après, la mort l'enlevait au barreau, où déjà il avait marqué sa place, comme dans la poésie, et précipitait dans la tombe les espérances et les promesses de son jeune talent. Et quant à Mathieu Cordouan, l'ami dont la science avait été vaincue par la mort, il ne pouvait que graver sur sa tombe quelques vers attestant à la fois et ses larmes et ses regrets.

Pour prouver ce que la fin prématurée de Jacques Loys a fait perdre à la poésie douaisienne, il me reste à vous lire ses plus beaux vers :

Je les emprunte au livre de ses *Mélanges*. Voici ce qu'en dit l'éditeur, Pierre Auroy :

« Ils sont le printemps des œuvres de notre auteur où sont les chants les plus mignards que sa Muse dégoisait aux alliances nopciales de ses amis, où coule doux ruisseau de sa veine dont le gazouillis a tant de fois résonné ; tantôt se promenant sur le bord de la fameuse Escarpe, tantôt regardant les anémones célestes, les consyres agréables, surtout cette tulipe piolée dont la beauté donnait l'empire sur tout autre de ces quartiers au jardin paternel. »

Jacques Loys aima passionnément les fleurs et il les a chantées avec un rare bonheur de forme et d'expression. Il y a donc plus de trois siècles que ce goût si délicat a pris naissance à Douai, où la Société d'Agriculture le continue avec un succès qui vous a permis d'apprécier sa brillante exposition au Jardin des Plantes.

Le jardin de Jean Loys avait les plus belles tulipes de Douai : de tous côtés, on venait les admirer. Mademoiselle Chrétienne de La Croix fut du nombre des visiteurs. Voici la pièce de vers que lui adressa Jacques Loys :

> Soyez la bienvenue en notre jardinage,
> Belle et chaste Chrétienne, et votre parentage,
> Mais ne vous étonnez de ne point voir de fleurs,
> Car vous voyant venir si belle et si gracieuse
> Elles sè sont cachées et leur beauté honteuse
> Se confesse vaincue en voyant vos couleurs.

Y eut-il jamais compliment plus délicat et plus gracieux, et n'était-il pas un vrai poète celui qui savait donner à l'expression de sa pensée tant de légèreté, de délicatesse et de grâce?

N'y a-t-il pas aussi quelque analogie, je ne dis pas de rythme, mais de pensée entre ces vers de

Jacques Loys et cette strophe si connue, une des plus exquises de Ronsard :

> Mignonne, allons voir si la rose
> Qui ce matin avoit déclose
> Sa robe de pourpre au soleil,
> A point perdu cette vesprée
> Les plis de sa robe pourprée
> Et son teint au vôtre pareil?

Puisqu'il s'agit de roses, qu'il me soit permis de faire un dernier rapprochement.

Deux siècles plus tard, voici ce que dira une autre Muse douaisienne, dont la svelte statue se dresse aujourd'hui au milieu de la verdure du square Jemmapes :

> J'ai voulu, ce matin, te rapporter des roses,
> Mais j'en avais tant pris dans mes ceintures closes
> Que les nœuds trop serrés n'ont pu les contenir :
> Les nœuds ont éclaté ; les roses envolées,
> Dans le vent, à la mer, s'en sont toutes allées ;
> La vague en a paru rouge et comme enflammée ;
> Ce soir, ma robe encor en est toute embaumée,
> Respires-en sur moi l'odorant souvenir.

Voilà bien la preuve qu'en quelque temps qu'ils aient vécu, la palette de nos poètes douaisiens a toujours été riche en doux et tendres coloris !

Et ne croyez pas que cette ravissante trouvaille soit sans exemple dans les œuvres de Jacques Loys. Son ode sur la devise « *decrescentia crescunt* » et son sonnet sur la pâquerette qu'il nomme la *fleur marguerite*, prouveraient bien vite le contraire.

Voici l'ode d'abord ; le sonnet viendra ensuite :

ODE SUR LA DEVISE DE L'AUTEUR
« et decrescentia crescunt » (1).

Toujours les fouldres et tempêtes
Battent les sourcilleuses têtes
Des tours, des monts et des rochers,
Qui, loin des plaines velues,
Voisins des astres et des airs
Poussent leurs cimes dans les nues !

Mais les humbles et débonnaires,
Revestus de sacs et de haires,
De qui le monde ne tient cas
Croissent d'autant plus qu'ils s'abaissent,
Et lorsqu'ils semblent être plus bas,
C'est alors qu'au ciel ils renaissent.

Des saincts les bandes triomphantes
Qui n'ont craint les flammes ardentes,
Ni les glaives des fiers tyrans,
Augmentoient de tant plus leur gloire
Que leurs supplices étoient grands
Et leur roue diffamatoire.

Ainsi l'astre qui de son frère
Emprunte l'ardente lumière
Pour éclairer l'obscure nuit,
Décroît toujours afin de croître,
Montrant que l'humble au ciel reluit.
Bien qu'ici bas semble décroître.

Il y a dans cette ode, dont la longueur m'oblige
à ne donner qu'un extrait, il y a, dis-je, de la
grandeur et une véritable inspiration poétique.

(1) La famille Loys portait dans ses armoiries trois croissants
entrelacés, symbole auquel cette devise latine servait de légende.

Voici maintenant le sonnet, il est resté jeune et frais, malgré la poussière des siècles.

SONNET

Sur la fleur marguerite.

Quiconque veut savoir quelle est la fleur d'élite,
Ce n'est pas le narcisse, ou le safran doré,
Ce n'est pas l'anémone, ou le glaye azuré,
Mais sur toutes les fleurs, belle est la marguerite.

Elle a grâce d'autant que sa fleur est petite ;
Un bouquet d'autres fleurs n'est pas si bien paré :
De vermillon, de blanc, son teint est coloré,
Tout autant que le teint des filles de mérite.

Toute ronde est la feuille et ronde aussi sa fleur !
Elle dure toujours en sa vive couleur
Et ne se change point pour grand chaleur qui **fasse** !

O bien heureux celui qui la pourra cueillir
Et qui d'elle viendra son bouquet embellir,
Car, sur toutes les fleurs, elle a le plus de grâce.

Vos applaudissements et vos bravos viennent de souligner le charme pénétrant de ces poésies et le plaisir que vous avez pris à les entendre si bien dire par Mme Chapelas, MM. Duparc, Paumier, Bernard et Siblot, les très distingués artistes du Théâtre National de l'Odéon. Je serais donc inexcusable d'insister davantage sur ce que vous avez déjà si vivement senti et si chaleureusement exprimé.

Mais il est temps de conclure et de mettre un terme à ces citations que je risquerais d'affaiblir en les continuant. J'espère, au moins, que cette gerbe de fleurs cueillies dans les œuvres de Jacques Loys encadrera désormais, dans vos souvenirs, sa sympathique figure, et y conservera comme le doux et subtil parfum de cette jeune âme de poète.

C'est en 1610 que la mort effleura Jacques Loys de son aile. Il succomba, semblable à ces fleurs délicates que le souffle glacé du nord suffit à courber sur leur tige mourante. Sa perte fut, à Douai, l'objet de regrets unanimes. Tous les littérateurs, tous les poètes de la contrée vinrent à l'envi jeter sur cette tombe prématurément ouverte les couronnes et les fleurs du souvenir. Parmi les mieux inspirés, et pour le fond, et pour la forme, je citerai les vers du docteur Louis du Gardin :

> Heureux qui dès l'aurore a jà fait sa journée,
> Heureux qui dès la rive, aborde dans le port !
> Loys trois fois heureux, lequel trompant la mort,
> Grand docteur, grand poète est dès sa matinée !

Rien ne résume mieux les sentiments de mélancolie et de tristesse qu'éveille cette trop courte existence, moissonnée dans sa fleur, et comme dans la fraîcheur de son premier printemps. Ils évoquent spontanément dans le souvenir ces beaux vers d'André Chénier :

> Je meurs ! avant le soir, j'ai fini ma journée,
> A peine ouverte au jour ma rose s'est fanée.

ou encore, ceux qu'il a fait dire à « la jeune captive ! »

> Je n'ai vu luire encore que les feux du matin,
> Je veux achever ma journée !

Telle est la courte et attachante histoire de Jacques Loys que son père précéda de bien peu dans la tombe. Leurs funérailles furent célébrées à quelques mois d'intervalle. L'année 1610, qui mit la ville en deuil, marque aussi l'apogée de la poésie douaisienne. A partir de là, elle ne fit plus que décliner jusqu'en 1634, date de sa disparition. Ce ne fut qu'un siècle et demi plus tard qu'elle réapparut, à Brunémont, dans l'Académie Bocagère de Valmuse, évoquée avec tant d'imagination et de verve par un des lauréats du concours de poésie, dans des strophes légères comme une joyeuse envolée d'oiseaux « doux-chantants ! ».

Aujourd'hui, nous renouons avec le passé les brillantes traditions d'autrefois.

La sève artistique et littéraire bouillonne à Douai aussi abondante et généreuse qu'au temps de Baïf et de Joachim du Bellay, de du Bartas et de Ronsard, des Bellegambe, des Regnart et d'Orlando Lassus. Maintenant, comme au seizième siècle, la cité a sa pléiade de sculpteurs, de peintres, de musiciens, de savants, de littérateurs et de poètes.

Le concours d'aujourd'hui a révélé qu'à l'exemple de leurs devanciers, nos lauréats joignent à la vigueur et à l'éclat de la pensée l'harmonie et la beauté de la forme, le pittoresque et la couleur de l'expression, et, par-dessus tout, qu'ils ont, comme eux, l'amour de la cité et des glorieux souvenirs qui s'y rattachent.

Les uns ont évoqué les concours de la Confrérie des Clercs Parisiens ou les jeux poétiques de Valmuse, les autres ont rajeuni, avec talent, le vieux fabliau du trouvère Durant.

Un autre « advocat et poète », comme Jacques Loys, a chanté le beffroi de Douai :

> Ce vieux beffroi, le cœur vivant de la commune,
> L'âme des morts qui l'ont à nos pères laissé,
> Et toute notre histoire épique dans chacune
> Des pierres de ces murs saints comme le passé !...

Enfin, je vous prédis que, tout à l'heure, vous n'aurez pas assez d'applaudissements et de bravos pour fêter, comme elle le mérite, la belle œuvre de M. Henri Potez : « Le Puy de l'Assomption » (1).

Je salue avec confiance cet heureux et définitif retour de la poésie à Douai et comme conclusion de cette conférence, j'adresse à la nouvelle pléiade douaisienne, aux lauréats du concours de poésie, le souhait qu'à l'aurore du dix-septième siècle, Jacques Loys adressait déjà aux poètes du Puy douaisien :

> Puisses-tu, bande sainte, avoir toujours du ciel,
> Pour mieux confir tes vers, un doux torrent de miel,
> Afin que de tes chants vole la renommée
> Du Tibre jusqu'au Gange, et qu'elle passe encor
> Le Nil Egyptien, le Tage à l'onde d'or,
> Et que, par toi, Douai en soit plus renommée !

(1) Le charmant poème auquel le conférencier fait allusion, a été publié par la Société d'Agriculture, Sciences et Arts de Douai, lors de la célébration de son centenaire en 1899.

Rappelons que le très distingué professeur à l'Université de Lille a soutenu en 1897 une thèse particulièrement appréciée sous ce titre : *Qualis floreret apud Duacenses res poetica.*

M. Henri Potez a également écrit l'introduction de l'ouvrage documentaire que la Société d'Agriculture consacre aux anciens poètes douaisiens du Puy de l'Assomption.

AUTRES CONFÉRENCES
ET PUBLICATIONS DIVERSES.

De 1883 à 1902, M. le baron de Warenghien a prononcé à Douai, au Cercle catholique et à l'Hôtel de ville, un certain nombre de conférences restées inédites. Durant cette période on relève notamment les titres suivants :

Du rétablissement des tours (janvier 1883) ;
Les poètes douaisiens. au seizième siècle (mars 1885) ;
Anvers et l'Exposition de 1885 (février 1886) ;
La ligne du Saint-Gothard et ses résultats pour le commerce français (mars 1888) ;
Dans les ténèbres de l'Afrique. Voyage de Stanley (avril 1889) ;
L'éclairage par l'alcool (décembre 1901), etc. (1).

M. de Warenghien a publié d'importants travaux d'érudition et d'histoire locale. On pourra consulter les *Mémoires de la Société d'Agriculture, Sciences et Arts de Douai* (Douai, Crépin frères, imprimeurs de la Société).

Dans la troisième série : les

Tome II (1886-1888). — Voyage de la famille Gayant à Dunkerque, en 1848.
La ligne du Saint-Gothard et ses résultats pour le commerce français.

(1) Les conférences politiques et les allocutions de l'homme d'œuvres ont été précédemment rappelées (p. 43 et 60).

Tome III (1889-1890). — Mme Desbordes-Valmore et l'ouvrier poète Lebreton.

Rapport sur la langue internationale néo-latine ou langue auxiliaire simplifiée.

Rapport complémentaire sur la langue internationale néo-latine.

Les poètes douaisiens au seizième siècle. Antoine de Blondel et l'Académie poétique de Cuincy.

Un concours de poésie en 1592 à Douai.

Tome IV (1891-1892). — Histoire militaire de Douai de 1789 à 1871.

Tome V (1893-1894). — Rapport sur les travaux de la Société en 1893 et 1894.

Les épices au Parlement de Tournai et au Parlement de Flandres.

Tome VI (1895-1896). — Rapport sur les travaux de la Société en 1895 et 1896.

Douai et les poètes douaisiens au seizième et au dix-septième siècles.

Notice sur M. Charles Grimbert (1896).

Tome VIII (1900-1902). — La musique à Douai au seizième siècle. Les frères Régnard.

Leçons politiques de Jean Le Huvetier (de Ferrières), lecteur public et royal en la philosophie et éloquence en l'Académie de Douai (1562-1599).

Un Hollandais à l'Université de Douai au seizième siècle.

Tome IX (1903-1904.) — Histoire de la Société d'Agriculture, des Sciences et Arts, Centrale du département du Nord, séant à Douai de 1799 à 1827.

Tome XI (1906-1908). — Préface du volume consacré à la Confrérie des Clercs Parisiens ou Puy de l'Assomption établi dans l'église Notre-Dame à Douai (1338-1790). *Publication interrompue par. la guerre; en cours d'impression.*

Tome XII (1909-1910). — Histoire des origines de la fabrication du sucre de betterave dans le département du Nord et de l'École spéciale de chimie pour la fabrication du sucre de betterave, créée à Douai en 1812 (1).

Dans la quatrième série : le

Tome I (1911-1922). — Rapport. Douai délivré ; dégâts causés à la bibliothèque et aux archives de la Société.

M. de Warenghien a prononcé plusieurs toasts à l'occasion de mariages. Quelques-uns ont été imprimés : notamment celui qui fut prononcé au mariage de M. Henri d'Estreux de Beaugrenier avec Mademoiselle Juliette Desjardins (Paris, G. Colombier, 1893). Il a composé des discours et des notices nécrologiques. Parmi ces dernières publications, nous citerons :

La notice sur Henri Bourguignon d'Herbigny, conseiller de préfecture du Nord. (Lille, Victor Ducoulombier, 1885.)

La notice sur M. Jules Delelis, député du Nord, ancien maire de Dunkerque, chevalier de la Légion d'honneur. (Dunkerque, imprimerie Baudelet, 1887.)

Le discours prononcé aux obsèques de M. Auguste Druelle, ancien bâtonnier, le 18 novembre 1912. (Douai, imprimerie Crépin frères, 1912.)

Le discours prononcé aux obsèques de M. Claude Cochin, conseiller général, député du Nord, publié par

---

(1) Le volume du Centenaire contient la conférence prononcée au Théâtre de Douai par le baron de Warenghien, à la soirée musicale, littéraire et dramatique du 10 juillet 1899 (p. 249).

le journal de Bergues, dans une plaquette *A la mémoire de Claude Cochin.* (Imprimerie de M. Gaston Barbez, 1919.)

M. de Warenghien collaborait depuis 1898 au *Recueil périodique des assurances*, revue mensuelle dirigée par M. Sainctelette (Librairie de la Société du Recueil général des lois et arrêts).

En préparation : Correspondance et souvenirs militaires du général Adrien-Lamoral de Warenghien (1778-1842).

Le Barreau de Douai, notes historiques et documents.

Extrait du Journal officiel

du 24 Octobre 1919

Citation à l'ordre du Pays

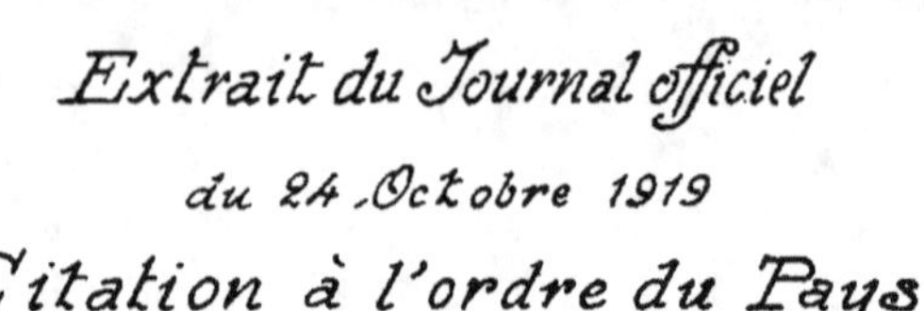

Le Gouvernement porte à la connaissance du pays
la belle conduite de

Monsieur le BARON DE WARENGHIEN
à Douai (NORD)

"Malgré son grand âge, n'a cessé de mettre son activité au
service de ses concitoyens qu'il a défendus en toutes
circonstances et avec le plus grand courage contre les
abus de pouvoir des Allemands. Évacué le 3 Septembre
1918, a été le premier à rentrer à Douai pour y reprendre
le cours de ses bonnes actions. A fait partie de la Commission
des Notables dont il a été l'un des membres les plus actifs et
les plus dévoués. Par sa noble et fière attitude vis-à-vis
de l'occupant, a contribué dans la plus large mesure à
assurer le bon moral des populations."

Extrait du Journal officiel
du 19 Juin 1921

Nomination au grade de Chevalier de la Légion d'Honneur
à titre posthume

Par décret du Président de la République, en date du 15 Juin 1921, est nommé au grade de Chevalier de la Légion d'Honneur, à titre posthume:

Monsieur le BARON DE WARENGHIEN (Amaury-Philippe)
Avocat à Douai (NORD)

Successivement avocat à Douai (Août 1871), bâtonnier de l'Ordre (1912-1913), président du bureau d'assistance judiciaire établi près le tribunal de première instance depuis 1907, membre de la Commission des Notables de la ville de Douai (25 Octobre - 30 Novembre 1918), délégué de la Chambre de Commerce pour l'échange des bons communaux (Mars 1919), président de la première commission cantonale des dommages de guerre de Douai (1919).

Titres exceptionnels:

Se trouvant à Douai, au moment où la guerre éclata, et malgré son âge, n'a cessé de mettre son activité au service de ses concitoyens, les défendant contre les abus de pouvoir des Allemands. Évacué le 3 Septembre 1918, rentra un des premiers à Douai; fit partie de la Commission des Notables; fut délégué de la Chambre de Commerce au comité de surveillance et d'échange des bons communaux, président de la première commission cantonale de Douai pour les dommages de guerre, aux travaux de laquelle consacra tout ce qui lui restait d'énergie. Mourut le 25 Juin 1920, épuisé par les émotions et le long effort qu'il avait fourni.

LE PATRIOTE

LE PATRIOTE

Le patriotisme est, en temps de paix, un sentiment qui a rarement l'occasion de s'afficher, tant il est naturel à tout homme bien né ; mais lorsque survient la guerre et surtout une occupation ennemie, il est d'obligation de le manifester bien haut. Le patriote, quand il ne porte pas les armes, doit ranimer la confiance trop vite ébranlée du peuple et mener une action de tous les jours au profit des œuvres qu'engendre une ère de calamités terribles.

Avant 1914, le patriotisme de M. de Warenghien avait été aussi discret que vigilant ; après la déclaration de guerre, il remplit largement tous les devoirs publics qu'imposaient les circonstances et que le rang social redoublait. Constamment sur la brèche, M. de Warenghien, quand il n'était pas retenu comme otage à la Mairie, visitait les prisonniers alliés blessés, les secourait, leur parlait tel un père, ainsi que quelques-uns se plaisaient à l'appeler. De même qu'il gardait ses distances à l'encontre des autorités ennemies, il semait le réconfort et l'espoir jusqu'aux moments si tragiques de l'évacuation.

Serviteur passionné de la France, il avait encore le culte de sa ville natale ; l'un des premiers il y revint ; la voix unanime de ses concitoyens rentrés avec lui l'appela à la Commission des notables qui, en l'absence des autorités établies, devait administrer la Cité.

Pendant toute cette période critique, comme son agnat du treizième siècle, Michel de Warenghien, l'évêque de Tournai (1), il fut vraiment le *defensor civitatis*. En le citant à l'ordre du pays et en lui conférant la croix de la Légion d'honneur à titre posthume, le gouvernement, avec les belles citations qu'il lui consacra, entérinait l'opinion de tous ceux qui avaient pu apprécier son existence toute animée par l'amour de la Patrie.

Nous n'aurions pas connu tout entier le baron de Warenghien, si nous avions ignoré les pensées intimes que devaient éveiller, dans un esprit comme le sien, les tragiques événements que quatre longues années il avait vécus. Heureusement à cet égard, il avait préparé pour les siens un recueil de souvenirs dont quelques feuillets seulement ont été conservés ; nous nous proposons d'en publier les pages les plus émouvantes. Elles dessinent avec discrétion certes, mais nettement, la belle figure de patriote que ses parents et ses amis toujours regretteront.

La préface, écrite sans doute à la fin de l'occupation, révèle bien les sentiments de l'auteur.

---

(1) Michel de Warenghien, évêque de Tournai de 1284 à 1291, un des principaux agents du roi Philippe le Bel dans les provinces du Nord. Sa biographie a fait l'objet d'un opuscule intitulé : *Un prélat au treizième siècle;* Paris : E. de Boccard éditeur, 1919.

SOUVENIRS DE L'OCCUPATION ALLEMANDE
A DOUAI 1914-1918.

M. de Warenghien a dédié les pages qu'on va lire aux membres de sa famille.

*Préface du premier fascicule que j'ai détruit
le 2 septembre 1918 (veille de l'évacuation de Douai).*

Avant de nous séparer, dès les premiers jours de la guerre, vous m'avez demandé de tenir note jour par jour, pendant toute la durée des événements dont nous serions les témoins, de nos impressions, de notre état d'âme !

Cette promesse, je l'ai faite de grand cœur, et je l'ai scrupuleusement tenue. Son accomplissement quotidien a été une consolation et un réconfort moral dans les heures cruelles que nous avons traversées. Par là, je n'ai jamais cessé d'être avec vous par la pensée, par l'affection et par les ardents souhaits de mon âme !

Il me semblait que de loin, je conversais avec vous, et qu'en dépit de tous les obstacles, quelque chose de moi-même parvenait jusqu'à vous.

Ces pauvres notes, d'une désolante monotonie, ont eu le grand mérite d'alléger les heures si lourdes et trop souvent angoissantes de l'occupation, j'allais dire de la captivité.

Au point de vue général, vous n'y trouverez rien d'intéressant, puisque nous subissons une sorte de mise au secret.

Mais, au moins, vous aurez l'idée de ce que fut l'existence dans les pays occupés et de tout ce qu'il nous fallut subir au point de vue matériel et surtout au point de vue moral.

Je n'ai pas besoin de vous dire ce qu'ont été, pendant des interminables mois, la vue odieuse du vainqueur, sa tyrannie jusque dans les plus petites choses et son insupportable arrogance.

La privation absolue de nouvelles des nôtres était, dans la pensée de l'ennemi, un mode de supplice imaginé dans l'espoir de nous décourager et démoraliser.

Mais le but ne sera pas atteint et il ne pourra pas l'être ; car votre pensée et votre exemple sont là pour nous préserver de toute défaillance, même passagère.

Jamais nous ne désespérerons de la victoire finale, tant est absolue notre confiance dans la vaillance et le patriotisme des armées françaises. Notre courage restera à la hauteur du vôtre...

Comme les angoisses et les espérances du patriote enfermé dans la ville occupée par l'ennemi sont bien décrites par ces passages écrits du 22 au 24 octobre 1914 :

L'après-midi de jeudi a été angoissante. Le canon grondait dans le voisinage immédiat de Douai, à la Brayelle, et cela a duré toute la nuit. Les nôtres seraient à Vitry, ce qui ferait espérer qu'Arras n'est pas pris. Il était question d'un engagement très vif à Watrelos près Roubaix. Quels échos étaient réveillés dans nos cœurs par ce grondement qui se rapprochait de plus en plus et nous apportait la voix de France !

C'était un réconfort plein d'angoisse ou d'espérance, selon que le son s'éloignait ou se rapprochait de nous. Quelques heures à peine nous séparent des nôtres et peut-être même de ceux qui nous sont chers !

Ce matin 23, silence presque complet ; le canon se tait. Quelle conclusion en tirer? Une fois de plus, nous sommes abandonnés.

Vers 9 heures du matin, le canon reprend. Un Bréguet, un taube survolent Douai. Mais le bruit s'est éloigné du côté d'Hénin-Liétard.

Le 24. — Les journées se suivent avec la même désespérante uniformité ; canonnade très violente aux environs, les uns parlent d'Arleux, d'Hénin-Liétard, d'Izel-lez-Esquerchin, comme lieux de combats ! Nous sommes comme des naufragés qui scrutent l'horizon dans l'espoir d'une voile ou d'un panache de fumée annonçant un prochain secours. Et notre attente est vaine.

Mais M. de Warenghien pensait surtout à nos soldats, témoin cette note du 29 octobre 1914 écrite au moment où le front se stabilisait pour si longtemps :

Jeudi 29. — Plus de canon la nuit ni même ce matin. On dit que de part et d'autre les deux armées sont terrées dans les tranchées. Les blessés nous confirment tout ce que les nôtres nous ont écrit de cet enfer.

Il faut avoir l'âme vigoureusement trempée et le patriotisme le plus ardent pour le supporter.

Ah ! les chers, les vaillants, les admirables soldats ! qui pendant des semaines bravent la faim, le froid, la fatigue, la mort à chaque instant menaçante, les averses de fer et de feu, lancées par les gros canons allemands, sans trêve et sans autre repos qu'un court sommeil qui peut à chaque instant se prolonger dans la mort.

A eux, la reconnaissance de la Patrie, nos vœux les plus chers, notre affection, notre amour.

C'est grâce à eux que Paris est encore inattaqué et que le reste du pays ignore les douleurs et les ruines de l'invasion. Puissent leur dévouement, leurs sacrifices, leur tenace et inébranlable bravoure être couronnés par la victoire et la délivrance de la France.

Même note, la semaine suivante, avec un souvenir pour les soldats qui, sous la Révolution, combattaient pour la France.

Samedi 7. — Brouillard intense. Si nos enfants ont échappé à tous les dangers, ils ont couché sur la terre humide, dans cette brume malsaine et glacée...

Qu'ils sont admirables et braves entre les braves, les vaillants soldats qui supportent tant de privations, presque au delà des forces humaines, pour le salut de la patrie. Ni les volontaires de 1792, ni la levée en masse de 1793, ni l'armée de Pichegru en Hollande, ni les soldats d'Italie en 1786 et 1797, n'ont eu autant à souffrir; Ah !

Décret du Président de la République

RENDU LE 7 MAI 1921, SUR LA PROPOSITION DU MINISTÈRE
DE LA GUERRE, PORTANT NOMINATION AU GRADE DE
CHEVALIER DE LA LÉGION D'HONNEUR

DE

Madame la Baronne de Warenghien
née Élisabeth Marie Juliette Delelis

PRÉSIDENTE DU CONSEIL DES DAMES DE LA SOCIÉTÉ
DE SECOURS AUX BLESSÉS MILITAIRES, A DOUAI.

TITRES EXCEPTIONNELS :

S'est signalée dans l'organisation de l'hôpital auxiliaire numéro 31, qui a été porté à six cents lits, malgré les plus grandes difficultés de toutes sortes. S'est dévouée corps et âme au service de cet établissement pendant les quatorze mois de son fonctionnement et après l'exclusion du personnel sanitaire français par l'autorité militaire allemande, a su s'imposer suffisamment à celle-ci pour continuer à apporter aux blessés français une aide matérielle et morale très efficace.

Évacuée par les Allemands, est rentrée à Douai dès la libération de la Ville et s'est empressée de réunir et de distribuer tout ce qui était nécessaire aux nombreux blessés français et alliés qui affluaient dans les hôpitaux.

Est également venue en aide aux civils rapatriés en leur faisant distribuer des vivres et des vêtements.

A donné un magnifique exemple de dévouement et de patriotisme.

puisse la victoire les récompenser de leurs suprêmes et sublimes efforts.

Aux moments libres, la lecture peut distraire quelque temps de l'angoisse, mais les œuvres choisies sont bien révélatrices :

X... me dit qu'il lui est impossible de travailler et que pour consumer le temps et tromper les heures, il lit des romans déjà lus.

Pour moi, je lis le portefeuille de la comtesse d'Albany de 1810 à 1815. Il s'y trouve des lettres de Mme de Souza et dans les cris d'angoisse qui lui échappent pour son fils pendant la campapagne de 1812, je trouve quelque chose d'analogue à celle qui m'étreint de plus en plus. Les périls et les ruines s'amoncellent autour de nous. Nos enfants sont maintenant peut-être en pleine bataille !

Dans les nuits d'insomnie, sa pensée se reporte souvent sur les siens, sur ceux qui combattent au front, comme sur celle qui, près de lui, prie pour eux, et, comme eux, dans toute la mesure de ses forces, se dévoue. Témoin ce beau passage tout vibrant d'émotion si intime, qu'on hésite à le publier en dépit de sa beauté, mais comme il manifeste bien la hauteur des pensées qui l'ont dicté... (12 novembre 1914)

Cette nuit encore, il m'a semblé que les pensées de mes chers combattants étaient avec moi et qu'ils me prémunissaient contre les dangers à venir.

Si, comme je l'espère, ils sont encore vivants, s'ils échappent à cette horrible guerre, qu'ils sachent que les prières de leur mère leur ont servi d'anges gardiens.

Chaque jour, avant même qu'il fasse clair, elle va à la messe, elle communie pour eux. Elle s'astreint à toutes les fatigues, à toutes les émotions pour obtenir de Dieu qu'Il les protège ; hier soir, pendant qu'on opérait le Dunkerquois D... et qu'on lui retirait du poignet une balle dumdum ignorée pendant plus de trois semaines, elle lui tenait la tête contre elle pour qu'il ne voie pas le docteur fouillant sa plaie ; elle assiste aux pansements les plus pénibles. La nuit, quand elle dort, elle gémit et soupire. Jamais sa pensée ne quitte les chers absents. Elle se demande où ils sont par ces nuits froides et humides ; elle se lamente à la pensée qu'ils peuvent être abandonnés sans secours sur le champ de bataille et mourir faute de soins.

Si des prières venues du fond de l'âme peuvent détourner la mort de la tête d'un être chéri, les siennes sont si ardentes qu'elles seront exaucées et tout le monde lui dit : « Ah ! vous avez un tel dévouement pour nos blessés que vos fils, ceux qui vous sont chers vous seront rendus. » Mon rôle, celui que vous m'avez donné et que j'ai accepté, est de veiller sur elle, d'empêcher qu'elle tombe malade et succombe à la fatigue. Hier soir, elle n'a voulu quitter l'hôpital qu'à une heure tardive.

Ces retours à travers les rues obscures, éclairées par un seul bec de gaz, désertées, sauf par les Allemands dont le pas vainqueur résonne comme une provocation et une affirmation de leur maîtrise dans les rues silencieuses ; la course effrénée d'autos revenant ou allant vers Lille, qui vous aveuglent de leurs phares, sauf une fois passées à faire paraître l'obscurité plus profonde ; les rares passants se hâtant de rentrer chez eux ; les boutiques plus hermétiquement closes que pendant le jour ; les maisons pauvrement éclairées : voilà le tableau de notre ville depuis l'occupation du 1er octobre et ce tableau nous serre de plus en plus le cœur.

Cette nuit et ce matin, pas de canon aux alentours. Un biplan allemand a survolé la ville ce matin. On dit Hénin-Liétard occupé par les Français ; si c'est vrai, il n'y a pas eu grand combat, car aucun écho ne nous en a apporté le bruit.

Le 23 novembre suivant, la même idée revient nuancée nettement des plus pures pensées de sacrifice chrétien.

Ce matin, six degrés sous zéro. Je songe avec effroi à la nuit dans les tranchées, aux blessés attendant des secours sur les champs de bataille, des secours qui ne viennent pas ou viennent trop tard. Les récits des blessés m'épouvantent et mon cœur s'élève à Dieu dans une ardente prière pour qu'il protège ceux qui me sont chers. S'il faut une victime à la justice divine, qu'elle s'abatte sur moi ; que mes vaillants combattants soient protégés : que le ciel leur accorde une longue existence, toute d'honneur et de paix, en compensation de ce qu'ils auront si bravement souffert.

Quelles impressions naissaient à la vue des troupes de choc allemandes? Quels étaient alors les retours de pensée à nos soldats de la Grande Guerre et de toujours?

10 *décembre* 1914. — Nous venons de voir défiler rue Morel trois régiments de la garde. Ce serait se leurrer que de les croire sur les dents. Leur allure est martiale, le pas cadencé, le défilé très régulier. Les hommes forts et vigoureux ne paraissent pas surmenés. Les effectifs semblent réduits ; nous avons compté sept drapeaux.

Les régiments étaient suivis de cuisines roulantes, d'ambulances, de voitures réquisitionnées portant les sacs et de deux batteries d'artillerie, canon très court sur affûts très légers et paraissant destinés à la défense des tranchées. L'état-major qui fermait le défilé a salué le comte Schwerin au passage. Le prince Eitel était au milieu avec un chapeau à plumes. Nous ne l'avons pas reconnu. Le tout avait l'allure d'une troupe marchant au feu. Serait-ce contre Arras? Nous ne tarderons pas à le savoir.

La garde est ce qu'il y a de meilleur et de plus solide dans l'armée allemande ; il ne faut pas conclure d'elle au reste de l'armée, pas plus que des zouaves, des turcos, des chasseurs alpins, des chasseurs à pied aux territoriaux.

Vendredi 11 *décembre*. — L'impression causée par le défilé d'hier est une des plus cruelles subies depuis le commencement de la guerre. Nos âmes de Français et de patriotes ont souffert au delà de tout ce que je puis écrire. Certes, la garde

allemande ne ressemble en rien à la vieille garde
de Napoléon Ier, telle que les récits des témoins
oculaires, de mon père par exemple, ou les gravures, les tableaux, les images l'ont si souvent
évoquée. Elle n'a pas vieilli sur les champs de
bataille. Et ce n'est même pas la jeune garde
de 1813, 1814, 1815. Elle n'a pas derrière elle tout
un passé de victoires d'Austerlitz à Champaubert,
Montmirail et Ligny. Elle est composée de soldats de vingt et un à vingt-cinq ans, alertes,
vigoureux, décidés, fiers de leur bravoure attestée
par leurs rangs éclaircis. Ils respirent l'audace.
Aucune trace de découragement ; ce sont des
ennemis redoutables, rompus aux fatigues de la
guerre et au-dessus de tous les périls. Mais ce
n'est pas la garde du grand Empereur ; elle n'est
pas animée de son génie ; elle n'a pas l'enthousiasme, l'idolâtrie des soldats d'Iéna et de
Wagram. Un régiment a bien chanté un hymne
patriotique en passant devant la brigade ; mais
qu'est cela à côté de la *Marseillaise*, cet hymne
de victoire que toutes les capitales de l'Europe
ont entendu pendant près de vingt ans ! Et puis
pas une acclamation pour le kronprinz ; rien qui
ressemble à ce délire de joie et d'admiration qui
saluait l'Empereur à chacune de ses apparitions
devant les troupes. Ce qui retentissait lugubre-
ment au plus profond de nous-mêmes, c'était ce
pas lourd, écrasant, cette prise de possession passagère du sol de la Patrie, de ce sol sacré que nos
enfants défendent au prix de leur sang répandu
à flots.

Quand les reverrons-nous défiler à leur tour après qu'ils auront repoussé les hordes ennemies loin de nos frontières, quand entendrons-nous les joyeuses fanfares, le son si attendu des clairons libérateurs, les tambours battant la charge et par-dessus tout cela *la Marseillaise* chantée par les enfants de la patrie définitivement victorieuse?

Les épreuves étaient si rudes que les âmes les mieux trempées ne pouvaient toujours résister.

Samedi 12 décembre. — J'ai eu un accès de désespoir en songeant à mes chers absents. Où sont-ils? Sont-ils encore vivants? Ou bien sont-ils blessés, abandonnés sur le champ de bataille, condamnés à la plus lente, à la plus terrible des morts? Ont-ils été enterrés à la hâte dans quelque coin ignoré, sans une croix, sans un nom, sans rien qui puisse servir de point de repère, sans une prière, sans une larme, sans que nous nous doutions même de l'irréparable malheur qui nous frappe? Ah! ne plus les revoir, ne plus entendre leurs voix aimées, leur pas familier, leur coup de sonnette si connu, ne pas savoir d'eux les dangers qu'ils ont courus, leurs actes de bravoure, ni rien de leurs pensées, de leurs souffrances, de la vie menée par eux depuis quatre mois, des batailles auxquelles ils ont pris part! Que Dieu nous épargne cette épreuve, qu'il épargne nos enfants et si nous ne devons plus nous revoir ici-bas, que ce soit nous qui manquions à l'appel et que la mort nous prenne à leur place. Notre tâche est finie...

qu'ils soient l'avenir, qu'ils soient l'espérance, qu'ils aident à refaire la France, comme ils ont vaillamment aidé à la défendre !

On s'accoutume à tout, voire à l'horrible, lorsque celui-ci arrive à conserver à peu près le même degré ; aussi, le peu qui nous reste du journal du baron de Warenghien devient-il à partir de 1915 de ton peu varié jusqu'en 1918 ; les souffrances deviennent alors sans commune mesure avec celles qui les avaient précédées ; sous les bombardements directement subis, bien souvent l'on crut sa dernière heure arrivée. Les souvenirs de guerre devant la majesté terrifiante de la mort toute proche entrevue s'apparentent aux recommandations suprêmes qu'aux leurs voulaient laisser les chrétiens d'autrefois. N'est-ce pas le caractère de cette page écrite dans la nuit du 31 août au 1er septembre 1918?

C'est à 10 heures et demie qu'a commencé le bombardement. Nous étions dans notre chambre au premier étage ; nous ne sommes descendus à la cave qu'au cinquième obus.

Nous n'y étions pas arrivés depuis cinq minutes, qu'un premier obus atteignait la maison. Une épaisse fumée remplit aussitôt la cave.

Une demi-heure plus tard, nouvel obus ; nous fûmes de nouveau envahis par la fumée.

Une heure plus tard, troisième obus, celui-là du côté du jardin : les deux premiers étaient tombés rue Morel ou sur le pignon.

Un quatrième obus tombe sur la petite cour. Cette fois la fumée est intense et nous avons peine à respirer. Dans l'intervalle des obus, nous remontons pour tâcher de nous rendre compte des dégâts ; mais la nuit est trop noire pour distinguer quoi que ce soit

Enfin, vers 3 heures du matin, nous sommes atteints par un cinquième obus, celui-là tombe dans le jardin ; nous entendons de nouveau la chute des pannes, briques, moellons. Ce coup a projeté au milieu de la cave le poêle destiné à la chauffer.

Nous avons dû fuir de cave en cave, car celle du calorifère devenait dangereuse ; nous avons dû nous replier dans les deux caves à vin.

Il paraît probable qu'on prend notre quartier pour celui de la gare et que nous n'échapperons pas au bombardement.

Comme des soldats dans la tranchée, nous attendons avec calme et sang-froid le moment suprême.

Nous élevons nos âmes à Dieu dans une ardente prière pour tous les chers nôtres et pour le triomphe de la Patrie, et c'est de toutes les forces de nos âmes que nous crions et crierons jusqu'au bout : « Vive la France ! » A tous les chers nôtres nous adressons nos plus tendres et plus affectueuses pensées !... Trois heures et demie du matin.

Puis ce fut l'évacuation à Saint-Amand sous les obus. M. de Warenghien en a tracé un tableau poignant.

Le lundi 2 septembre 1918, vers quatorze heures, le bruit se répandit à Douai que l'évacuation générale et obligatoire de tous les habitants de la ville était décidée.

Ainsi, ce malheur redouté depuis dix-huit mois,

mais qu'on avait toujours espéré pouvoir éviter, s'abattait sur nous !

Il nous fallait donc tout quitter : abandonner nos foyers, les souvenirs de plusieurs générations, et les laisser à la rapacité de nos ennemis ! C'est en vain que nous avions souffert et lutté pendant quatre ans, dans l'espoir de conserver pour le maintien d'une tradition ces meubles légués de père en fils et précieusement préservés, ces livres, ces objets qui avaient chacun leur histoire familiale !

Certes, la vie avait été dure pendant ces quatre années, mais la pensée qu'en restant nous accomplissions un devoir, nous avait soutenus dans les moments les plus pénibles.

Dans l'après-midi, des papiers jaunes étaient distribués en ville Ils disaient que « la population de Douai allait être évacuée à cause du bombardement persistant » ; on comptait qu'elle ferait preuve, en cette circonstance, de sang-froid et de courage, comme elle l'avait toujours montré jusqu'alors.

Puis immédiatement, les ordres personnels d'évacuation commencèrent à arriver. La plupart des habitants devaient partir le lendemain matin à cinq heures (heure du beffroi), c'est-à-dire à trois heures (heure solaire) avec un léger bagage, et se rendre à Waziers, au lieu dit « la Maison-Rouge ». Il fallait que le 4 septembre à cinq heures la ville fût vidée des quinze mille habitants qu'elle contenait encore !

Qui dira la tristesse de ces deux journées? Ce

mince bagage fait à la hâte ! Il fallait laisser tant
de choses ! On ne savait lesquelles prendre : un
peu de linge, quelques provisions de bouche ; car
on allait vers des endroits largement réquisi-
tionnés, où tout manquait.

Ah ! cette nuit du 2 au 3 septembre... Toutes
les cheminées de Douai fumaient. C'étaient les
papiers jaunis par le temps, souvent lus et relus,
arrosés parfois de larmes, qui brûlaient ainsi. Ne
fallait-il pas les soustraire aux yeux indiscrets?

Néanmoins quelques personnes, et nous fûmes
du nombre, essayèrent de résister. Nous allâmes
à la *kommandantur* : « Les bombes ne nous
effraient pas, disions-nous ; nous aimons mieux les
attendre chez nous que de fuir par les champs, le
bagage sur le dos ; l'état de nos santés nous interdit d'ailleurs les grandes marches. »

Notre résistance ne réussit qu'à susciter une
violente colère. Le commandant Fœrst, tout en
tapant du poing et du pied, nous intima l'ordre
de partir sur l'heure. Il finit par conclure en hur-
lant que si nous ne pouvions pas marcher, nous
partirions en bateau.

Pendant ce temps-là, la ville se vidait. Théorie
lamentable de malheureux de tout âge et de
toutes conditions sociales, poussant une brouette
sur laquelle étaient quelques chétifs paquets ! Un
grand nombre étaient pieds nus. Ils marchaient
en pleins champs, les routes étant réservées aux
troupes allemandes. Les fragiles petites brouettes
cassaient dans les terres labourées et le pauvre
bagage devait être abandonné ! Les uhlans frap-

paient les retardataires : les étapes étaient de douze kilomètres par jour.

L'évacuation par bateau se fit le mercredi 4 septembre à cinq heures du soir. Les derniers partants purent se rendre compte de ce qu'était le pillage allemand.

Les habitants avaient à peine quitté leurs demeures que des camions automobiles stationnaient à la porte et se remplissaient de leurs meubles. Des étages supérieurs, les Allemands jetaient par les fenêtres dans les camions : rideaux, linge, vêtements !

Certaines personnes furent dépouillées, même avant leur départ. Des Allemands s'introduisant chez moi m'enlevèrent des vêtements préparés, que je comptais emporter en partant.

Enfin le mercredi 4, un peu avant quatre heures, nous quittions la maison familiale ! Sur le trottoir, des Allemands attendaient notre départ en ricanant, épiant sur notre visage une marque de chagrin. Ils n'eurent pas cette joie. Nous sommes partis fièrement, la tête haute, sans qu'une larme pût indiquer le profond déchirement de nos cœurs.

Si le sort des évacués à pied était lamentable, celui des embarqués (1) ne fut pas plus heureux. Deux cent cinquante à trois cents personnes

(1) L'embarquement s'effectua quai d'Alsace.

En 1463, Simon et Jaspard de Warenghien représentaient la ville et l'abbaye de Marchiennes dans le procès intenté par le seigneur de Landas et de Warlaing à propos du droit de navigation sur la Scarpe, entre Douai et Saint-Amand... (Communication de M. Bruchet, directeur des *Archives départementales du Nord.*)

furent entassées dans chaque péniche, à fond de cale, dans la partie réservée aux marchandises.

Là, des malades, des vieillards se trouvaient pêle-mêle, sans aucun souci de l'hygiène la plus élémentaire. Nous restâmes ainsi trois jours et trois nuits, la plupart du temps sans air, n'ayant pour nous asseoir que nos paquets. La traction était faite par des bateliers, aidés par quelques évacués valides.

Les tracteurs à vapeur étaient employés à tirer les péniches chargées de nos meubles qu'emportaient les Allemands. Nous les voyions passer devant nous.

Au bout de quelques jours, tous les évacués arrivèrent à destination, les uns à Mons ou dans les villages avoisinants, les autres, dont nous étions, à Saint-Amand.

C'est là que nous avons séjourné pendant près de huit semaines ; c'est là que nous devions connaître, le 21 octobre, le bonheur de la délivrance ; mais auparavant, nous avions pu, de loin, nous douter de ce qui se passait à Douai, car souvent le ciel rougeoyait à l'ouest : « C'est Douai qui brûle, disaient les Allemands, ce sont vos maisons qui flambent ! »

Vers le 10 octobre, les incendies se multiplièrent de tous les côtés, tandis que les Allemands s'en allaient en longs convois dans la direction de la Belgique, poussant devant eux tout le bétail du pays.

Cinq jours après, les explosions commencèrent : c'étaient les puits de mines, les ponts, les ouvrages fortifiés que les Allemands faisaient sauter derrière eux.

Les derniers ponts de Saint-Amand avaient été dynamités le dimanche 20 octobre.

Le 21, dès l'aurore, on annonçait l'approche des Anglais. Leurs patrouilles avancées étaient dans les villages voisins.

Était-ce possible? Au moment de réaliser cette délivrance tant attendue, si ardemment désirée pendant quatre ans, on osait à peine y croire !

Quelle minute inoubliable fut celle où, groupés sur la place de Saint-Amand, retenant notre souffle, nous avons entendu, portés par la brise d'ouest, les accents de notre hymne national joué par les Anglais :

> Allons, enfants de la Patrie,
> Le jour de gloire est arrivé !...

Oui, c'est le jour de gloire, c'est la fin de la tyrannie, c'est la délivrance ! Tous les yeux se mouillent de larmes, l'enthousiasme éclate, la ville se pavoise, nos trois couleurs flottent à toutes les fenêtres.

Puis, à onze heures, passe une patrouille ennemie. Elle fait enlever tous les drapeaux. C'est le dernier acte de tyrannie que nous ayons subi, ce sont les derniers Allemands que nous ayons vus, mais ils nous réservaient encore un adieu de leur façon.

Deux heures plus tard, un sifflement se fait entendre, suivi d'un éclatement... un second... un troisième suivent...

Il n'en faut plus douter. En se retirant, les Allemands bombardent Saint-Amand où pas un soldat ne cantonne et dont les Anglais ont fait aussitôt une station sanitaire en y rassemblant les malades et les infirmes de la région. L'ennemi bombarde la cité sans merci, sans arrêt ; des obus de tous calibres, des obus asphyxiants s'abattent sur la ville où l'on n'entend que le sifflement et l'éclatement des projectiles, le fracas des maisons qui s'écroulent !

Les habitants s'enfuient épouvantés ! Au bout de trois jours, la violence toujours croissante du bombardement, le nombre des victimes, l'impossibilité d'abriter nos chers malades ou infirmes dans des caves solides, décidèrent l'autorité militaire anglaise à les évacuer d'urgence sur Douai.

M. de Warenghien a décrit le retour sur Douai, dans un rapport adressé à la Société d'Agriculture, Sciences et Arts, dont nous reproduisons un extrait. Ce retour s'effectua huit semaines après l'évacuation.

Ce fut le 24 octobre, vers 8 heures du soir, que les premiers habitants rentrèrent à Douai. La ville avait été occupée par les Anglais dès le 17 octobre.

Quelle différence avec l'impitoyable évacuation du 3 au 5 septembre ! Autant cette dernière avait été douloureuse, autant la première fut accueillie avec joie. Cette fois ce n'était pas l'arrogante contrainte de l'ennemi pressé de consommer le pillage de Douai, avant une retraite qu'il savait fatale ; ce n'était plus l'exode d'une population de quinze mille âmes poussée à travers champs par les Allemands et emmenée en captivité ; ce n'était plus ni la Belgique ni l'Allemagne peut-être, comme terme incertain de cette lamentable odyssée ; cette fois, plus de péniches pour les infirmes et les malades, plus d'encombrement nauséabond à fond de cale pendant trois jours : les auto-camions de la Croix Rouge anglaise nous ramenaient à Douai, à toute vitesse, pendant que des deux côtés de la route tombaient en grêle serrée les obus des Allemands !

Avec quel bonheur nous décomptions les minutes qui nous rapprochaient de la ville natale où nous avions laissé, non pas seulement nos demeures et nos plus chers souvenirs de famille, mais aussi quelque chose de nous-mêmes et beaucoup de nos âmes.

Cette rentrée en pleine obscurité, dans la ville déserte, fut quelque chose de saisissant et de lugubre ! Il n'y avait encore qu'une traversée possible de la porte de Lille à celle d'Arras. Toutes les autres étaient encombrées par les ruines. Un seul pont de fortune, celui du Palais-de-Justice, permettait de traverser la Scarpe. Et la voie rendue libre suivait les rues de Saint-Michel, des Wetz, du Gouvernement, du Palais-de-Justice, de la Petite-Place, de la Cloche, d'Arras pour aboutir à l'École normale transformée en hôpital et où nous devions recevoir un temporaire asile. Tout était impressionnant ; le silence absolu d'abord. Dans la rue, pas un bruit de voix ni de pas. Pas de lumière aux fenêtres. Les phares des auto-camions nous découvraient dans leur course rapide les portes et les fenêtres grandes ouvertes, et, entassés sur les trottoirs, les meubles à moitié brisés, des vêtements déchirés, des sommiers et des matelas éventrés, des livres traînant dans les ruisseaux, des cadres vides de leurs portraits ou de leurs tableaux. C'était la saisissante image du pillage de toute une ville et de la barbarie allemande.

Aux carrefours, une éblouissante lumière perçait les ténèbres de la nuit. C'étaient de grands feux de joie alimentés par des débris de toutes sortes qui jonchaient les rues. Autour de ces feux, quelques Anglais se tenaient debout, indiquant aux camions et autos militaires la route à suivre pour se guider sûrement à travers le dédale inextricable de fils de fer barbelés ou de fils de cuivre de téléphone qui ailleurs rendaient le passage impraticable. Puis, le cercle une fois dépassé, l'obscurité devenait plus dense, laissant de temps à autre apercevoir les braises étincelantes d'incendie mal éteint et couvant encore sous les cendres.

Voilà comment, vers 9 heures et demie, s'opéra notre arrivée à l'hôpital de la rue d'Arras, où la Croix-Rouge anglaise nous fit un accueil dont le souvenir ne s'effacera jamais de notre mémoire.

« La façon de donner vaut mieux que ce qu'on donne », a dit le poète. Si nous en avions douté, ce soir-là nous en eût fourni les preuves convaincantes. Ah ! c'est que dans Douai en partie détruit et entièrement dévasté, il n'y avait que

Il est sept heures !
Les premiers coups de canon
se font entendre. Avec quelle
joie je reconnais leur son familier :
mais quelle différence.

Cette fois, ce sont
les canons Français qui fêtent
la victoire qu'ils ont si bien
contribué à gagner et leur
échos retentissent aussi joyeusement
dans nos cœurs qu'ils sont plus
cruels et plus vengeurs dans
les oreilles Allemandes. Avec
quelle allégresse je vois flotter sur
les vieilles demeures Farnstrohl
troués de part en part, sur
ces ruines qui nous abritent à

...nes le glorieux drapeau tricolore, emblème sacré de la patrie victorieuse, pour le triomphe duquel nous avons tant souffert pendant 4 ans ½

Ah cette minute exquise, c'est la récompense suprême, c'est ce qu'efface toutes nos pertes et la compense c'est celle qu'attend le chrétien quand au sortir d'une vie de douleurs, de misères et de sacrifices, son âme épurée par la souffrance acceptée avec résignation entre triomphante dans le Ciel !

fort peu de chose à donner. Mais de quel cœur
ce fut fait ! La Croix-Rouge préleva sur ses
propres vivres de quoi alimenter les évacués
hospitalisés à l'École normale ; comme couchage,
elle sut donner aux malades ce qu'elle avait de
disponible. Les autres évacués s'accommodèrent
de tout ce qui restait de copeaux à l'hôpital. Mais
pour des rescapés de Saint-Amand qui avaient
connu la faim, le froid des pluvieuses journées
d'octobre et le dénuement le plus complet, quelle
douceur, quel réconfort, de se retrouver dans la
ville natale, d'être l'objet des attentions de nos
vaillants alliés d'Angleterre.

Avec quelle impatience fut attendu le lendemain qui devait nous permettre l'accès de nos
demeures !...

Une note rédigée à l'époque complète cet émouvant
récit :

« De grand matin, nous traversâmes la ville
dévastée et partiellement détruite, portant les
traces des incendies que nous avions vus de loin.
Des poutres, des débris fumants encombraient
les rues. Et que dire du coup d'œil que présentait
l'intérieur des maisons ! La plume est impuissante
à retracer un tel tableau.

Toutes les maisons, pauvres et riches, avaient
été dévalisées. Les outils de l'ouvrier, les instru-
ments de son travail avaient disparu au même
titre que les meubles de prix, les objets d'art, les
tapis et les tentures.

Notre demeure offrait un aspect si saisissant de désordre voulu, que la photographie militaire en a fixé l'image

Le vent avait fermé notre porte. Pour rentrer chez nous, nous avons dû escalader la brèche que les obus avaient pratiquée dans un mur de notre jardin.

Nous parcourions avec difficulté nos appartements ; les meubles éventrés et renversés, les papiers enlevés de leurs cartons et jetés au hasard, les plumes des coussins jonchaient les planchers. Les portraits, les tableaux avaient été arrachés de leurs cadres, la plupart des sièges avaient été enlevés, l'étoffe de ceux qui restaient était déchirée, des coups de revolver avaient été tirés dans les glaces ; plus une vitre dans la maison, dont les portes étaient descellées ou brisées à coups de hache. Il n'y avait plus ni linge, ni ustensiles de cuivre, plus un seul lit en état de servir. La disette se faisait sentir. Durant ces journées, nous avons souffert de la faim et du froid, mais nous n'avons pas connu le découragement. Nous avions perdu nos souvenirs les plus chers, mais la France était victorieuse ; les armées alliées étaient en marche vers le Rhin ; notre vieille terre de Flandre était redevenue française et sur notre antique beffroi, le drapeau tricolore flottait fièrement, dominant les ruines : et cela nous consolait de tout !

M. de Warenghien ne devait plus quitter Douai, commençant par lui consacrer tout son temps à la Com-

mission des notables d'abord, dont les procès-verbaux
inédits encore (1) sont si suggestifs.

Il a fallu nommer des administrateurs provi-
soires pour diriger Douai. Leur tâche fut lourde.
Quand ils pénétrèrent dans l'Hôtel de ville, ils ne
trouvèrent ni papiers, ni documents, pas même
de plumes et d'encre !

Plus aucune ressource ! Les chemins boule-
versés, les ponts coupés, la pénurie des moyens
de transport, tout concourait à retarder l'arrivée
des vivres et des objets de première nécessité
dans une ville où il ne restait absolument rien et
dans laquelle les habitants revenaient en dépit des
obstacles. Les conduites d'eau, d'électricité, de
gaz avaient été arrachées, et par ces longues nuits,
ces rigoureuses journées d'hiver, il n'y avait ni
éclairage ni chauffage.

Pas de matériaux ! Pas d'ouvriers ! Pas d'outils ! Comment reconstituer les foyers, relever les
ruines ?

On ne perdit pas courage. La race du Nord
est pleine de vitalité. Ne l'ont-ils pas montré, les
enfants du Nord, en Champagne, à Verdun, à
l'Yser, à la Somme ? Ils déploieront à restaurer la
région dévastée autant d'ardeur, autant d'énergie,

(1) Ces procès-verbaux seront prochainement livrés à l'impression.

M. Henri Duhem, membre de la Commission des notables et
collègue de M. de Warenghien, a rassemblé une documentation qui
fixe en quelque sorte l'histoire de la ville au moment de sa libération.

autant d'opiniâtreté qu'ils en ont mis à la défendre et à la reconquérir.

Les populations qui possèdent tant de flamme
défient l'adversité et ne peuvent périr !

Après les jours sombres que nous venons de
traverser, puissent des jours lumineux se lever
sur la Patrie et sur la Cité !

C'est à Douai qu'il devait entendre le canon qui pro-
clamait définitivement la victoire, celui qui le 28 juin 1919
tonna pour célébrer la signature de la paix. Les lettres
écrites ce jour-là et le lendemain nous permettent de
saisir l'allégresse du patriote.

28 *juin* 1919. — Il est sept heures ! Les premiers
coups de canon se font entendre ! avec quelle joie
je reconnais leur son familier : mais quelle différence !

Cette fois, ce sont les canons français qui fêtent
la victoire qu'ils ont si bien contribué à gagner
et leurs échos retentissent aussi joyeusement dans
nos cœurs qu'ils sont plus cruels et plus vengeurs
dans les oreilles allemandes. Avec quelle allégresse je vois flotter sur la vieille demeure familiale, trouée de part en part, sur ces ruines qui
nous abritent à peine, le glorieux drapeau tricolore, emblème de la patrie victorieuse, pour le
triomphe de laquelle nous avons tant souffert
pendant plus de quatre ans.

Ah ! cette minute exquise, c'est la récompense
suprême, c'est ce qui efface toutes nos peines et
les compense. C'est celle qui attend le chrétien
quand, au sortir d'une vie de douleurs, de misères,

de sacrifices, son âme, épurée par la souffrance acceptée avec résignation, entre triomphante dans le ciel !

29 *juin* 1919. — Aujourd'hui messe de midi solennelle avec musique de la ville.

Dans le chœur, les soldats français au premier rang, des soldats anglais, les médaillés militaires rendus à la vie civile.

C'était un spectacle impressionnant pour ceux qui, si souvent au cours des quatre dernières années, étaient venus dans cette église, implorer le Dieu des armées aux heures les plus sombres et les plus désespérantes de la guerre.

Ah ! quelle allégresse ! quel élan du cœur pour remercier la Providence, lorsque dans cette église trouée par les torpilles, sous ces voûtes où les bombes ont ouvert de si larges brèches, se sont fait entendre, rompant un silence de cinq années, les tambours, les trompettes, les cymbales, pour célébrer la victoire de la France...

C'est presque le *Nunc dimittis* du bon serviteur de la France qui un an plus tard, presque jour pour jour, devait aller rejoindre dans l'éternel repos de la tombe à l'écusson léopardé (1), ceux de sa race qui avant lui et comme lui, avaient vécu pour leur Cité et leur Patrie.

(1) La famille de Warenghien, porte : « d'or à trois léopards de sable, superposés », avec cette devise : *Vis unita fortior.*

TABLE ALPHABÉTIQUE

DES NOMS DE PERSONNES DÉSIGNÉES DANS LE VOLUME

INDEX DES PLANCHES HORS TEXTE

TABLE DES MATIÈRES

LE PATRIOTE

PARIS

TYPOGRAPHIE PLON-NOURRIT ET Cie

Rue Garancière, 8